다른 듯 다르지 않은

이 저서는 2020년 대한민국 교육부와 한국연구재단의 저술출판지원 사업의 지원을 받아
수행된 연구(NRF-2020S1A6A4045909)이다.

임해영 지음

다른 듯 다르지 않은

장애여성들이 오롯이 구성한 성과 사랑,
섹슈얼리티의 의미

또롱

● 이 책 '장애여성이 구성한 성과 사랑의 의미'는 '겪은'이라고 하는 수동어가 아닌, '구성한'이란 주체적 어휘를 사용함으로써, 장애여성들이 자신의 목소리로 드러내는 그 이야기에 주목하고 있다. 즉 장애여성 스스로 구성한 정체성 안에서 자신의 성과 사랑에 대해 어떤 의미를 부여하고 있는지를 저자가 질문하고 그 질문에 대한 해답을 끌어내는 변증법적 대화의 방식으로 장애여성 당사자들의 살아있는 목소리를 경청한다.

필자의 경우, 혼자 산다는 건 너무 외로운 일이 아닌가 하는 생각이 압도될 무렵 결혼을 하고, 출산과 양육 모든 것을 경험한 사람 중 하나이다. 그 과정에 많은 고민과 갈등이 있었지만, 그건 한 개인의 문제 혹은 시각장애인의 차원에서 겪는 어려움이라고 생각하였다. 그래서 그것을 장애여성 전반의 문제로 확대해서 생각하지 못하였다. 이 책에 '장애인도 다른 장애인에 대해 비장애인이 장애인을 모르는 것처럼 잘 모른다'는 내용의 문구(372쪽)가 나온다. 참으로 공감되는 표현이다. 이 책의 추천서를 쓰는 본인도 장애 당사자이지만, 필자 자신 시각장애인으로서 다른 유형의 장애인 그리고 그녀들의 성과 사랑 전반에 대해 너무 모르고 있었다는 사실을 이 책을 통해 깨닫는 기회가 되었다. 다음으로 이 책은 장애여성뿐만 아니라 장애와 장애인에 대한 이해도를 높이는 데도 중요한 역할을 할 것으로 보인다. 왜냐하면 장애란 단순히 개인의 손상이나 결함의 문제가 아니라 사회적 실패나 억압으로 발현되는 문제라는 것을 강조하고 있기 때문이다. 물론 장애와 장애인에 대한 정의가 이 책의 중요 주제는 아니다. 하지만 이 책은 장애와 장애인에 대한 가장 중요한 내용들을 이해하기 쉽게 제시하고 있어, 현대사회 구성원이라면 누구나 한번쯤 읽어보면 좋을듯하다.

마지막으로 이 책은 비장애인이 단순히 관찰자의 입장에서 장애여성을 서술한 책이 아니라는 점에서, 또 다른 의미를 찾아볼 수 있다. 이 책은 저자가 외모로 인해 겪은 차별감을 장애여성이 다른 정신과 신체적 특성으로 인해 겪는 차별감과 동치시키는 방식으로 장애 당사자인 본인을 포함한 대다수의 장애여성들이 거부감 없이, 친근감을 느끼며 읽을 수 있도록 내용을 풀어가고 있다. 그래서 성적 이끌림, 욕구, 섹스, 낭만적 연애나 결혼 등 성과 사랑의 문제에서 성적 주체로서 살고자 하는 장애여성이라면, 이 책을 통해 세상을 향해 목소리를 낸 다른 장애여성들의 고민과 갈등에 귀 기울이고 함께 고민할 수 있다. 그로 인해 개인의 성과 사랑을 포함한 삶에 대한 방향성을 잡아가는 데 도움을 줄 수 있을 것이다.

(사)한국 시각장애인 여성연합회

상임대표 **원윤선**

● 장애여성들의 성과 사랑이라는 주제는 낯설었고, "다른 듯 다르지 않은"이라는 제목은 추상적으로 느껴졌다. 하지만 책을 읽고 나니 그 주제와 의미가 더할 나위 없이 구체적으로 와닿는다. 책을 읽는 과정에서 제1부에서는 장애여성과 그 삶의 고단함이 다름으로만 느껴졌다. 그런데 제2부에 들어가서 저자가 면담한 장애여성의 육성으로 그녀들의 성과 사랑에 대한 있는 그대로의 솔직한 얘기를 듣는 과정에서 오히려 다르지 않음이 느껴졌고, 다름이 작아지기 시작했다. 에필로그에 이르러 P의 진술이 마음에 깊이 와닿았다. "오래 만나다 보면, 장애보다는 사람 그 자체가 보이게 되어 있거든요. 남녀 간의 사랑이 싹트면요. 그것이 장애인이든, 비장애인이든…."(353쪽) 우리와 다르지 않은 온전한 한 사람, 한 여성으로서의 그녀들.

나는 저자를 차이가 편안히 드러나는 광장을 지향하는 마중물의 학습동아리에서 토론하는 벗으로 만났고, 만나고 있다. 저자는 우리에게 우리가 반드시 이해해야 할 차이의 한 측면으로서 장애여성의 삶과 성 그리고 사랑에 대해 솔직한, 담담한, 따뜻한 시선이 담긴 이 책을 선사해 주었다. 진심으로 감사하고, 이 소중한 책에 추천사를 쓸 수 있어서 영광이다.

저자는 글의 앞머리를 장자로 장식한다. 장자는 제1장 소요유(逍遙遊)에서 절대적 자유와 삶의 무한한 가능성에 대해 얘기하고 있다. 우리가 걸어가는 길의 방향이 있다면 바로 이 방향일 것이고 그 길을 우리와 그녀들은 같이 걸어가고 있다.

법무법인 형평 대표변호사 **김학성**

여는 글

'다름'을 생각해 보다

『장자(莊子)』 제물론에는 '물고기는 미인을 보면 물속 깊이 도망가고, 새는 그를 보면 하늘로 높이 날아가며, 사슴은 힘껏 달아난다.'[1]라는 문구가 나온다.

위 내용은 사람들이 모두 천하일색의 미인이라고 칭송하여도 물고기, 새, 사슴의 기준에서 보면, 그 미인은 미인이 아니다. 물고기, 새, 사슴의 입장에서 보면 그 미인조차도 다른 사람들 못지않게 자신들에게 위해를 가할 수 있는 무서운 존재가 될 수 있다.

하나의 기준으로 안다는 것은 '같음' 안으로, 그 앎을 몰아넣는 것이라고 말할 수 있다. 이 동일성이 '다름'을 가진 이들을 구별 짓기의 대상으로 분리해 낸다.

그렇다면 동일성 안에서 안다는 것을 진짜 앎이라고 할 수 있을까? '다름'이 있을 수 있다는 것을 아는 것 그리고 거기에는 다양한 차이가 존재할 수 있다는 것을 아는 것, 그 다양한 차이는 각양각색의 모양새로 존재할 수 있다는 것, 그것이 좀 더 열려있는 앎의 모습은 아닐까?

---

1. 魚見之深入 鳥見之高飛 麋鹿見之決驟.

사회복지학을 가르치는 것을 업으로 20년 가까운 삶을 살아오면서, 사람들에게 반복적으로 자주 들었던 말들이 있다. 그중 하나를 소개한다. 이 책 집필을 위해 면담한 장애여성과의 상호작용 속에서 경험한 내용이다.

그녀는 몇 번의 만남 속에서 나와 어느 정도 친밀해졌다고 판단하였던지 피식 웃으면서, "저는 대학교 교수님이라고 하고, 전화 목소리도 되게 지적으로 들려서 아주 호리호리하게 날씬하신 분인 줄 알았어요. 하하하 …. 그런데 옆집 언니같이 친근하고 푸근해서 좋아요"라고, 필자의 눈치를 살짝 살피면서 이야기하는 것이었다. 그래서 필자는 "동네 언니처럼 통통하고 친근한 얼굴이어서 더 편하고, 부담 없지요?"라는 어색한 유머로 그 상황을 슬쩍 넘겼다. 그랬더니 그녀는 빙그레 웃으면서, "네."라고 대답하였다.

위 경험 속에서, 필자는 사람들이 일상에서 흔하게 그리고 너무도 쉽게 그들의 생각 속에 굳어버린 암묵적 고정관념에 대해 생각해 보게 되었다. 사실 좀 더 솔직하게 고백하자면, '왜 나 자신은 그 순간 그러한 고정관념을 일순간에 해체할 수 있는 순발력 넘치는 센스를 발휘하지 못하고, 그럴싸한 친근감으로 포장된 유머라는 기제를 구사하게 되었을까?' 하는 스스로의 되물음이 동시에 작동하고 있었다.

그렇다면 사람들의 암묵적 고정관념은 도대체 어떻게, 왜 그들의 뇌리에 삽입되어 우리의 일상생활 세계 안에서 시시때때로 표출하게 되는 것일까?

고정관념에 노출된 필자와 같은 사람들은 무슨 이유로 작고 뚱뚱한 외모를 가진 겉모습을 친근한 외모란 기제로 가장하여 포장하게 되었을까?

보통 필자처럼 작고 뚱뚱한 외양을 가진 여성들이 자주 듣게 되는 대표적 비하의 표현은 '자기 관리를 소홀하게 하나', '평상시 많이 먹나', '게으른가' 등이다. 그래서 뚱뚱한 외모를 가진 사람은 그 모습 자체만으로도 비호감이 되기가 쉽다. 정희진(2013)[2]은 "우리 사회에서 여성의 몸무게는 절제와 인내력 등 자기 관리의 지표일 뿐만 아니라, 여성의 인격과 정체성의 기준이 된 지 오래다. 그래서 여성의 체중은 곧바로 취업, 결혼, 대인관계, 자존감으로 연결되는 생존을 위협하는 문제다"라고 언급하고 있다. 이처럼 호감의 영역으로 편입하지 못한 뚱뚱하거나, 못생겼거나 거기다 필자처럼 작은 키까지 더해진다면 말 그대로 그 사람은 예외적이고, 특수한 것을 넘어, 열등한 존재, 좀 더 극단적으로 표현하면 여성이지만 여성으로 편입되기 어려운 존재로도 전락할 수 있다.

아마도 필자의 무의식 안에는 이처럼 볼품없는 존재로 떨어지는 것에 대한 막연한 두려움이 작동되었던 것은 아니었을까? 우리 사회에서 일반적이고 평균적 층위에서 벗어나 있는 사람들은 곧 그 자체가 우열의 관계로 변질되기 때문에 구별 짓기의 대상이 된다. 예컨대, 오늘날의 한국 사회의 성인 여성이라면 누구나 평균적인 몸매에서 벗어나 있는 뚱뚱한 외

2. 정희진, 2013, 『페미니즘의 도전』, 교양인, p.111.

모와 작은 키를 가진 전문직 여성은 바로 주변인의 놀림의 대상이 된다. 이처럼 구별 짓기의 대상으로서 평균적인 사람 일반과 구분되는 순간, 그 구별 짓기는 크건 작건 스스로 무엇인가 모자란 존재라는 타인의 차별과 자기 비하로 연결되는 서글픈 현실이 되기도 한다.

어찌 보면 필자는 의식적이건, 무의식적이건 이 서글픈 현실을 재빠르게 자각하고 있었기에, 그와 같은 자기 보호의 기제를 발휘했는지 모른다. 나와 다른 존재, 우리라는 범주에 편입되지 못한 사람들은 우리 사회에 동일성, 평균성이라는 눈에 보이지 않는 사회적 기준이 철옹성처럼 견고하게 작동되는 한, 주변적 존재가 되거나 하찮은 존재가 된다. 왜냐하면 동일성이란 기준이 그것의 경계면 밖에 위치한 차이를 수많은 통념 안에서 구별 짓기 대상으로서 차별하기 때문이다.

이처럼 비장애인 여성도 일상적 생활세계에서 경험하는 고정관념의 부정적 영향력이 상당할진대, 장애여성이라면 어떠할까? 그녀들은 비장애인과는 다른 신체적, 정신적 구조와 기능, 발달을 보이는 어떤 장애인 예를 들어, 지체장애인, 뇌병변장애인, 지적장애인, 신장장애인 등이라는 장애에 붙여진 다양한 호칭으로 인해, 때로는 불필요한 관심과 동정의 대상이 되기도 하고, 굳이 받고 싶지 않은 과잉 친절의 대상이 되기도 한다. 게다가 그 존재 자체가 싫고 미운 혐오의 대상이 되기도 하고, 마치 몹쓸 전염병이나 걸린 사람처럼 거부의 대상이 되기도 한다. 간혹 장애라는 엄청난 고난의 길을 극복한 인간 승리의 주인공이 되기도 하며, 극악한 범죄를 저지를 수도 있는 위험한 사람들이란 부정적 꼬리표가 붙어서, 자신의 의지와 상관없는 주변부의 위치에 놓이기도 한다.

우리 사회에서 '같음'이 아닌 '다름'을 가진 존재라는 것은 나 혹은 우리와는 다른 존재가 된다. 자신의 고유한 삶의 양식을 가진 개별적 존재가 아니라, 무엇인가 어긋난 존재, 잘못된 존재 그래서 정상적이지 못한 존재가 되는 것이다. 이로 인해 이들은 나와 함께 호흡하며 살아가는 친구나 이웃으로 존재하기보다, 드라마, 뉴스, 영화에서나 그럭저럭 접할 수 있는 익명의 사람들이 된다. 그렇지 않을 경우, 자신의 생활세계에서 함께 접촉하고 소통하며 살고 싶지 않은 불편한 존재가 되기도 한다. 그래서 이렇게 구별 짓기의 대상이 되는 장애인, 장애여성들은 그것이 적대적이건, 호의적이건 차별의 대상이 되며, 마치 우월한 사람이 열등한 이들에게 베푸는 너그러운 아량 속에서, 그들의 자비와 사랑을 구해야 하는 초라한 존재가 되기도 한다. 이것이 필자가 장애여성의 삶 그리고 그 삶 속에서 장애여성 당사자들이 드러내는 성과 사랑의 서사에 주목해 보고 싶은 이유이다.

그렇다면 다른 존재 즉 차이를 가진 존재라는 것을 우리 사회가 인정하면, 그 차이를 지닌 다른 존재, 집단들은 과연 구별 짓기, 타자화된 대상, 차별적 대상에서 벗어날 수 있을까? 같지 않은 신체와 정신을 가진 사람들을 함께 살아가야 할 친구와 동료, 이웃으로 인정하고, 사회가 이들이 좀 더 살아갈 수 있도록 배려하고 환경을 조성해 주면, 이들은 동등한 권리를 지닌 주체로서 잘살아갈 수 있을까?

　최근 우리 사회는 장애와 장애인에 대한 그동안의 부정적 인식을 개선하고, 장애라는 것이 우리들이 가지고 있는 서로 다른 모습 중 하나라는 것을 영유아기부터 이해시키기 위한 장애인식 개선 동화들이 출간되고 있다. 정진호(2014) 작가의 『위를 봐요』라는 동화도 그 대표적 예이다.

　이 동화는 가족여행 중에 교통사고로 다리를 잃은 어린 소녀 수지가 주인공이다. 휠체어에 의지해 살아가는 수지는 집 베란다 난간에서 개미처럼 작게 보이는 사람들이 지나가는 모습을 구경하며 사는 것이 일상이다. 그런데 높은 층에서 내려다보는 사람들은 까만 머리들만 작게 보였고, 비가 오는 날이면 알록달록한 우산들의 행렬이 그녀의 눈에 들어올 뿐이다. 그러던 어느 날 길을 지나던 한 소년이 수지에게 말을 걸었고, 다리 장애로 인해 밑으로 내려가지 못하는 그녀를 위해 소년은 자기 모습이 수지에게 잘 보일 수 있도록 그 자리에 벌러덩 드러눕는다. 길을 지나던 사람들은 소년에게 왜 길바닥에 누워있는지를 물어보았고, 이유를 알게 된 사람들은 수지에게 자신들이 잘 보일 수 있도록 모두 그녀를 향해 길바닥에 드러눕게 된다.[3]

3,　정진호 2014. 『위를 봐요』, 현암주니어.

이 아름다운 동화는 장애라는 차이를 가진 소녀 수지를 위해 그녀의 눈높이에 자신들을 맞추는 사람들의 집단적 배려를 통해, 장애 소녀 수지를 비장애인들과 함께 살아가는 친구, 이웃으로 받아들이는 가슴 따뜻한 내용을 담고 있다. 그런데 이 따뜻하고 아름다운 동화를 조금은 삐딱한 시선으로 바라보면 어떤 모습이 드러날까? 여전히 이 동화 내용은 장애라는 차이를 가진 개인, 집단을 비장애인의 배려 대상이자, 도움이 필요한 존재라는 시선 안에 머물게 한다.

장애라는 차이를 인정하고 그것에 맞추려는 비장애인의 태도는 일견 그들을 배려하고 존중하는 것처럼 보인다. 그러나 그 차이를 판단하는 사람들의 기준 잣대가 비장애인이라는 점에서, 장애인은 여전히 결핍된 몸과 정신을 가졌다는 기존의 통념적 위치를 벗어나지 못한다. 그렇기에 결핍된 몸과 조건을 가진 수지를 향한 사람들의 따뜻한 배려는 여전히 도움과 자선의 손길 차원에 머물러 있다. 그래서 수지가 내려다보는 세상과 사람들이 올려다보는 수지의 세상 사이의 거리는 좁혀지지 않는다.

수지와 세상 사람들의 거리가 좁혀지기 위해서는 수지가 사는 건물에 엘리베이터가 설치되어, 수지가 세상 사람들과 자유롭게 만나고 소통할 수 있어야 한다. 그리고 휠체어에 의지해 걷는 수지의 걸음과 두 발로 걷는 세상 사람들의 걸음이 비록 걷는 방식도 다르고, 속도도 다르지만 걷기를 통해 만나는 수지와 세상 사람들의 세계는 다양한 방식의 걷기가 존재하는 다양성으로 이해될 필요가 있다.

장애여성의 성과 사랑이라는 주제의 서사도 이와 마찬가지 아닐까? 세상에는 각양각색의 이야기가 존재한다. 그 각양각색의 이야기는 자신들의 조건과 상황에 따라 서로 다른 세계로 경험되지만, 그 경험들이 서로의 거울처럼 함께 비추어지고 이야기될 때, 그것은 상호 교감 속에서 살아나는 우리들의 이야기가 된다. 각자 다른 이야기이지만, 함께 소통되고 공감될 수 있는 우리들의 이야기가 되는 것이다.

아직 우리들이 살아가는 삶의 세계 안에는 장애와 비장애, 정상성, 여성성 등에 관한 수많은 통념, 지식이 양산되며, 때로는 허구적 신화처럼 떠돌아다니기도 한다. 성과 사랑이라는 주제야말로, 정상성과 여성성이라는 수많은 허구적 신화 안에서 장애여성들이 자신의 맨 모습과 그것을 대하는 세상 사람들의 인식과 행태들을 가감 없이 마주해야 하는 장이다. 이를 통해 장애여성이 자신의 성과 사랑에 관한 삶의 방식을 적나라하게 드러내야 하는 차가운 현실의 장이기도 하다. 이 글은 비장애인과는 다른 신체적 구조와 기능, 정신적 특성을 가진 장애여성의 차이가 어떻게 차별로 연결되는지 살핀다. 즉 차이를 차별로 만들어내는 연결고리는 무엇이고, 이러한 연결고리 속에서 장애여성들은 자신의 몸과 여성성 속에서 마주하는 그녀들의 성과 사랑을 어떻게 이해하고 드러내는가를 탐색하는 여정이 될 것이다.

일러두기

* 이 책의 구성에 힘이 되어준 장애여성들의 이름은 임의의 알파벳 이니셜로 표기했습니다. 용기 내어 목소리를 들려준 그들에게 감사를 표합니다.
* 인터뷰 자료의 경우 맞춤법 규정에 따르되, 화자의 독특한 말투나 표현, 사투리, 비속어는 온전히 싣고자 했습니다. 또한 생략된 부분에 대해선 ( )로 보충했습니다.
* 표준 외래어 표기법을 따르되, 일부 인명과 지명은 대중적으로 익숙한 발음으로 표기했습니다.
* 단행본, 잡지, 법률 등은 『 』로, 편명은 「 」로, 신문·노래·영화·방송프로그램의 제목은 〈 〉로 묶었습니다. 아울러 참고문헌은 책 뒤편에 갈무리했습니다.

목차

제1부

장애여성의 몸과 성

『장자(莊子)』 제물론에는 '사물은 저것이 되지 않는 것
이 없고, 또 이것이 되지 않는 것도 없다. 저것은 저것의
입장만으로는 드러나지 않아도, 이것을 통하여 알아보면
곧 저것을 알게 된다. 그러므로 저것은 이것에서 나오고,
이것 역시 저것에 말미암게 된다. 이는 저것과 이것이 함
께 생겨난다'[4]는 구절이 나온다. 이 구절은 사물은 이것
내지 저것으로 성급하게 규정될 수 없는 것이라는 뜻을
내포하고 있다.

우리 사회가 장애여성이란 다른 몸과 정신 상태를 가진
사람들이 만들어내는 다양한 차이를 숙고하지 못한 채,
그녀들을 '이것' 혹은 '저것'으로 규정지어 버리는 순간,
장애여성들은 '이것' 내지 '저것'으로 규정될 수 없는 또
다른 존재로 미끄러진다. 어찌 보면 장애여성은 복잡계
그 자체이며, 그 안에서 무궁무진한 다름을 드러내는 울
퉁불퉁한 모습을 가진 존재들일 수 있다.

그렇다면 우리는 과연 그녀들을 '이것' 혹은 '저것'으로
쉽게 정의할 수 있을까? 오히려 이러한 성급한 개념화
자체가 그녀들을 공통성 혹은 차이성이라는 하나의 범주
로 묶어버려, 그녀들의 독자적이고 고유한 정체성을 사
라져 버리게 하는 것은 아닐까? 그래서 우리는 아마도
그녀들의 정체성을 특정한 범주로 일반화시키는 동일성
혹은 차이성을 지닌 하나의 범주로 환원시켜 버리는 일
방적 폭력을 저지르고 있는 것은 아닐까?

4. 物无非彼, 物无非是. 自彼則不見, 自是則知之, 故曰彼出於是, 是
   亦 因彼. 彼是方生之說也, 雖然. 오강남 풀이, 1999, 『장자(莊子)』,
   pp. 81-82.

1장 장애를 가진 몸

영화 〈오아시스〉와 〈숨〉은 10년이 채 넘지 않는 시간의 간격을 두고 만들어진, 장애여성의 성과 사랑이란 주제를 다룬 영화이다. 두 영화 모두 장애여성을 주인공으로 내세우지만, 영화가 주인공의 삶에 다가가는 방식은 개봉된 시기의 시간 간격만큼 상당한 차이를 보인다. 먼저 2002년 개봉된 영화 〈오아시스〉는 비장애 여성이 장애여성을 연기하고 있고, 2011년 개봉된 〈숨〉에서는 장애여성 당사자가 장애여성의 삶을 연기하는 주인공 역할을 하고 있다. 그리고 두 사람은 모두 중증의 뇌성마비 장애인(공식 장애명: 뇌병변장애)이지만, 〈오아시스〉의 주인공 공주는 함께 살던 오빠 부부가 이사 가버린 허름한 낡은 아파트에서 덩그러니 홀로 살아가는 여성이다. 이에 비해 〈숨〉의 주인공인 수희는 5살 이후부터 장애인 거주시설에서 그녀가 지금까지 살아온 평생의 삶을 살아오고 있는 여성이다.

이처럼 이 두 영화는 이야기의 플롯을 풀어나가는 방식에 있어서는 서로 다른 접근을 취한다. 그럼에도 불구하고 이 영화는 대략 10년이란 시공간의 변화 속에서도 주인공인 두 장애여성이 드러내는 세상을 향한 몸짓과 목소리들은 크게 달라진 것이 없다는 것을 보여준다. 또한 이러한 이 두 사람의 몸짓과 목소리를 이해하고 해석하는 주변인 그리고 세상 사람들의 시선도 여전히 크게 변화된 것이 없다는 것을 드러낸다.

영화 〈오아시스〉에서는 주인공인 종두와 공주가 데이트하게 되면서, 식당으로 식사하러 가는 장면이 나온다. 이 장면에서 식당 여주인은 점심 식사 중인 손님이 식당 안에 가득 차 있음에도 불구하고, 종두와 공주에게 주문을 더 이상 받지 않는다며 식당에서 나가 줄 것을 요구한다. 그리고 이 문제로 여주인과 종두 사이에 약간의 실랑이가 벌어질 즈음, 공주는 종두에게 '그냥 나가자'라고 나지막하게 말한다. 또 다른 장면에서는 종두와 공주의 성관계가 오빠 부부에게 공주가 겁탈당한 것으로 오해받으면서, 잡혀간 경찰서에서의 한 장면이 나온다.[5]

비록 종두와 공주는 서로의 연애 관계가 무르익어 성관계까지 맺게 되지만, 그것을 바라보는 주변인의 눈에는 종두에게 겁탈당한 장애여성 공주만이 존재할 뿐이다. 그래서 경찰서에 붙잡혀 온 종두는 자신의 욕정을 못 이겨 성관계가 무엇인지도 모르는 순진

---

5. 영화 〈오아시스〉에서 종두와 공주가 데이트 도중 들어간 식당에서 벌어진 장면과 종두가 공주를 겁탈한 것으로 오해를 받아, 경찰서에 붙잡혀 간 장면이 나온다. 이것에 대한 상세한 내용은 해당 영화를 직접 감상해 보길 권한다.

무구한 공주를 겁탈한 극악한 인간 혹은 지극히 비정상적인 변태로 취급될 뿐이다. 그래서 종두를 조사하는 경찰관들은 '변태지?', '장애여성에게 어떻게 성욕이 생길 수 있는가?' 등의 조롱 섞인 말투로 비난하게 된다.

그렇다면 대략 10여 년의 간격을 두고 2011년에 만들어진 영화 〈숨〉의 여주인공 수희의 삶은 어땠을까? 이 영화에서는 시설 거주 장애인들이 봉사활동을 온 자원봉사자에게 시설에서 발생한 불미스러운 일들을 이야기했다고 생각한 여원장이, 입소 장애인들에게 노발대발하는 장면이 나온다. 이 장면에서 장애인 거주시설 여원장에게 입소자들은 불쌍해서 밥 먹여주고 입혀주었더니, 은혜도 몰라보는 배은망덕한 존재들이다.

또한 원장 부부의 아들이 입소자인 수희의 젖가슴을 손가락으로 콕콕 찔러대는 장면도 함께 나온다.[6] 마치 수희가 자신의 소유물인 것처럼 음흉한 성적 언행을 거침없이 드러내는 원장 아들의 무뢰한 같은 모습에도 수희는 그저 고개를 떨구고 있을 뿐이다. 위 두 영화의 단편적인 몇 장면 속에서도 우리는 장애여성과 그녀들의 삶에 대해 다양한 질문을 제기해 볼 수 있다.

6. 영화 〈숨〉에서 시설 원장이 입소인들에게 큰 소리로 호통치는 장면과 거주시설 봉사와 원장 부부의 아들이 수희에게 성추행하는 장면의 대사 내용은 해당 영화를 감상하길 권한다.

어떤 이유로 식당 여주인은 공주와 종두 커플이 자신의 식당에서 식사하는 것을 거부하였을까? 공주의 오빠와 올케 그리고 옆집 사람들은 왜 그녀가 종두로부터 겁탈당한 것이라고 믿어 의심하지 않았을까? 무슨 이유로 경찰은 공주와 성관계 맺은 종두를 비정상적 성욕을 지닌 변태로 단정 지었을까? 거주시설 장애인들은 무슨 이유로 은혜도 모르는 배은망덕한 존재가 되었을까? 어떤 이유로 수희는 원장 아들의 겁 없는 성추행 행위에도 저항의 몸짓을 드러낼 수 없는 존재가 될 수밖에 없었을까? 도대체 우리 사회가 장애를 가진 사람 혹은 여성을 어떻게 바라보고 이해하고 있기에 이들의 '다름'은 이토록 거부되고, 함부로 재단되는 강력한 고정관념의 대상, 낙인찍히는 대상이 된 것일까?

아마도 식당 여주인은 그녀의 얼굴을 찡그리게 하는 겉모습을 가진 공주와 어딘가 모르게 불량스럽고 거칠어 보이는 종두가 함께 자신의 식당에 진입하는 순간, 이 커플을 식당 영업에 상당한 차질을 빚게 하는 꼴불견 같은 존재로 여겨졌을 것이다. 다시 말해 사람들의 눈살을 찌푸리게 하는 이 커플의 겉모습은 식당 안 손님들의 입맛을 일순간에 떨어뜨려 영업을 방해하는 재수 없는 존재로 여겨졌을지 모른다. 그렇다면 식당 주인의 이러한 일방적 편견의 발동은 어디에서부터 출발하게 된 것일까?

게다가 공주는 세상 사람들에게 여성으로 태어났지만, 성적 욕망을 도저히 불러일으킬 수 없고, 불러일으켜서도 안 되는 무성적 존재로 여겨진다. 그래서 정상적 사람이라면 누구도 품지 않을 성적 욕망을 드러낸 종두는 비정상적 성욕을 가진 변태적 인간이 되어야만, 사람들의 편견 어린 생각의 잣대에 들어맞는 그럴싸한 해석이 가능하다. 그래서 공주는 가족, 이웃, 경찰관으로 대변되는 세상 사람들에게 성적 욕망을 가질 수 없는 존재로 비쳐 이 여성에게 성적 행위란 오직 성폭력 피해자로서만 경험할 수 있는 것이 된다. 어디 그것뿐이겠는가? 장애인들은 세상 사람들로부터 거부되어 분리된 사람들이기에, 시설 원장, 목사 그리고 이 부부의 아들은 오갈 곳이 없는 불쌍한 처지의 장애인들에게 은총을 내리는 존재가 된다. 그렇기에 이 지배적 존재들은 가장 밑바닥 인생인 장애인에게 은혜를 베풀어주는 우월적 존재가 되고, 낮은 위계에 있는 장애인들은 자신들 마음대로 좌지우지해도 큰 문제가 될 것 없는 하찮은 존재가 되는 것이다.

비장애인으로 대표되는 세상 속에서 장애 있는 몸을 가진 사람은 사람들의 눈살을 찌푸리게 하는 '불편한 존재', '흉한 존재', '무성적 존재', '마음대로 해도 문제 될 것이 없는 하찮은 존재'로 여겨진다. 곧 비장애인으로 상징되는 세상 사람들에게는 그들의 세상에 무임승차 해 살아가는 '잉여 인간'으로 낙인찍힌다. 물론 이것은 영화라는 대중매체를 통해 드러나는 일부의 사회적 시선을 매우 주관적으로 해석한 것에 불과할 수 있다.

그렇지만 이 영화 속 인물들이 두 여주인공인 공주, 수희에게 드러내는 발화행위와 이 발화행위에 가두어진 두 장애여성의 삶은 10여 년이란 세월의 흐름 속에서도 크게 변화된 것이 없어 보인다. 그리고 영화라는 대중예술이 동시대를 살아가는 사회구성원들이 집단적으로 만들어내는 사회적 통념이나 이미지를 잘 투영하고 있다는 점에서, 이 영화 속 여주인공의 삶과 그녀들을 바라보는 영화 속 주변 인물들의 생각과 태도는 현실 속 세상 사람들이 가진 것과 크게 다르지 않아 보인다. 그렇다면 이 두 영화가 상영된 지 십여 년 이상의 시간이 지난 시점에서 장애여성의 삶은 과연 많이 달라졌을까?

2021년 3월 전동휠체어를 탄 60대 장애여성이 식당 입장을 거부당한 사건이 국내 언론에 보도[7]된 바 있다. 이 사건보다 앞선 2019년에는 안내견과 함께 방문한 시각장애인들의 입장을 거부한 식당이 국가인권위원회로부터 과태료 부과와 재발 방지 교육을 시행하도록 권고받은 적도 있다.[8] 이 글을 쓰는 시점에도 장애인들이 비장애인과 동일한 시공간 안에서 함께 식사하는 이웃이 되기란

---

7. 좀 더 상세한 내용은 JTBC 뉴스 기사, 2021, ""식당에 갔더니 일단 안돼요…"장애인들 차별이 일상"이란 기사를 확인해 보길 권한다. https:// news. jtbc.join.com/ article. aspx? news_ic(2022. 04. 10. 검색)

8. 좀 더 구체적인 내용은 SBS 뉴스 기사, 2019, "시각장애인 출입 거부 음식점…인권위 "편견에 근거한 차별"이란 뉴스 기사 내용을 확인해 보길 권한다.
http://news.sbs.co.kr/news/endpage.do?news_id(2022. 04. 10. 검색)

여전히 어려운 듯하다.

● ● ●

　도대체 장애인은 누구이고, 이들은 어떤 존재이기에, 수십 년의 시간 흐름 속에서도 이들을 바라보는 시선과 태도는 크게 변화된 것이 없을까? 이제 우리 사회에서 장애인은 과연 어떻게 정의되고 있는가에 관한 물음을 던져봐야 할 때이다. 김도현(2007)[9]은 인간 세계에는 '정의하는 자와 정의 당하는 자가 존재한다'고 언급하고 있다. 우리 사회가 비장애인 중심 사회라는 것을 고려해 보면, 장애, 장애인, 장애여성을 정의하는 자는 비장애인이며, 정의 당하는 쪽이 장애인이 된다. 비장애인 중심 사회에서 장애와 장애인을 정의할 경우, 비장애인들이 정한 기준이 정상적인 것이 되기 쉽다. 때문에 장애인은 비정상 범주에 편입되기 쉬우며, 장애인이 가진 다중적 정체성은 무시된 채 장애인이라고 규정되는 그 범주 내로, 장애인 개인, 집단 전부가 환원되어 버릴 가능성은 매우 짙다. 유사한 맥락에서 정희진(2013)[10]은 "인종주의 사회에서 유색 인종은 표준적 인간이 아니며, 비장애인의 몸이 인간을 대표하는 사회에서 장애인은 정상적 범주에서 탈락한 타자가 된다. 따라서 장애인이란

9.　김도현, 2007, 『장애는 장애를 아는 가─장애 · 상애 분체 · 장애인 운동의 사회적 이해』, 메이데이, pp. 49-53.

10.　정희진, 2013, 앞의 글, 교양인, pp. 153-155.

비장애인 중심주의에 따른 임의적 범주일 뿐이다"라고 주장하고 있다. 그렇다면 장애여성은 우리 사회에서 어떻게 규정되고 있을까?

우선 장애여성이라는 호칭에 대해 먼저 생각해보자. 장애인과 이들의 복지를 탐구하는 관련 자료 등을 살펴보면, 어떤 자료에서는 '여성장애인'으로, 어떤 자료에서는 '장애여성'이라는 용어로 쓰는 경우를 자주 보게 된다. 이때 과연 어떤 용어를 쓰는 것이 맞는 것인지 의구심이 들 때가 있다. 예컨대, 여성이란 일반 명사를 먼저 써야 하는 건지, 아니면 장애란 일반 명사를 먼저 써야 하는 건지가 고민된다. 여성장애인과 장애여성 중 어떤 호칭을 선택하여야 맞는 것인지까지는 고민해 보지 않았더라도, 여성장애인과 장애여성이란 이 두 용어를 나란히 두었을 때 구체적 차이가 무엇인지 정도는 궁금할 것이다.

이러한 정희진(2013)의 사유[11]에 기대어 기존에 사용되는 호칭들을 대입해 보니, 남자청소년 일반을 부를 때 우리는 청소년이란 용어를 쓰지, 청소남이라는 용어를 쓰지 않는다. 노인 중 여성을 여성노인이라고 하지, 남성노인을 남성노인으로 일부러 지칭해서 부르지는 않는다. 장애인도 여성의 경우, 여성장애인이라고 하지, 남

11. 위의 글, pp. 80-81.

성장애인의 경우, 장애인이라고 칭하는 것이 일반적이다. 다시 말해 어떤 인간 일반 예컨대, 청소년, 노인, 장애인 일반을 부를 때, 그것은 남성을 전제하지, 여성을 전제하지는 않는다. 그래서 김도현(2007)은[12] "인간은 곧 남성(man)이라는 대전제 아래, 여교수, 여류작가, 여성노동자라는 용어를 사용하듯, 장애인은 곧 남성장애인이라는 도식이 성립하며, 이러한 맥락에서 여성장애인이란 용어를 쓰게 된다"고 주장하고 있다. 여성장애인과 장애여성 중 어떤 용어를 선택할 것인지는 말 그대로 선택의 문제이다.

물론 김도현(2007)은 장애여성이라는 용어를 쓰는 것이 타당하다고 하였다. 그러나 어떤 용어의 취사선택을 고민하기 이전에 여성장애인, 장애여성이라는 호칭이 비장애인 중심사회에서 어떤 맥락으로 작동될 것인지를 먼저 이해해야 한다. 여성장애인과 장애여성에 대한 호칭의 선택은 말 그대로 '선택한 자의 몫'이다. 왜냐하면 소위 장애와 장애인을 위해 연구하는 학자, 지원하는 활동가 등의 전문가 집단이 이것은 정당하고, 저것은 정당하지 않다고 규정지어 버리는 순간, 양자는 대립적 관계로 변질되기 때문이다. 그리고 이 대립적 관계에서는 전문가 집단 혹은 이해당사자들에 의해 정당하게 규정되었던 것도 다르거나 혹은 반대되는 시각에서는 어

---

12. 김도현, 2007, 앞의 글, p.60.

느 순간 틀린 것이 되고, 어느 한쪽에서 옳지 않은 규정이라고 정의하였던 것도 어느새인가 정당한 정의란 옷으로 갈아입기도 한다.

다만, 이글은 장애여성이란 호칭을 선택하였다. 우리 사회에서 장애 정의는 장애인 당사자 중심의 정의라기보다, 비장애인 중심의 정의라고 할 수 있다. 그러므로 장애에 대한 정의가 장애여성에게 어떻게 영향력을 발휘하고, 그것이 그녀들의 삶을 어떻게 지배하는지를 좀 더 부각하는지를 살펴보려면, 여성장애인이라는 호칭보다는 장애여성이라는 호칭이 더 적합할 것으로 판단하였다.

본격적으로 장애를 가진 몸을 좀 더 구체적으로 이해하기 위해 '장애인은 어떻게 규정되고 있는가?'란 질문을 던져보자. 장애인에 대한 가장 대표적인 정의는 세계보건기구의 1980년 ICIDH와 2001년의 ICF의 규정, 장애인복지와 관련된 우리나라의 법, 2006년 채택된 장애인권리협약[13] 등에서 제시된 개념을 꼽을 수 있다.

먼저 ICIDH와 우리나라 『장애인차별금지 및 권리구제 등에 관한 법률』에서는 장애를 '신체적, 정신적 손상의 발생'으로 본다는 점이 공통적이다. 그리고 장애인은 "신체적, 정신적 장애로 오랫동

---

13. 세계보건기구의 ICIDH와 ICF의 규정의 구체적인 내용의 경우, 김용득 편저, 2019, 『장애인복지: Inclusive Society를 위한 상상』 EM 커뮤니티 pp. 48-52의 내용을 참고하길 바란다. 그리고 장애인권리협약에서 제시된 장애 정의에 대한 좀 더 상세한 내용은 아래 국가인권위원회 홈페이지에서 확인하기를 바란다. https://www.humanrights.go.kr/site/program/dictionary/listDictionary?menui(2021. 11. 10 검색).

안 일상생활이나 사회생활에서 상당한 제약을 받는 자"로 정의[14]되고 있다. 따라서 '장애란 신체적, 정신적 손상이 발생된 상태'로 이해되며, 우리나라의 경우, 15가지 장애 유형을 가진 사람들을 신체적, 정신적 손상 즉, 결함을 가진 사람들로 정의하고 있다.

이처럼 신체적, 정신적 손상 내지 결함으로 개념화되는 장애 정의는 어떤 사회적 발화행위를 만들어낼까? 장애를 정의하는 자들이 장애를 일종의 손상 내지 결함으로 규정하였다면, 그것을 갖지 않은 비장애를 정상성으로 전제한다. 곧 장애는 비정상 그리고 비장애는 정상이라는 논리적 공식이 성립한다. 이제 비정상이란 논리 공식으로 묶어진 장애는 개인의 손상과 결함이 원인이 되어 발생하기 때문에, 그것은 장애를 가진 개인의 몸을 수선하는 데 초점이 맞추어진다. 이때의 수선은 곧 치료와 재활의 방식을 통해 가능하고, 장애를 가진 몸은 치료와 재활을 통해 비장애의 몸에 최대한 가깝게 혹은 동일하게 적응시키는 것이 필요하다.

이제 장애를 가진 몸은 불굴의 의지와 피나는 노력으로 치료와 재활에 매달려 그 손상된 몸을 최대한 고쳐서 써야 한다. 그래서 장애를 가진 몸은 수선을 통해 '넘어서고 극복해야 할 대상'이 된

---

14. 「장애인복지법 제1장 제2조」2019. 12.03 일부개정, 2020. 06. 04. 시행.

다. 우리는 대중매체를 통해 장애를 극복한 인물을 칭송하는 내용을 접한 바 있다. 자폐성 장애인으로 유명한 수영선수 김진호 씨의 성공을 보며 꿈을 키워나간 많은 발달장애인 키즈 선수들이 그 대표적 예가 될 것이다. 이들을 보도하는 뉴스 기사들은 한결같이 '장애 극복의 상징', '편견을 딛고 장애를 이겨 낸 사람'이란 미사여구로 장애인을 표현하고 있다.[15] 이것은 장애를 가진 몸을 손상이란 내재적 결함을 극복해야 할 신체와 정신으로 바라보는 것이며, 모든 장애인에게 저 장애인처럼 영웅이 되라는 것과 같다. 즉 영웅으로 이미지화되는 장애 극복의 주인공은 다른 장애인에게 본보기가 되는 자랑스러운 존재가 될 수 있지만, 그렇지 못한 대다수의 장애인은 그조차 되지 못하는 무능력한 존재로 만들 수 있다.

한편으로 우리 인간은 타인의 불행이나 고통을 보면서 그것을 불쌍하게 여기는 연민의 감정을 드러내는 존재이다. 장애가 몸의 내재적 결함으로 정의될 경우, 사람들은 불행한 몸을 가진 사람들을 가련하게 여기는 연민의 감정을 드러낸다. 그런데 이 연민의 감정은 타인의 비극을 목도할 때 출현하는 감정이라는 양면성도 함께 존재한다. 풀어 쓰자면, 그 감정을 느끼는 이는 다행히도 자신은 그러한 불행을 겪지 않았다는 안도감 그리고 불행한 상황에 놓

---

15. 구체적인 내용은 조이뉴스 24, 2008, "자폐 수영선수 김진호 감동 사연 '진호야 힘을 내!'"의 기사 내용을 확인하기를 바란다.
joynews 24.com/view/357762(2022. 03. 18. 검색).

인 타인을 자신이 도울 수 있는 더 나은 위치에 있다는 우월의식이 함께 출현할 가능성이 있다. 연민의 감정이 갖는 이중성은 일부러 의도하지 않더라도 차별의 기제가 되므로 문제의식을 느낄 수밖에 없다. 아무리 좋은 의도라고 하더라도 자신을 불쌍한 사람으로 여기거나, 도와주어야 할 대상으로 바라보는 타인의 시선과 태도를 무작정 감사하게 여길만한 사람은 별로 없을 것이기 때문이다.

이처럼 장애인을 '불행한 몸'을 가진 불쌍한 사람으로 취급하는 사람들의 생각과 행동을 우리는 '호의적 차별[16]'이라고 말할 수 있다. 그것은 표면적으로 호의성이라는 외피를 두르고 있지만, 그 이면에는 '당신보다 내 처지가 낫다'라는 우월적 자부심이 깔려 있다. 이러한 호의적 차별은 우리들의 일상적 삶에서 빈번하게 발견될 수 있다. 예를 들어 휠체어 장애인이 지나간다고 가정해 보면, 일부의 사람들은 장애인 당사자가 원하지 않음에도 불구하고 그를 성급하게 도와주려고 하거나, 설령 그 휠체어 장애인이 도움을 원하더라도 그와의 충분한 교감 없이 자기식대로의 일방적 도움을 제공하는 태도 등에서 나타난다.

---

16. 감정기 · 임은애(2005)의 규정에 따르면 '호의적 차별'은 장애인이 기치의 그나 가신 능력을 낮게 평가하고 온정적 차원에서 이들을 보호발 내상으로만 여김으로써, 비장애인과의 분리를 장애인을 위한 배려의 명분으로 정당화시키는 태도이다.
감정기 · 임은애, 2005, "장애인차별 개념의 확장을 위한 양가적 장애인차별(Ambivalent Disablism) 척도 개발", 『사회복지연구』, 제26권, p. 6.

게다가 신체적, 정신적 손상으로 정의되는 장애가 세상 사람들에게 싫거나, 꺼려지는 것으로 받아들여질 때, 이것은 조롱과 혐오의 대상이 되기도 한다. 국가인권위원회(2021)는 온라인 혐오 표현에 대한 국민인식을 조사한 바 있다. 이 조사에서 응답자의 61.9%가 오프라인에서 장애인에 대한 혐오 표현을 경험한 바 있다고 하였다. 또한 응답자의 67.0%는 온라인에서 장애인에 대한 혐오 표현을 경험한 것으로 나타나고 있다[17].

사람 혹은 특정 집단에 대한 혐오는 인간으로서 존엄성을 무너뜨릴 수 있는 모욕적 표현 혹은 비난을 통해 특정한 개인이나 집단에 대한 차별을 조장하고 강화하는 영향력을 발휘한다고 한다. 또한 이 혐오의 표현은 전염성이 있어서 광범위한 사회적 효과를 창출한다. 여기에 장애를 가진 몸 그리고 그 몸을 가진 사람들에 대한 혐오 표현의 위험성이 있다고 할 수 있다.

우리 사회에서 장애인에 대한 차별을 공고히 하는 혐오 표현은 심심치 않게 만날 수 있다. 장애인 혐오로 멍들어가는 우리 사회의 그늘진 단면을 취재한 2018년 한 기사는 인터넷 게임을 하다 보

---

17. 국가인권위원회, 2021, 「온라인 혐오표현 인식조사」, pp. 10-11.

면, '애자', '정신병자', '뭐 그따위' 등의 욕설을 수백, 수천 건 접한다고 언급하고 있다. 또한 이 기사는 지방 군청에 소속된 간부 공무원 A 씨는 지적장애인인 B 씨를 향해, '냄새가 나서 같은 차를 타기 힘들다'는 내용의 이메일을 직원들에게 돌려, 물의를 일으킨 사건[18]을 언급하고 있다.

학생들 사이에 사용되는 욕설 중 하나로 '애자'라는 말이 있다. '애자'라는 말은 오래전부터 청소년들이 누군가를 욕할 때, '장애자'를 줄여서 쓰는 용어이다. 그런데 청소년들은 정작 이 말을 실제로 장애를 가진 사람들에게 쓰는 것이 아니라, '그냥 뭔가 부족하거나 잘못하거나, 이상하면 쓰는 말'이라고 한다. 즉 무엇인가 부족하고 마음에 들지 않으면 그 사람을 비하하며 '애자'란 말을 쓴다는 것이다. 이를 해석해 보면 특정 집단이 누군가를 조롱하고 모욕하고 싶을 때, 장애인이 상징화된 대상으로 이미지화된다는 것을 알 수 있다.

위와 같은 장애인 혐오 표현은 장애인 개인뿐만 아니라 장애인 전체 집단에 대한 존엄성과 정체성을 짓밟을 수 있을 정도의 훼손된 표현이며, 이를 통해 그 대상이 되는 장애인들을 상당한 공포

---

18. 좀 더 자세한 내용은 파이낸셜 뉴스 기사, 2018, "너 애자냐, 서러니 병신을 낳지" 만연한 장애인 혐오"라는 기사를 확인해 보길 권한다.
https://www.fnnews.com/news/201811010914262366(2022. 02. 19. 검색).

감, 위축감, 정서적 스트레스는 물론, 자기 비하, 부정의 심리에도 영향을 미칠 수 있다.[19]

장애인 혐오가 드러내는 사회적 해악은 모욕이란 비인간적 차원에만 머무는 것이 아니라 차별과 폭력의 선전과 선동을 통해 차별을 정당화·조장·강화하는 효과를 갖는다.[20] 또한 혐오를 당하는 사람은 자신에게 적의를 드러내는 사람들에게 주눅 들고 두려움을 느끼기 때문에, 모멸을 안기는 적대감의 대상이 되더라도 침묵할 수밖에 없다.

생리학적 손상을 가진 장애라는 몸이 사회구성원 전반의 기피 대상이 될 경우, 이들에 대한 사회적 배제는 고용에서의 불이익, 이동권과 같은 접근할 수 있는 권리에서의 불리 등 다양한 영역에서 나타난다. 2021년 장애인 통계조사에 의하면, 전체 인구 고용률 61.2%에 비해 장애인 인구 고용률은 34.6%로 상당히 낮으며, 여성 고용률은 남성 고용률 43.8%의 절반 수준인 22.2%로 나타나고 있다.[21] 수치가 확인해 주듯이 장애인은 노동시장 안으로 진입하기도 어렵다. 또한 어렵사리 노동시장에 진입한 장애인일지라

19. 한상희, 2019, "혐오 표현 개념과 문제", 『혐오 표현 진단과 대안 마련 토론회』, 국가인권위원회, p. 13.

20. 정혜영, 2020, "장애인 혐오, '표현의 자유'아닌 '차별과 폭력'입니다", 『장애인정책리포트 월간 장총』,제399호, 한국장애인단체총연맹, p. 3.

21. 한국장애인고용공단고용개발원, 2021, 『2021 장애인통계』, 고용노동부·한국장애인고용공단, p. 71.

도 노동현장 내 이들이 경험해야 할 차별은 더 크게 나타난다.

한 예로 우리나라 모 대기업이 운영하는 대형마트에 취업하였던 한 척추장애인이 그 회사를 상대로 손해 배상 및 위자료 청구 소송을 낸 바 있다. 이 소송을 제기한 장애인은 장애인 특별 채용으로 고용된 척추장애인(공식명: 지체장애인)이었지만, 그의 장애 유형을 고려하지 않은 업무배치로 인해 질병을 얻었다고 밝혔다. 이에 소송을 제기한 해당 장애인은 허리에 큰 무리가 가지 않는 부서로 재배치해 줄 것을 요구하였지만 그의 요구는 반영되지 않았고, 급기야 허리 통증으로 병원에 입원까지 하게 되었다. 이에 국가인권위원회는 장애 특성에 대한 고려 없이 업무를 재배치한 대형 마트 측에 시정을 권고하였다. 하지만 이 권고는 받아들여지지 않았고, 소송으로까지 비화되었다. 이 소송을 재판한 법원은 '장애인 차별이 아니다'라는 이유로 이 사건에 대한 소송을 기각하였다.[22]

장애인에 대한 사회적 배제는 이들의 이동권 문제에서도 여실하게 드러난다. 우리나라는 2001년 지하철 4호선 오이도 리프트 추락 참사가 계기가 되어, 장애인 당사자들이 이동권을 보장하기 위해 스스로 거리 투쟁에 본격적으로 나서기 시작하였다. 이 거리투

22. 비마이너, 2019, "장애인 노동자 차별한 이비스가 장애인고용 신뢰기업?", https://www.beminor.com/news/articleView.html?idxno=22025(2022. 03. 14 검색).

쟁은 2005년『교통약자이동편의증진법』이 제정되면서, 해결의 실마리를 찾아가는 것처럼 보였다. 하지만 이 법이 제정된 지 이십여 년이 되어가는 시점에서도 장애인들은 자신들의 이동권을 위해 시위 투쟁에 나서고 있는 것이 여전한 현실이기도 하다.

● ● ●

요약해보면 비장애인이 주류가 된 세상에서 장애를 가진 몸이 생리학적 손상 내지 결함의 문제로 정의로 될 경우, 주류집단인 비장애인의 목소리에 의해 만들어지는 장애 이미지는 치료와 재활을 통해 개인에게 내재된 결함을 최대한 수선하여 비장애인과의 일치성을 높여야 하는 극복의 대상이 된다. 그뿐만 아니라 불행한 몸을 가진 비극적 존재로서, 이들은 불쌍하고 안쓰러운 연민과 동정의 대상도 된다. 게다가 장애를 가진 몸이 왠지 싫고 미운 존재로 받아들여지는 순간 이들은 조롱과 혐오의 대상이 되며, 받아들이기 어렵고 꺼려지는 존재가 되는 순간 이들은 사회적 배제를 통한 차별의 대상이 된다. 장애를 가진 몸이 장애인 당사자가 배제된 채 비장애인과 전문가 중심으로 정의될 때, 이들은 비장애인의 기준에 맞추어진 열등하고 취약한 존재, 왠지 받아들이기 어렵고 꺼려지는 존재로 위치하게 되는 것이다.

결국 장애인은 '신체적, 정신적 상태의 어떤 손상 혹은 결함으로 인해 무엇인가를 할 수 없는, 할 수 없게 되는 사람들'이다. 그래서 이렇게 규정된 사람들은 사회가 정상이라고 여기는 몸의 기준으로부터 이탈되어 있는 사람들이기에, 거부된 몸으로서 쓸모없는 존재, 무기력한 존재, 의존하지 않으면 안 되는 존재, 불쌍한 존재로 재현[23]되기 쉽다.

톰슨(2018)은 "보통이 아닌 몸의 속성이라고 여겨지는 의미들은 내재된 신체적 결함에 있는 것이 아니라, 한 집단이 소중하게 여기는 신체적인 특징들을 소유함으로써 정당화될 수 있는 보통의 혹은 일반적 몸을 갖지 못한 존재"[24]라고 언급하고 있다. 그래서 비장애인들은 다른 몸을 가진 집단에게 문화적 또는 신체적으로 열등한 역할을 부여함으로써 자신들의 지배력과 자아정체성을 유지하게 되는 것이다. 이와 유사한 맥락에서 김원영(2018)은 '우리 사회에서 불완전한 신체와 정신 상태를 가진 장애인들은 '잘못된 삶', '실격당한 삶'을 사는 자로 취급되고 있다는 것을 강조한다.

23. 수잔 웬델 지음, 강진영 옮김, 2019, 『거부당한 몸』, 그린비, p. 93.
24. 로즈메리 갈런드 톰슨은 미국 에머리 대학교 영문학과 교수 겸 에머리 장애학연구소 소장으로 재직중이다. 『보통이 아닌 몸: 미국문화에서 장애는 어떻게 재현되었는가』라는 저서는 톰슨 자신의 장애를 공개적으로 밝히고 인정하게 된 과정의 결과물이라는 것을 밝히고 있다. 그녀는 '개인적인 것은 정치적인 것'이라는 여성주의의 대담한 주장을 받아들이면서 자신의 장애가 개인적 문제가 아닌 정치적이고 사회적인 문제라는 것을 받아들이게 되었다는 것을 이 책 서문에서 밝히고 있다. 로즈메리 갈런드 톰슨 지음, 손홍일 옮김, 2018, 『보통이 아닌 몸: 미국문화에서 장애는 어떻게 재현되었는가』, 그린비, p. 19.

예컨대 장애를 이유로 사회로부터 배척당하는 사람은 존엄한 인격체로서 존중받지 못하는 삶을 살아가기에 권력과 힘을 가진 사람들 뒤의 투명인간처럼 얼굴이 없는 존재, 익명화된 존재로서 존엄성을 잃어버린 사람들이 된다[25]는 것이다. 그래서 톰슨은 인류학자인 메리 더글라스(1997)의 '불결한 것(dirt)'의 개념을 장애를 가진 몸에도 적용시켜 볼 수 있다고 주장한다. '청결한 것이란 변칙적인 요소인 불결한 것이 없는 상태를 말하며, 그로 인해 불결한 것은 변칙적, 일탈적 요소가 깃들어 있다'[26]는 것으로, 이것을 몸으로 확장해보면 장애가 있는 몸은 일탈적 요소가 깃든 몸으로, 곧 불결한 것이 된다. 아마도 우리 사회가 장애인들의 신체적, 정신적 상태를 '추하다', '흉하다'라는 부정적 은유로 연결 짓는 것도 유사한 맥락에서 해석해 볼 수 있다.

그렇다면 장애인 당사자 집단은 자신의 몸을 어떻게 이해하고 있으며, 정의하고 있을까? 1976년 영국의 장애인 단체인 UPIAS[27]는 1975년 유엔의 장애인 권리선언에 명시된 장애 정의를 비판하면서, '손상'과 '장애'를 구분하여 정의하고 있다. 이 단체는 '손상'이란 사지의 일부 혹은 전부가 부재하거나, 사지·기관·몸의 작동

25. 김원영, 2018, 『실격당한 자들을 위한 변론』, 사계절, pp. 64-71.

26. 매리 더글라스 지음, 유제분 외 옮김, 1997, 『순수와 위험』, 현대미학사, p. 69.

27. Union of the Physically Impaired Against Segration의 약자.

에 불완전함을 지니고 있는 것을 의미하며, '장애'란 손상을 지니고 있는 사람에 대해 아무런 고려를 하지 않음으로써, 그들을 사회활동으로부터 배제시키는 불이익이나, 활동의 제한을 의미한다고 정의하고 있다. 그래서 이 단체는 손상은 손상일 뿐, 그것이 장애와 연속선상에 있을 수 없다는 것을 분명히 하였다. 예컨대 이들은 손상이 없는 사람들을 고려할 뿐, 손상을 지닌 사람들에 대해 고려하지 않는 사회가 곧 문제라고 이해하는 것이다. 그래서 이들은 장애에 대한 사회적 억압이 곧 장애이지, 손상으로 인해 장애가 야기된다는 인식은 잘못되었다고 주장한다.

UPIAS와 같은 장애인 당사자 조직 등의 목소리에 힘입어, 장애를 사회적 실패나 억압으로 정의하는 일명 사회적 모델이 1970년대 이후부터 본격화되기도 하였다. 이 사회적 모델은 사회적 실패나 억압을 가져오는 사회적 제도와 문화를 바꿔 나가는 데 역점을 두면서, 사회변화를 이끌기 위한 당사자 중심의 장애 운동이 활발하게 전개되는 데 기여하였다. 이것은 톰슨(2018)이 주장한 바와 같이, 변칙적인 것으로 이해되는 장애를 가진 몸이 우리 사회에서 자신의 존재성을 드러내는 '전복의 힘'과 유사하다고 할 수 있다. 전복이란 기존의 사회 질서나 체제를 뒤집어엎는 것으로, 톰슨은 이 '전복의 힘'이 변칙적인 것의 의미를 "풍요롭게 하거나, 또는 존재의 다른 차원에 대한 주의 환기"[28]가 될 수 있다는 것을 강조하고 있다. 얼마 전 미국 사회의 가장 대표적 장애인 인권운동가인 주디스 휴먼(2022)의 자서전이 국내에서 출간된 바 있다.[29] 그녀[30]는 자신의 자서전에서 아래와 같이 언급하고 있다.

"나 같은 사람, 남들과 같은 방식으로 살아갈 수 없는 수천, 수만의 우리는 주거나 건강, 교육, 고용 등의 문제에서 접근 기회의 형평성을 다수의 사람과는 다른 방식으로 바라볼 수밖에 없다. 우리는 경사로, 더 넓은 출입구, 안전손잡이, 수어통역사, 자막, 접근가능한 기술, 음성안내, 점자로 된 문서, 지적장애인과 지체장애인을 위한 활동보조인도 함께 고려해야 한다. 이러한 것들에 대한 이해가 없다면 우리는 다른 사람들과 같은 권리를 요구하는데 '불만이 많다', '이기적이다'라는 틀에 갇히고 만다 …(중략)… 우리는 '끝없이 요구하는 사람들'이라 불리고, 물러서지 않으면 '끈질기다'는 소리를 듣는다. 우리에게 '끊임없이 요구하는', '끈질긴'이란 이름표를 붙이는 것은 우리를 '굴복하게' 하려는 또 다른 방식일 뿐이다."[31]

28. 로즈메리 갈런드 톰슨 지음, 손홍일 옮김, 2018, 앞의 글, p. 70-71.

29. 한계레신문, 2022, "미국 장애운동 주역의 자서전 차별에 맞선 주디스 휴먼의 삶: 소송·점거 등 운동에서 행정까지 모든 장애인권운동이 걸어온 길", hani.co.kr/arti/cluture/book/1036234.html(2021. 04. 04. 검색).

30. 주디스 휴먼은 1970년대부터 미국의 『재활법 504조』 투쟁, 1990년 『미국장애인법』 제정에 이르기까지 각종 소송과 시위, 점거농성을 주도하며 최일선에서 장애인이 평등하게 살아갈 권리를 위해 최일선에 투쟁하기를 마다하지 않은 대표적 장애인 인권운동가이다.

31. 주디스 휴먼·크리스턴 조이너 지음, 김채원·문영민 옮김, 2022, 『나는, 휴먼』, 사계절, pp. 221-222.

1960년대 말 미국 사회에서 장애인 당사자들은 장애란 신체적, 정신적 차이를 위계화[32]하는 당시의 사회적 조건들에 대해 동등한 시민으로서의 자신들의 권리를 요구하기 시작하였다. 그리고 이러한 장애인들의 평등할 권리에 대한 요구는 각종 소송, 시위, 점거, 농성, 입법화 운동 등의 격렬한 사회투쟁으로 이어졌다. 이러한 투쟁을 우리는 톰슨의 표현처럼 '전복의 힘'이라고 부를 수 있는데, 장애인들은 스스로 기성의 사회체제와 질서에 저항하고 그것을 뒤집어엎는 적극적 전복 행위들을 통해 살아있는 존재로서 자신들의 실존성을 온몸으로 드러내기 시작하였다.

이러한 전복의 힘은 사울 알란스키(2016)가 언급한 '불경'이란 개념과 맞닿아 있다. '불경'이란 삼가거나 어려워함이 없는 무례함으로, 이것은 신성한 것, 거룩한 것을 모독하는 행위[33]라고 할 수 있다. 알란스키는 신성함에 대한 모독은 단지 신적인, 성스러운 것을 의미하는 종교성에 대한 모독만을 의미하는 것이 아니라, 동시대를 지배하는 세계관, 시대정신, 지배 세력을 모독하는 것 또한 '불경'이라고 하였다.

알란스키의 시각에서 보면 장애인이란 억눌린 집단이 자신들의 목소리를 찾고, 시민으로서 자신들의 권리를 당당하게 요구할

---

32. 커 닐슨 지음, 김승선 옮김, 2020, 『장애의 역사』, 동아시아, p. 284

33. 사울 D. 알란스키 지음, 정인경 옮김, 2016, 『레디컬:급진주의자여 일어나라』, 생각의힘. pp. 126-127.

수 있는 것은 비장애인 중심의 주류적 가치와 사고방식을 가진 지배 세력에게 반기를 드는 행위를 통해서만 가능한 것이 된다. 그래서 이러한 모독행위는 비장애인 중심사회의 잣대에서 보면 일종의 불경스러운 행위가 되며, 그것은 반역행위가 된다. 한발 더 나아가 장애는 특정한 개인 내지 집단이 가진 '개성' 혹은 '정체성'으로 의미부여 되기도 한다. 노라 엘렌 그로스(2003)는 자신의 저서에서 다음과 같은 물음을 던지고 있다.

> "청각장애인이 주로 사용하는 수화를 아는 것이 제2외국어를 아는 것처럼 부러움의 대상이 된다는 것은 무엇을 의미할까? 또는 어떤 사람이 듣지 못하고, 말하지 못하는 것을 그 사람의 목소리가 다르다는 정도로만 생각하는 사회는 어떤 사회일까?"[34]

위 물음에서 노라 엘렌 그로스(2003)는 청각장애나 언어장애를 가진 사람을 다른 목소리를 가진 사람으로 이해하고 있는 사회를 전제하고 있다. 예컨대, 수어와 구어를 쓰는 사람을 다른 목소리, 서로 다른 개성을 가진 사람으로 이해하고 있는 것이다. 장애가 특정 개인 혹은 집단의 '개성' 내지 '정체성'으로 이해될 때, 그 개성

---

34. 노라 엘렌 그로스 지음, 박승희 옮김, 2003— 『마서즈 비니어드 섬 사람들은 수화로 말한다 장애수용의 사회학』, 한길사. p.11

내지 정체성을 보유한 사람은 자신의 장애가 열등함이나 무가치함이 아니라 썩 괜찮은 가치가 있는 것으로, 이것은 자부심이 될 수 있다.

최근 들어 미국 사회에서는 비장애인 중심사회에서 약탈당하였던 자신들의 몸을 되찾고, 장애 자부심에서 장애인들의 고유한 문화를 형성하려는 움직임이 활발하다. 전지혜(2011)는 장애 자부심을 고취시켜 장애 문화를 형성해 나가고 있는 미국 사회 내 '자랑스러운 장애 퍼레이드(Disability pride parade)'란 문화행사를 소개한 바 있다. 이 행사는 장애아동부터 성인 장애인, 비장애인이 모두 함께 참여할 수 있는 거리 행사로서 대중들 앞에서 장애인이라는 것이 자랑스럽다고 공적으로 발표하는 것이다. 장애인들은 이러한 문화적 코드를 통해 비장애인이나 세상과 함께 소통하고 장애인들을 다른 개성을 가진 존재[35]로 알리는 작업의 일환이다.

2018년 한 인터넷 뉴스에서는 "장애가 문화적으로 가치를 지닌다면 장애인 역시 문화적으로써 그 가치를 인정받을 수 있고, 문화적 가치를 지닌 장애 상태의 사람들이 생산하고 즐기는 문화 역시 사회적 힘과 영향력을 지닌 문명으로써 더불어 살아갈 수 있다. 그

---

35. 전지혜, 2011, "장애 정체감으로서 장애 자부심, 그리고 장애 문화의 가능성에 대한 탐색", 「한국장애인복지학」, 제15호, p. 62

래서 장애 문화가 주류 문화로 받아들여지기 위해서는 인식의 변화가 우선인데, 듣지 못하는 장애를 청각 손실이 아닌 침묵을 인지하고 만들 수 있는 능력으로, 수화를 언어장애를 보조하는 것이 아니라 온전한 농아인의 언어로 생각을 바꿀 수 있다면, 장애는 또 다른 문화 콘텐츠, 문화 아이콘으로 자리 잡을 수 있다[36]"고 주장하고 있다.

결국 장애를 지닌 몸에 대한 사회구성원들의 인식과 태도가 비장애인, 장애인 모두의 존엄성을 존중받고 살 수 있을 것인지, 아니면 특정한 인구집단만이 존엄한 존재로 존중받으며 다른 인구집단은 잉여적 존재로 살 것인지를 판가름하는 중요한 잣대가 된다고 할 수 있다. 수잔 웬델(2019)은 샬럿 밀러(1979)의 주장을 인용하며, "대개 장애인에게 여러 혜택과 의료 서비스를 비롯하여, 다양한 서비스를 제공하는 사람들이 자신의 도움을 필요로 하는 사람이 누구인지를 정한다"고 지적하였다. 또한 그녀는 "UN의 전문기구인 세계보건기구는 그것에 영향력을 행사할 수 있는 다른 기관들의 정치적 목적에 응해야 하고, 자신과 같은 사람은 잘 모르는 복잡한 정치적 절충의 과정을 거쳐야 나오는 것"[37]이라고 언급하고 있다.

---

36. 더 페스트 미디어, 2018, "장애이해 교육을 넘어 장애에 대한 자부심으로", http://www.thefirstmedia.net/news/articleview.html(2021. 04. 04. 검색).
37. 수잔 웬델은 그녀 자신 만성 질병을 가지고 살아가는 여성으로서, 여성주의적 관점에서 장애를 가진 몸이 사회적 부당함과 신체적·정신적 상태에서 생겨나는 고통을 어떻게 이해하고, 통찰할 것인가에 대한 숙고를 그녀의 저서 '거부당한 몸'에서 기술하고 있다. 수잔 웬델 지음, 강진영 옮김, 2019, 앞의 글, pp. 58-62.

수잔 웬델(2019)의 사유에 기대어 보면, 세계보건기구나 우리나라의 장애인복지 관련법에서 사용되던 장애의 정의는 주로 생리학적 손상이나 결함을 중심으로 개념화된 것으로 의료전문가, 장애학 전문가, 그리고 장애인 재활 및 복지 전문가 등의 전문가 집단에 의해 규정되었다. 소위 '서비스 제공자'에 의해 만들어지는 장애 정의와 장애인 당사자에 의해 만들어지는 정의 사이에는 중요한 차이가 존재한다는 것이다.

그렇다고 웬델(2019)이 '누가 장애인이며, 이들을 누가 정의할 수 있는가'를 오직 장애인 당사자만이 정의할 수 있다고 주장하는 것은 아니다. 필자 역시 장애인 당사자만이 장애를 정의할 수 있다고 보지 않는다. 그럼에도 불구하고 필자가 이것을 강조하는 이유는 비장애인 중심의 기준에 맞춰진 장애 정의는 장애인의 다름을 무시한 채, 비장애인의 관점에서 만들어낸 그 기준점 안으로 장애인을 몰아넣는 동일성을 만들어 내고, 이 동일성은 평균성과 이탈성을 구별지으면서 평균성 안으로 편입되지 못하는 이들을 조롱과 혐오, 동정과 연민, 배제와 고립화 등의 차별적 존재로 대상화하기 쉽기 때문이다. 그래서 동일성이 기준이 되고, 중심이 되는 사회는 위험할 수 있다. 그렇다면 비장애인들을 배제한 채, 장애인 당사자만이 장애를 정의할 수 있다고 주장하는 이들이 만약 존재한다면,

과연 그들의 주장은 정당성을 얻을 수 있을까?

그렇지 않다고 본다. 장애인과 비장애인이 함께 어울려 편안하게 살아간다는 것은 엘렌 그로스(2003)의 주장처럼 서로의 목소리와 언어의 차이를 가진 사람들이 서로의 다름을 걸림돌 없이 표현하는 것으로 해석할 수 있다. 이것은 어느 일방의 관점이나 시각을 주입하거나 강요하는 것 안에서는 불가능하다. 즉 '장애인 당사자만이 오직 장애를 정의할 수 있다고 해도, 결국은 비장애인 집단이 장애를 정의하는 것과 정도의 차이가 있을 뿐, 이것 또한 '차이'라는 또 다른 '다름' 안에서 이루어지는 동일성을 띤다는 점에서 다를 바가 없어진다. 따라서 진정한 차이에 대한 이해와 그 이해가 상호 인정과 수용이 되기 위해서는 장애인과 비장애인 간 그리고 장애인, 비장애인 내 신체적, 정신적 상태의 다양한 다름이 존재한다는 것을 이해하고 수용하는 작업이 선행되어야 하지 않을까? 이것이 적어도 '동일성'과 또 다른 대척점에 있는 '차이성'이 드러낼 수 있는 위험성으로부터, 벗어나는 길의 첫 출발점은 되지 않을까?

우리들이 살아가는 세상은 장애인과 비장애인이 함께 어우러져 구성해 가는 생활세계이다. 그래서 장애인과 비장애인이 함께 대화 나누고 살아가는 삶의 세계 안에서 양자는 함께 어우러져 살아갈 수 있는 삶의 국면으로 진입할 수 있을 것이다. 이러한 세계에서 장애와 장애인에 대한 오롯한 개념적 의미들이 드러날 수 있지 않을지를 생각해 본다.

2장   여성성이란 통념에 갇힌 몸

"여성은 여성으로 태어난 것이 아니라, 여성으로 만들어지는 것이다"라고 주장했던 시몬드 보부아르의 언술처럼, 여성에게 요구되는 여성성 즉 여성적 특성 내지 성향[38]이라는 것도 결국 사람들이 속한 사회와 그 사회가 만들어내는 문화적 조건에 따라 만들어진다. 이처럼 우리가 사회적, 문화적 구성물로서 여성성을 이해할 경우, 우리 사회에서 여성적 특성을 지닌 여성은 어떤 여성들인지를 좀 더 세밀하게 살펴볼 필요가 있다.

사회문화적 구성물로서 여성성을 가장 이해할 수 있는 것은 아마도 한국 사회가 여성에게 요구하는 여성스러움의 속성과 여성이 담당해야 한다고 믿는 성역할을 통해 가장 잘 드러날 것이다. 그래서 한 사회가 의미 부여한 여성스러움과 남성스러움에 대한 정체성은 그것을 만들어내는 사회적 발화행위에 주목해 볼 필요가 있다. 즉 한 사회의 문화가 만들어내는 '무엇다움'이라는 것은 사회적 통념, 고정관념 등과 같은 사회적 구성물로서 만들어지기 때문이다.

---

38. 교육심리학 용어사전, http://terms.naver.com(2022. 01. 23. 검색).

여성가족부(2018)는 우리 사회에 존재하는 일상생활 속 성차별적 언어표현을 조사한 바 있다. 이 조사에서 사람들은 여성의 성격적 속성으로 '조신해야 한다', '얌전해야 한다', '나대면 안 된다'를 가장 대표적 표현으로 사용한다는 것을 보고 하였다. 그리고 여성다운 외모적 특성으로는 '여자는 예뻐야', '여자는 예쁘면 모든 게 용서된다', '여자는 가슴이 커야', '여자는 뚱뚱하면 안 돼'라는 것을 설문에 응답한 이들이 대표적으로 알고 있는 성차별적 언어표현[39]으로 이해하였다.

여기서 여성다운 성격은 그 여성이 속한 가족 및 공동체 내에서 자신의 생각이나 주장을 되도록 드러내지 않는 순종적이고 조용한 성격을 지닌 여성으로 이해되었다. 그렇다면 자기 생각이나 주장이 강하고, 그것을 적극적으로 개진하는 활동적 여성의 경우, 여성답지 못한 성격을 소유한 사람이 되며, 이러한 성격을 소유한 여성은 그녀가 속한 공동체나 조직에서 여성답지 못한 여성이란 부정적 평판이나 이미지를 얻기 쉽다는 가정이 자연스럽게 성립된다. 그뿐만 아니라 여성을 평가하는 미적 기준에 대한 사회적 통념은 아름다운 외모와 멋진 몸매, 특히 성적 욕망을 불러일으키는 얼굴과 섹시한 몸매를 가진 여성만이 여성다운 신체를 가진 여성의 지

---

39. 여성가족부, 2018, 「일상 속 성차별 언어표현 현황 연구」, 여성가족부 이노베이션센터, pp. 15-16.

위를 얻게 만든다. 따라서 외모 가꾸기에 무신경하거나 몸매 관리를 게을리하는 여성은 여성다운 존재가 되지 못한다. 이로 인해 못생기거나 뚱뚱한 여성은 자신의 외모를 관리하지 않는 게으른 여성이 되며, 그녀의 외모에 비례해서 사회적 지위도 평가절하될 가능성이 높다.

　다음으로 여성의 성역할과 관련하여 주로 사용하는 표현으로는 '집안일은 여자가, 바깥일은 남자가', '애는 엄마가 키워야지', '여자는 살림만 하면 되지' 등이 대표적인 것[40]으로 나타나고 있다. 우리 사회구성원에게 여성의 성역할은 자녀양육과 가사노동의 담당자로서 그 역할을 국한하고 있다는 것을 의미한다. 곧 여성다운 여성의 성역할은 가정경제를 책임지는 가장을 대신해 집안일과 자녀양육을 충실하게 잘 수행해 내는 전업주부로서 남편 즉 남성을 잘 내조하는 아내, 가족을 잘 보살피는 어머니의 모습이라고 할 수 있다. 그런데 유교적 가부장제에 기반한 남성 중심의 사회에서 자녀양육과 집안 살림을 책임져온 여성들의 성역할은 남성들의 주된 역할로 여겨져 온 소위 '바깥일'이라고 하는 사회경제적 활동을 위한 부차적인 일로, 이것은 아무나 할 수 있는 일, 가치가 떨어지는 일로 치부되어 왔다.

40. 위의 글, p. 17.

이처럼 우리 사회에서 여성이 여성스러움이란 사회적 기준에 편입되기 위해서는 '얌전하고 순종적인' 성격적 특성과 '아름다운 외모와 관능적인 몸매'를 가진 신체적 특성 그리고 '자녀 양육과 가사노동'이라는 성역할의 차원에 머물면서, 여성 스스로가 그렇게 되고자 열심히 힘을 써야 한다. 그래야만 그 여성은 사회구성원들의 긍정적이고 호의적인 눈길이 머무는 여성성이라는 정체성을 비로소 획득할 수 있는 '여성다운 여성'이 된다. 반대로 여성다운 여성이란 정상성 안에 들어갈 수 없는 여성은 곧 비정상적 여성이란 이름으로 호명될 것이며, 양자 사이에는 어느새 우열 관계가 형성되어 비정상적 여성이라고 불리는 여성들은 부족하거나 열등한 사람으로 취급될 것이다.

♥ ♥ ♥

그렇다면 앞에서 살펴본 이 여성성이라는 통념들 속에서 장애라는 몸을 가진 여성들의 삶을 대입해 보면 어떨까? 사회구성원들이 여성의 몸은 어떠해야 하고, 여성의 역할은 어떠해야 하는지를 체화한 사회문화적 통념들에 비추어볼 때, 그 시선 안에서 응시 될 수밖에 없는 장애여성은 생물학적으로 여성이지만, 결코 여성이 될 수 없는 사람들이다. 왜냐하면 장애라는 몸과 정신의 특성이 지극히 정상적인 기준과는 거리가 먼 불완전함과 열등감 그 자체이기 때문이다. 그래서 못나고 흉하기까지 한 몸과 정신을 가진 장애 여성은 결코 되고 싶지도 않고, 되어서도 안 될 하자가 큰 사람이 된다. 게다가 이 여성들은 낭만적 연애 감정이나 성적 욕망을 불러일으킬 만한 매력이 떨어지는 신체와 정신을 가졌다. 그래서 '여성스러움', '여성적인 여성'의 대상에서 제외되는 것은 어찌 보면 지극히 당연한 일이 된다. 더욱이 생명을 잉태하고 출산하고, 자녀를 양육하는 것이 정상적인 여성성을 대표하는 것이라고 할 때, 장애 여성의 몸은 신체적·정신적 결함과 제약으로 인해, 자녀 임신과 출산, 양육에서도 적합성이 한참 떨어지는 불량품과 같은 존재가 된다.

사회문화적 규범이 만들어내는 사회적 눈길 안에서, 뚱뚱한 여성, 못생긴 여성, 늙은 여성, 병든 여성은 여성이지만 여성이 아닌 것처럼, 장애를 가진 여성 또한 여성의 범주에 포함되기 어려운, 여성이 될 수 없는 존재가 된다. 따라서 사회문화적 기준에 부합되지 못한 여성은 스스로를 부끄러워해야 하며, 그로 인해 절망과 무기력이란 기분의 밑바닥에서 허우적대기도 한다[41]. 여성스러움의 가치가 떨어지는 혹은 가치가 없는 몸이라는 사회적 낙인은 여성

---

41. 수잔 웬델 지음, 강진영 옮김, 2019, 앞의 글, p. 176.

다운 가치가 있는 몸을 전제해야 가능하다.

이것은 사회라는 타자가 부여한 여성스러움의 가치를 획득하지 못한 비장애인 여성이나 장애인 여성 그 누구도 예외일 수 없다. 필자 또한 작은 키와 뚱뚱한 몸을 가진 한국 사회 내 전형적인 중년기 여성 중 한 사람이다. 필자가 자주 듣는 농담조의 언어들은 '이제 건강 생각해서, 몸 관리 좀 해야지'라는 점잖은 지적에서부터, '살이 쪄서 이목구비가 파묻혔어!', '외모상 교수님처럼 안 보이세요. 푸근한 이웃집 언니 같아요.' 하는 비하적이고 고정 관념적인 표현들이다. 만약 필자가 지식인다운 사회적 이미지에 갇혀 혹독한 다이어트로 몸을 수선한다면, 타인들이 드러내는 부담스러운 응시와 조롱 섞인 관심의 표현에서 자유로울 수 있을까? 그렇다면 장애여성이라면 어떨까? 그녀들은 최대한 비장애인 여성처럼 되기 위해, 비장애인 여성 중에서도 정상적 여성이라고 하는 사회적 잣대에 딱 맞아떨어지는 여성이 되기 위해, 어떠한 수선의 과정을 거쳐야 할까?

김도현(2007)은 '노동력이 상품이 된 지 오래된 자본주의 사회에서 손상된 상품으로서 장애인이 폐기 처분되지 않으려면 혹은 헐값에라도 팔리려면 수선의 과정인 재활의 과정을 필연적으로 거칠 수밖에 없다'[42]고 말하고 있다. 과연 장애여성이 재활의 과정을 거치면 비장애인 여성처럼 될 수 있을까? 정상적 여성성이라고 하는 사회적 신화 안으로 자신을 편입시킬 수 있을까?

장애여성과 비장애 여성이 만들어내는 차이가 동일한 기준점으로 적용되었을 때, 그 기준점을 맞추기 위해 장애여성은 온 힘을 다해 고군분투하거나, 만약 그것에 맞추기 어렵다면 자신의 몸을 겉으로 드러나지 않도록, 되도록 감출 수밖에 없을 것이다. 장애여성 당사자인 김효진 외(2014)는 그녀 자신 어떤 몸은 아름답고, 어떤 몸은 아름답지 않다는 사회적 기준에 갇혀 살았기 때문에, 장애를 가진 자신의 몸에 대해 유독 민감할 수밖에 없었다고, 구술하고 있다.

"나는 아직도 민소매를 입고 집 밖으로 나가지 못한다. 내 어깨와 팔은 오랜 세월 목발 사용으로 단련되어 운동선수처럼 단단해져, 가녀리고 얇아서 보기만 해도 감싸주고 싶은 다른 여자들과는 거리가 있다. 그런 어깨와 팔로 민소매를 입고 길을 나섰을 경우, 쏟아지는 시선을 감당할 자신이 도저히 없다. 외국에 나가보면 누구도 나의 옷차림이나 몸매에 대해 신경 쓰지 않는 듯한데, 한국에

42. 김도현, 2019, 『장애학의 도전: 변방의 자리에서 다른 세계를 상상하다』, 오월의 봄, pp. 304-306.

서만큼 아직도 남의 시선이 부담스러운 것은 내가 유독 예민해서 인지 잘 모르겠다."[43]

위 김효진 외(2014)의 표현은 외모가 주요한 사회적 가치와 미덕이 되는 세상에서 아름다움을 추구하는 행위는 여성의 몸을 정상화하는 반면에, 장애는 여성의 몸을 비정상화한다고 했던 톰슨(2018)의 주장과 맞아떨어지는 부분이라고 할 수 있다. 그래서 톰슨(2018)은 여성화는 타인의 시선을 집중시키지만, 장애는 타인들의 빤히 쳐다보기를 불러온다[44]고 하였다.

이제 장애여성은 비정상적인, 열등한 몸을 지닌 여성으로서 비정상적 혹은 열등한 자신의 몸이 타인들의 구경거리가 되지 않기 위해 장애를 잘 숨기거나 혹은 장애가 드러나더라도 빤히 쳐다보는 타인의 눈길이 머물지 않도록 비장애 여성의 몸과 최대한 가깝게 보일 수 있도록 노력해야 한다. 그럼에도 불구하고 일부 장애여성들은 여성성에 대한 세상의 기준을 내면화하는 자기 검열의 과정에서 장애를 가진 자신의 몸을 수치스러워하기도 하고, 그 몸이 걸림돌이 되기도 한다. 그래서 어떤 장애여성은 아래와 같이 자기 자신을 비하하기도 한다.

43. 김효진 외, 2014, 「모든 몸은 평등하다—장애여성들의 몸으로 말하기」, 삶창, p. 36.

44. 로즈메리 갈런드 톰슨, 2018, 앞의 글, p. 35.

"내가 장애자라서… 남자들이 싫어하죠." "내가 장애가 있으니까… 그런 (비장애인) 남자들이 저랑 안 만나고 싶어 할 것 같기도 하고… 여자들이 많잖아요. 일반 여자들…"[45]

또한 일부의 장애여성들은 자신을 성적 욕구가 없는 무성적 존재로 바라볼 때 상처받기도 하고, 장애여성인 자신과 사귀는 비장애인 남성을 마치 대단한 존재인 것처럼 대하는 타인의 태도에 불쾌감을 느끼기도 한다.

"서른이 넘었는데도 (자신을) 여성이 아니라 어린아이 대하듯 편하게 대할 때, 그들에게 나는 무성적 존재일 뿐이다. 알고 보면 나도 섬세한 감정이 있는 여성이다. 잘생긴 남자가 잘 대해주면 마음이 설렌다. 하지만 그 사람이 날 그저 어린아이처럼 생각해서 잘해줬다는 걸 알게 된다면 나 역시 상처받는다."[46]

왜냐하면 그녀들은 비장애인 남성의 동정이 없었다면 마치 두 사람의 사랑은 불가능한 것처럼 이해하는 듯한 세상 사람들의 시선과 태도가 불편하기 때문이다. 나아가 장애여성들은 자신에게 친절하게 대하긴 하지만 그녀를 여성으로 바라보지 않는 남성의

45. 임해영, 2019, "지적장애인 여성의 성적 욕구와 인식에 관한 연구", 『생명연구』 제53집, p. 114.

46. 김효진 외, 2014, 『모든 몸은 평등하다』, 삶창, p. 118.

태도와 만날 때 불편하기 때문이다. 어디 그것뿐이겠는가? 세상 사람들은 그들이 구축한 여성스러움이란 사회적 고정관념 안에서 한참 이탈되어 있다고 판단한 장애여성이 자녀를 임신하였을 때, '장애인이 어떻게 키우려고 아기를 낳았을까? 낳지 말고 그냥 지우지' 등과 같은[47] 차별적 목소리를 거침없이 드러내기도 하고, 자녀의 사소한 문제에도 '장애 부모 밑에서 자라니까 저렇지!'[48]라는 편견을 아무렇지 않게 드러내는 세상 사람들의 생채기를 가슴 아리게 견뎌내기도 한다.

이처럼 장애여성들은 여성성이란 세상의 잣대 안에서 남성을 만나기 어려운 존재로, 아이를 낳아 양육하기 어려운 존재로 이해된다. 또한 그녀들과 사귀는 비장애인 남성을 대단한 존재로 바라보는 사람들의 편향된 시선과 여성으로서 대해주지 않는 남성들의 무지한 인식과 태도에 상처받기도 한다. 더욱이 이 여성들은 낳지 말아야 할 아이를 낳아 키우는 대책 없는 부모가 되거나, 문제 자녀를 키우는 문제 부모가 되기도 한다.

여성스러움의 잣대를 만들어내는 사회에서 이 잣대에 미치지 못하는 장애여성들은 낙오자이거나 패배자일 수밖에 없다. 그래서

---

47. 위와 관련된 좀 더 상세한 내용은 KBS 뉴스, 2021, "장애인의 날 기획 장애인 부부의 육아⋯ 아직도 편견과 차별"이란 보도 내용을 참고하길 바란다.

48. 좀 더 상세한 내용은 국민일보 기사, 2022, "그런 부모 밑이니 이 모양이지-가장 아팠던 한마디"라는 기사를 확인해 보길 권한다. http://news.kmib.co.kr/article/view.asp?arci(2022. 04. 15. 검색).

장애여성들은 이 사회적 잣대라는 기준을 비틀기 위한 저항의 목소리를 높이기도 한다. 이러한 저항의 목소리는 '중증 여성장애인이 출산하고 양육하는 것에 대한 사회적 편견을 깨고 싶다'[49]며, 아이 셋을 낳아 키우는 중증 뇌병변 장애여성의 목소리를 통해서도 표현된다.

이처럼 장애여성들은 결혼해서 아이를 낳아 기르기에는 부적합한 몸이라는 세상의 편견을 비틀면서, 여성으로서, 어머니로서 그녀들의 삶을 살아내기도 한다. 만약 장애여성들이 여성성에 덧씌워진 사회적 잣대에 결박되었다면, 이들은 그 잣대란 지배적 고정관념에 복종하고 순응하는 식민이 되었을 것이다. 그렇지만 장애여성들은 식민화된 생각과 행위에 그녀들 나름대로 전복을 시도하고 있다. 그녀들은 무성적 존재이기를 거부하며, 연애와 결혼할 수 없는 존재, 자녀 출산과 양육은 할 수 없거나 하기 어려운 존재라는 세상 사람들의 부정적 시선에 저항하며, 그녀들을 섣부른 연민과 동정의 대상으로 바라보는 세상 사람들의 편협한 인식과 태도에 반발한다.

---

49. 국민일보, 2022, "못보고, 못 걸어도… "출산·양육은 벅찬 행복"", http://news.kmib.co.kr/article/view.asp?arcid(2022. 05. 14 검색).

여성성에 덧씌워진 사회적 기준에 부합한 여성만을 우리 사회가 여성다운 여성이라고 규정할 때, 특정한 신체적 · 정신적 특성과 제약을 가진 장애여성들은 이 '여성다운 여성'이란 범주에 들어갈 수 없는 존재가 된다. 과연 사회적 통념으로 작동되는 여성성이라는 프레임 안에 장애여성을 가둘 수 있을까? 우리가 어떤 여성들을 일반화된 규정 안으로 묶으면 묶을수록, 그 여성들은 그 사회가 만들어 놓은 규정 안에 묶일 수 없는 존재가 된다.

노자 첫머리에는 '도가도 비가도, 명가명 비가명'[50]이라는 구절이 있다. 우리가 어떤 존재를 특정한 언어적 틀 안으로 가두면 가둘수록, 그 언어적 개념의 틀은 오히려 그 존재를 온전히 드러낼 수 없는 이질적인 것이 되어버린다는 것을 시사하는 구절이다. 이것을 우리 인간 세계에 대입해 보자. 어떤 인간 집단을 특정한 개념으로 규정지을수록, 그 개념은 그 인간 집단을 규정할 수 있는 것과 동떨어진 것이 되어버린다. 왜냐하면 우리 인간은 단순한 존재가 아니라, 복잡계 그 자체이며, 단일한 것이 아니라 다면적이며, 고정적인 것이 아니라 유동적 존재이기 때문이다.

---

50. 道可道 非常道, 名可名 非常名

복잡계 그 자체인 장애여성이야말로 단순화되고, 일방화 된 장애 정의와 여성성이라는 틀 안에 고정화될 수 없는 변증법적 존재라고 할 수 있다. 그래서 이러한 기준들을 해체 시키는 것이 장애여성들을 새롭게 바라보는 틈새를 벌리는 첫출발이 되리라. 이와 더불어 우리 사회가 발화 당사자로서 장애여성들의 목소리에 귀 기울이고, 그녀들의 이야기를 좀 더 깊이 이해하였을 때, 장애여성의 여성성과 그녀들을 옭아매는 단단한 사회적 장벽들은 점차 균열을 보이기 시작할 것이다.

3장 '보호'라는 명분에 가두어진 성

장애여성은 성과 사랑의 문제에서 '주체'일까, '대상'일까? 아마도 사람들은 이 물음에 '자신의 성과 사랑에 대해 주체가 아닌 사람이 있을까?'라고 반문하는 사람이 있을 것이다. 일부 사람들은 '장애여성도 성적 욕망이 있을 수 있나요?'라고 오히려 의문을 던질지도 모르겠다. 아니면 '장애여성이 성폭력 피해를 당하지 않거나 혹은 그녀의 성적 욕구나 활동이 누군가에 의해 제제당하지만 않는다면, 그녀들도 당연히 성적 주체라고 할 수 있다'라고 답하는 사람도 있을 것이다. 그런데 이 질문에 대해 좀 더 깊게 들여다보면, 해답을 찾아가는 일이 그리 간단하지 않다.

영화 〈오아시스〉에서 공주의 생일날 늦은 밤까지 데이트를 즐기고 돌아온 종두는 그녀를 방 침대에 눕혀주고 집으로 돌아가려고 한다. 그때 공주는 종두에게 '같이 자자'라고 말한다. 그 말에 살짝 당황한 기색을 보이는 종두에게 그녀는 '여자가 같이 자자고 하는데, 무슨 소리인지 몰라요?'라며, 핀잔을 준다. 그리고 두 사람은 좀 더 내밀한 성적 관계로 나가게 된다. 또 영화 〈숨〉에서 수희는 시설에서 함께 생활하는 장애인 남성 민수와 서로 사랑하는 사이이다. 두 사람은 시설 내 비밀공간에서 종종 밀애를 즐긴다. 민수에게 예쁘게 보이고 싶은 수희는 거울을 보며 붉은빛의 립스틱도 바르고, 자신의 머리나 얼굴 매무새를 정돈하기도 한다. 그리고 사랑하는 민수와 알콩달콩 장난도 치면서, 두 사람만의 달콤한 비밀 데이트를 즐기기도 한다.[51]

두 영화의 내용 속에서 우리는 장애여성인 공주와 수희가 그녀들의 성과 사랑에 대해 스스로의 감정과 행위들을 선택하고 결정하는 성적 주체가 되었다는 것을 알 수 있다. 그녀들은 누구랑 어떻게 사랑할 것인지를 스스로 선택하고 결정할 수 있는 존재이다. 곧 이제 자신의 욕망에 따라 어떤 행위로 나갈 수 있는 성과 사랑의 주체가 되었다는 의미이다. 그렇지만 서글프게도 사랑할 수 있고, 섹스할 수 있는 주인공으로서 그녀들의 자기결정과 선택행위는 딱 이 지점에서 멈춘다. 즉 두 사람의 사랑을 누군가가 알아채기 전까지만, 그녀들이 어떤 남성을 사랑할 수 있는 선택의 권리가 주어지는 것이다. 누군가 그녀들의 사랑을 눈치채는 순간, 그녀들의 선택과 결정은 앞으로 나가지 못하고 오히려 정지해 버리거나, 퇴보해 버릴 수도 있다.

---

51. 위 두 영화 주인공의 연애와 사랑에 관해 더 깊이 이해하고 싶다면 해당 영화를 감상해 보길 권한다.

비장애인 중심 사회에서 공주와 수희의 경직되고 뒤틀린 몸은 누군가를 사랑하고 그 사랑하는 이와 섹스라고 하는 입체적 행위를 할 수 없는 몸이다. 또한 그녀들의 어눌한 말투는 누군가에게 사랑의 감정을 제대로 표현하기도 어렵고, 표현할 수 없는 것이다. 그래서 그녀들은 누군가를 사랑하고 그 사람에게 성적 감정과 행위를 느껴서도, 해서도 안 되는 존재가 된다. 나아가 이 여성들은 그러한 성적 감정과 행위를 느낄 수 없고 알지도 못하는 무성적 존재가 된다.

공주 오빠 부부가 공주와 종두의 성관계 장면을 목격하고 공주가 겁탈 당하였다고 단정 지어버리는 행위나, 수희의 임신이 성폭행 피해로 인해 벌어진 일이라는 것을 의심하지 않는 상담사의 태도 속에서, 이 두 장애여성의 성적 욕망의 실현은 고꾸라지게 된다. 또한 사랑의 완결체인 수희의 뱃속 생명은 세상 사람들에게 부정되며, 그녀들의 선택과 결정도 일순간에 아무것도 아닌 것이 되어버린다. 결국 이 두 여성의 성과 사랑에 대한 자기결정 행위는 곧 무기력하게 좌초한다. 장애여성의 성과 사랑을 바라보는 세상 사람들의 인식과 태도는 2000년대 초반 영화화된 공주의 삶이나 2010년대 초반의 영화 수희의 삶에서, 크게 달라진 것이 없다. 그로 인해 장애여성이 자신의 성적 욕망을 드러내거나, 그것을 성적 행위로 드러낸다는 것은 우리 사회 내에서는 상상조차 할 수조차 도 없는 일, 일어나서는 안 되는 일이 되어버린다.

● ● ●

2010년 한겨레 21에서는 『장애인 킨제이보고서』를 발표한 바 있다. 그 표지를 장식한 만화가 장차현실의 일러스트레이션 밑에 는 '성욕', '걱정스러운가'라는 키워드 아래, 다소 도발적인 질문 을 던지고 있다. 이 질문은 성과 사랑에 대해 하고 싶고, 할 수 있 는 주체로서 장애인들을 부정하고 배제한 그동안의 협소하고 파편 화된 우리 사회의 시선에 대한 저항의 목소리이었을 것이다. 그래 서 이 보고서에는 '가장 뜨겁게 숨 쉬는 평화로움이 인간의 성이라 면, 장애인들은 그것을 묻지도 답하지도 못한다. 오히려 이들의 성 적 욕구와 권리는 부정되거나, 금기시될 뿐이다. 이들의 성적인 욕 구와 권리를 부정하고, 박탈하는 것은 누구인가?'[52]라는 내용의 묵 직한 질문을 던진다.

다시 영화 〈숨〉으로 돌아가 보자. 이 영화에서 성폭력 피해자로 둔갑 된 수희는 보호시설로 보내진다. 그녀를 보살피는 쉼터 종사

---

52. 좀 더 상세한 내용은 한겨레 21, 2011, "장애인도 하고 싶다. 살고 싶다"라는 기사를 확인해 보길 권한다. http://h21.hani.co.kr/arti/cover/cover_general/28211.html(2021. 11. 14. 검색).

자는 수희의 배 속 아기는 아빠가 없는 것과 마찬가지인 관계로, 아기가 태어나면 엄마, 아빠가 있는 집으로 보내줘야 한다[53]고 말한다. 비장애인 설령 그 사람이 장애인을 보살피고 지원하는 돌봄서비스 제공자라고 할지라도, 그들에게 장애여성은 성과 사랑에 대한 욕망을 드러내고 실현하는 주체가 될 수 없고, 되어서도 안 되는 존재이다. 그리고 이들의 인식 안에는 수희라는 거주시설 장애여성이 아이를 임신하였더라도, 이 아이게만은 엄마와 아빠라는 양부모가 있는 정상가족 안에서 자라게 해주는 것이 태어날 아이의 온전한 행복을 위한 일이라는 대전제가 깔려있다.

무슨 이유로 장애여성의 성적 욕구와 실현은 부정되어야 하는가? 어떤 이유로 이들이 사랑할 수 있고 섹스할 수 있는 존재라고 생각하지 않는가? 혹여 배 속의 아이가 성폭력 피해의 결과물로 만들어진 것이 진실이라고 할지라도, 그 아이를 출산하고 키울 수 있는 권리는 누구에게 있는가? 태어난 아이는 꼭 양부모가 있는 가정에서 양육되어야 하는가? 장애가 있는 한부모 여성이 아이를 키우는 것이 왜 안 된다고 생각하는가? 등의 의문에 대해, 우리 사회가 질문을 제기하고, 그것에 대해 함께 토론할 기회가 주어졌다면, 과연 이 돌봄서비스 제공자의 생각과 태도는 어떻게 달라졌을까?

---

53 좀 더 구체적인 내용은 연희를 보시길 권한다.

이 종사자에게 다시 숙고해 볼 기회가 주어져서 그 혹은 그녀들의 일방화 되고 파편화된 생각이 전환될 수 있는 틈새가 열렸다면, 그 돌봄서비스 제공자의 장애인에 대한 인식과 접근 태도도 달라지지 않았을까?

그런데 장애인의 성과 사랑에 대한 비장애인들의 액자화된 시각이 과연 돌봄서비스 제공자 차원에서만 머물러 있을까? 오히려 장애인 가족 그리고 그들을 둘러싼 주변인들, 지역사회 주민, 국민 다수의 시각이 더 견고할지도 모른다. 더 나아가 주변인과 같은 인접 환경의 시각과 태도를 지속적으로 받아들여 내면화한 장애인 당사자의 성과 사랑에 대한 인식과 태도가 오히려 자신들에게 억압적이고 부정적일지도 모른다. 그래서 '결혼과 임신'을 주제로 한 교육에서 한 장애인 남성은 '우리 엄마가 그러는데요. 나 같은 애가 나오니까 결혼하면 안 된대요. 나는 이런 교육은 필요 없어요.'[54] 라는 식의 말을 서슴없이 던지기도 한다.

이 같은 냉담한 사회적 압력 때문이었을까? 영화 속 공주와 수희 두 여성은 자신들이 원해서, 사랑해서 성적 관계에 진입했고, 임신했다는 것을 세상 사람들을 향해 당당하게 표현할 수 없는 무력한

---

54. 위의 기사.

존재로 묘사된다. 물론 현실과 영화라는 허구 사이의 간극은 존재할 수밖에 없다. 그래서 이 두 여성이 이처럼 무능력한 존재로 묘사될 수밖에 없었던 것은 장애여성의 참담한 현실을 좀 더 극적으로 표현하고 싶었던 영화 관계자의 의도도 내포되어 있을 수 있다. 하지만 이 두 장애여성의 무능력하고 무기력한 모습이 영화의 극적 장치의 차원에만 머물러 있었다면 좋았겠지만, 2020년대를 살아가는 지금 이 시대에서도 장애여성의 현실은 크게 달라진 것이 없어 보인다.

김두식(2010)은 '영화 속 공주가 왜 이렇게 무기력한 사람으로 그려질 수밖에 없었는가? 그녀가 사랑하는 종두가 최소 5년 이상, 운이 없으면 평생을 교도소에서 보내야 할 심각한 상황에서도 어떤 이유로 공주는 경찰서에 자신의 몸을 부딪치며 저항하는 정도가 종두를 구하려는 그녀의 노력 전부로 비춰졌을까?'[55]에 관한 문제를 제기한다. 이러한 문제의식은 '왜 영화라는 상당한 영향력을 가진 대중매체가 장애여성을 이토록 무기력하고, 무능력한 존재로만 묘사할 수밖에 없었을까?'라는 아쉬움을 표현한 것이라고 할 수 있다. 또한 좀 더 자신의 목소리를 능동적이고 주체적으로 드러낼 수 있는 존재로서, 장애여성의 모습이 그려지기를 바라는 강력한 바

---

55. 김두식, 2010 『불편해도 괜찮아–영화보다 재미있는 인권이야기』, 창비, p. 148.

램의 표현이었을 것으로 이해되어진다.

　그런데 이 지점에서 '왜 위 영화들은 장애여성을 이렇게 무기력하고 무능력한 존재로 이미지화하는가?'라는 문제 제기를 다른 방식의 질문으로 바꾸어 제기해 볼 필요가 있다. 왜 장애여성은 우리 사회에서 이토록 무기력하고 무능력한 사람들로 존재하고 있는가? 즉 무엇이 이 여성들을 이렇게까지 무기력하고 무능력한 존재로 만들었을까?', '어떤 이유로 그녀들이 기껏 할 수 있는 저항의 몸짓은 공주가 오빠 부부와 경찰들을 향해 벌이는 자해 행동이나, 수희가 쉼터 종사자를 향해 '나 안 해'라고 외치는 외마디 정도에 머물 수밖에 없었을까?'라는 질문으로 다시 물어질 필요가 있다. 그리고 이것은 '과연 그녀들이 자신의 몸과 목소리의 진정한 주인이었던 적이 있었던가?'라는 물음과 연결돼야 할 것이다.

　낡은 아파트에서 덩그러니 혼자 살아가는 공주나, 장애인 거주 시설에서 시설 관계자들의 눈치를 살피며 근근히 살아왔던 수희나 그녀들의 몸과 목소리는 원래 그녀들 것이었지만, 현실에서는 그렇지 않았다고 할 수 있다. 그렇다면 그녀들이 누구를 만나 사랑하고 섹스하며, 어떤 방식으로 그 사랑을 지속할지는 그녀들의 것이 되지 못하고, 현실에서는 보호자라는 이름을 가진 개인, 가족, 조직, 사회와 국가의 것으로 전도되었던 것에 대해 다시 질문을 던져야 하는 것이다. 그것은 장애여성에 대한 우리 사회의 지배 담론이 만들어내는 불평등한 위계 의식이 장애여성들을 대상화, 타자화시킨다고 볼 수 있다. 여기서 장애여성의 몸과 여성성에 덧씌워진 지배 담론은 '결핍되고 부적합한 몸을 가진 여성', '손상되고 결함을 가진 취약하고 의존적인 존재'로 장애여성을 이미지화한다. 이렇게 이미지화되는 장애여성들은 누군가에 의해 보호되지 않으면 그녀들의 안전을 확보하기 어려운 존재, 누군가의 관리와 통제 아래 있지 않으면 살아가기 힘든 의존적 존재가 된다.

'보호'라는 이름 아래 그녀들의 몸과 목소리는 가족과 보호시설에 의해 혹은 그녀들의 안전을 지키는 국가나 공공기관의 전문가, 조직 등에 의해 멋대로 규정되고, 재단되어 졌다고 할 수 있다. 그렇기에 이 두 장애여성은 어렵게 찾아온 자신의 사랑도, 배 속의 소중한 생명도 지켜 낼 힘이 없었다고 할 수 있다. 오히려 이들은 자신의 목소리를 내기보다는, 아무것도 하지 않는 침묵이, 무기력한 몸짓이 그녀들이 할 수 있는 최선의 저항이었는지도 모른다.

김용득(2019)은 '몇 년 전 일어났던 지적장애인 거주 시설 이용자의 동강래프팅 사망사건'을 예로 들면서[56], 장애인은 취약하고 부족하기 때문에, 이들의 안전한 보호를 우선시하는 관점 안에는 이들의 능력은 존중되지 못하고 오히려 동정과 보호의 대상으로만 보려는 시각[57]이 짙게 깔려 있다고 보았다. 즉 합리적 의사결정을 하면서 주체적으로 살아가는 한 사람의 시민으로서 이들의 존재를 인정하지 않는다는 것이다. 한 개인이 자발적이고 주체적인 시민으로 살아간다는 것은 그가 결정한 선택의 권리를 누리기도 하지만, 동시에 그것에 대해 책임도 진다는 것을 의미한다. 그 책임을 진다는 것이 항상 안전하고 긍정적일 수만 있을까?

권리와 책임을 진다는 것은 늘 위험이 따르기 마련이다. 낯선 지역을 여행하는 것, 새로운 일을 시작하는 것, 누군가를 새롭게 만나고 사랑에 빠진다는 것 등과 같이 우리가 무언가를 새롭게 한다는 것은 그 안에 부정적 결과를 야기할 수 있는 위험성을 내포하고 있다. 어디 그것뿐이겠는가? 우리가 익숙하게 만나온 사람, 늘상 해왔던 일 등도 어느 순간 스스로를 위험에 빠뜨릴 수 있는 요인으

---

56. 이 사건의 좀 더 상세한 내용 소개는 김용득 편저, 2019, 앞의 글, pp. 30-31의 내용을 참고 바란다.

57. 이호선, 2018, "지적장애인 정책과 서비스에서의 위험과 안전의 균형—영국의 적극적인 위험(positive risk taking) 정책을 중심으로", 『한국장애인복지학』, 제22권, p. 145.

로 돌변할 가능성도 높다. 이처럼 인생을 살아가는 것 자체가 위험일 수 있다. 그리고 위험으로서 삶은 비장애인이건, 장애인이건 누구에게나 동일하게 존재한다. 그래서 셀라스(2011)는 위험은 어떤 삶을 살 것인가에 대한 선택 방식과 밀접하게 연관될 수밖에 없다[58]고 하였다. 이 관점에서 보면, 두 영화 주인공인 공주와 수희는 그녀들이 어떤 삶을 선택하고 살아갈지에 대한 기회 자체가 주어지지 않거나 박탈되었다고 해석할 수 있다.

2019년 장애여성공감에서는 장애여성 당사자 인터뷰를 통해, 그녀 자신을 돌보는 가족, 교사, 장애인활동지원사의 일상적 보호가 어떻게 통제로 전환될 수 있는지를 조사한 결과를 발표한 바 있다. 장애여성들은 "엄마, 선생님, 심지어 활동지원사에게조차도 밤늦은 외출은 위험한 일이며, 핸드폰 패턴을 공유하지 않으면 낯선 이를 만날 위험을 차단한다는 이유로 언제든지 압수당할 수 있는"[59] 친밀한 관계 내 통제 행위에 대해 아래와 같이 발표한 바 있다.

"사랑과 보호라는 이름의 무수한 통제가 가족, 애인, 직장동료, 주변인 등 장애여성을 둘러싼 협소한 인간관계의 장 안에서 이루

58. Sellars., C., 2011, Risk Assessment in People with Learning Disabilities, BPS: Black Well. pp.14-15.

59. 유진아, 2019, "장애여성이 다른 삶의 전략 말하기―친밀성, 통제의 과정에서 장애여성 피해경험 재구성", 『친밀성과 통제―성애여성 피해 재해석』, 장애여성공감 주최 토론회 자료집. pp. 15-19.

어지며, 그 영향력 또한 매우 크게 나타나고 있다.[60] 이처럼 "장애여성의 연예나 섹스를 상상하지 않는 사회에서 그녀들의 섹스는 당장 멈추거나 정정해야만 하는 '문제'로 장애여성을 둘러싼 주변인들에게는 인식된다."[61]

몇 년 전 필자와 만나 몇 차례 대화를 나누었던 지적장애인 여성도 '시설 선생님이나 원장님은 자신이 남자를 만나는 것에 대해 무조건 성폭력이나 돈을 받고 하는 조건 만남으로만 생각한다'고 불평을 털어놓은 적이 있다. 그러면서 그녀는 자신은 남성들을 만나 술도 마시고, 노래방도 가고, 놀러 가는 것이 재미있다고 하였다. 그래서 채팅을 해서 남자를 만나는 자신에 대해 무조건 나쁘게만 보고, 못하게만 하는 원장님이나 선생님이 싫고, 늘 감시당하는 것 같은 시설생활이 너무 싫어서 하루라도 빨리 자립하고 싶다고 털어놓았다. 그러면서 그녀는 자신이 한 이야기에 대해서는 시설 원장님이나 선생님에게는 꼭 비밀로 해달라고 부탁하였다.

필자가 만났던 이 지적장애인 여성은 그녀가 채팅앱을 통해 만난 남성일지라도 그들을 그녀와 함께 유흥을 즐기는 친구가 될 수 있다고 바라본다는 점에서, 그녀와 시설 종사자 사이에는 인식의

---

60. 장은희, 2019, "장애여성 인권상담 현황 브리핑", 『친밀성과 통제-장애여성 피해 재해석』, 장애여성공감 주최 토론회 자료집, p. 5.

61. 유진아, 2019, 앞의 논문, p. 15.

온도 차가 상당히 크다는 것을 알 수 있었다. 또한 그녀는 시설 종사자들에게 자신의 행동이 통제되고 감시당하는 것에 대한 큰 불만을 드러내고 있다는 것도 알 수 있었다.

우리 사회가 채팅앱을 활용하여 낯선 남성을 만나는 행위를 '무조건 위험 행위' 혹은 '범죄 행위'로만 규정해 버리는 순간, 그녀는 '왜 그렇게까지 해서 남성을 만나려고 하는가?'에 대한 의미는 솟아오르지 못한 채, 세상에 나올 수 없는 무의미가 될 것이다. 또한, 채팅앱을 통해 남성을 만나는 과정에서 혹시 위험 상황이 발생하였다면, 그것에 대해 그녀는 어떻게 대처했는지에 대한 이야기도 하나의 유의미로 살아나지 못하고 존재하지 않는 무의미가 될 것이다. 이로 인해 이 지적장애 여성은 자신의 생각과 목소리를 빼앗긴 채, 끊임없이 누군가 이를테면 가족, 시설 종사자, 장애인활동지원사 등에 의해 주입된 간섭과 통제 속에서 '나'이지만, '내가 될 수 없는 존재', '내가 아닌 존재'로 침묵 안에서 살아갈 수밖에 없다.

스스로의 인생의 주인공이 된다는 것은 무엇을 의미할까? 무엇인가를 선택하고 그 선택한 것에 대해 책임도 함께 진다는 것을 의미할 것이다. 무엇인가를 선택하고 결정할 자유가 주어진다는 것은 장애여성 스스로 그동안 살아왔던 그녀만의 삶, 안전한 삶, 보호된 삶에서 벗어나, 그동안 가보지 못하고, 시도되지 못했던 삶이 던져줄 위험을 직면하고, 그것을 헤쳐 나가는 삶이라고 할 수 있다. 장애여성이 누구를 만나 성과 사랑의 관계를 맺는 사람들과 어떻게 살아갈지를 선택하고 결정할지가 주어진다는 것은 그녀가 살아있음을 온전히 느끼며 사는 것이라고 할 수 있다. 장애여성이 누군가를 사랑하고 섹스할 자유에 대해 이 여성들이 무엇을 책임지고 어떻게 살아가야 할지는 곧 그녀들에게 선택의 기회가 주어져야 한다는 것이다. 그래서 발달장애를 가진 장애여성이 선택의 자유와 책임을 학습할 수 있는 기회가 주어지지 않는 사회가 된다는 것은 그녀들에게 살아있지만, 시체와 다를 바 없는 죽어있는 삶을 강요하는 것이라고도 할 수 있다.

4장 '자율'이라는 이름의 성적 주체

　1986년 미국에서 개봉된 〈작은 신의 아이들〉이란 영화는 청각
장애인 학교로 새로 부임해 온 '제임스 리'라는 비장애인 남성 교
사와 그 학교의 졸업생이면서, 학교 내 청소부인 청각장애인 '사라
노먼'이라는 여성과의 로맨틱한 사랑이야기이다. 이 영화는 당시
사회에 큰 반향을 일으켰다. 그 이전까지 장애인을 주인공으로 내
세우는 영화는 대부분 이들을 '기괴한 괴물', '가련한 대상', '우스
꽝스러운 인물' 내지 '장애를 극복한 영웅'과 같은 인물로 묘사하
고 있었다.[62] 그러나 이 영화에서 사라는 청각장애인이라는 자신의
장애 정체성을 부정하거나 비장애인의 언어문화에 편입하려고 하
지 않는다. 오히려 그녀 자신의 장애 정체성 그대로의 모습을 지키
며, 살아가려는 자존감 높은 여성으로 이미지화되고 있다. 장애여
성이 자신의 장애를 있는 그대로 인정하면서, 자신의 선택으로 누
군가를 만나 사랑하고, 그 혹은 그녀와 함께 섹스하고, 아이를 갖
고 키우면서 살아간다는 것은 곧 어떤 의미일까?

　자율은 스스로의 생각과 판단에 의해 무언가를 결정하고, 그 결

62　박미령, 2012, "작은 신의 아이들에 나타난 청애여성의 쑤세싱과 시각적 쾌락", 『영미문학』, 제107권, pp. 125-146.

정한 것에 대해 스스로를 다스릴 수 있는 행위라고 할 것이다. 그러므로 자율이란 누군가가 무엇인가를 선택하고 결정할 수 있는 인격적 자유 행위이며, 이 행위에 대해 책임을 통해 자기 자신을 다스리는 행위라고 할 수 있다. 동일한 맥락에서, 자율이라는 이름의 성적 주체는 그 주체가 누구에게 성적 호감을 가질지, 연애 감정을 느낄지, 누구를 사랑할 것인지를 스스로 결정할 수 있는 존재를 의미한다. 나아가 자신이 어떤 성적 정체성 이를테면, 이성애자로 살지, 동성애자 혹은 양성애자로 살지를 선택하고, 그 선택행위에 따라 자신의 성적 삶을 향유하는 것을 의미한다. 그렇다면 장애 여성이 누군가에게 연애 감정을 느끼고, 그 누군가를 성적으로 사랑한다는 것은 무엇을 의미하는 것일까? 그녀들이 자식을 낳거나 입양하여 키운다는 것은 어떤 의미로 다가오는 일일까?

연애는 해도 그만, 안 해도 그만인 선택의 문제라고 표현한 장애 여성은 다음과 같이 언급하고 있다. 그녀는 "장애인과 비장애인 친목 모임에서 만나게 된 한 비장애인 남성이 달콤한 말로 그녀의 마음을 조금씩 흔들어 놓기 시작하면서, 직장도 있고, 차도 가진 그 남성의 외적 조건이 그녀의 제한된 삶을 구원해 줄 것만 같아 그에게 마음을 열고자 노력"[63]하였다. 하지만, "그 남성이 자신에게뿐

---

63. 김상희, 2017, "장애와 연애에 대한 짧은 생각", 〈비마이너〉,
http://www.beminor.com/news/articleView.html?(2021, 10, 11. 검색).

만 아니라, 여러 장애여성에게 비슷한 방식으로 대시하였다는 사실을 알고, 그 남성에게 더 이상 연락하지 않았으면 좋겠다는 문자를 통보하였다."[64] 그런데 그 남성은 집요하게 그녀에게 전화 스토킹을 해 왔고, 잠시라도 그 남성에게 연애 감정을 느끼보려 했던 그녀의 생각이 환멸로 이어지는 쓸쓸한 경험이었다는 것을 언급하였다.

이 장애여성은 자신뿐만 아니라, 여러 장애여성에게 같은 수법으로 접근해 오는 이 남성에게 잠시라도 연애 감정을 느꼈던 자신이 그리고 그 남성이 가진 연애 조건에 조금은 흔들렸던 자신이 부끄러웠다는 것을 고백하였다. 사실 괜찮은 외적 조건을 가진 친절한 남성이 자신에게 호감을 표현한다면, 그것을 마다할 여성이 과연 있을까? 그것은 장애여성, 비장애여성 모두 마찬가지일 것이다. 다만 이 장애여성은 사람 자체를 보지 못하고, 그 사람이 가진 외적 조건에 잠시나마 마음이 흔들렸던 자신이 부끄러웠을 뿐이다. 그래서 이 여성은 자신의 흔들렸던 감정을 반성적으로 뒤돌아보면서, 여러 장애여성에게 비슷한 수법으로 접근한 나쁜 습성을 가진 이 남성과의 연애를 선택하지 않았다.

64. 위의 기사.

만약 이 장애여성이 나쁜 습성을 가진 그 남성의 호의와 매력에 끌려, 그 선택이 비록 주변인의 커다란 염려와 걱정을 불러일으킬지라도, 그 남성과의 연애를 과감하게 선택하였다면, 그 선택의 권리와 책임도 곧 그녀에게 있다고 할 수 있다. 누구를 만나 그 상대와 연애를 할지, 하지 말지를 선택할 수 있는 권한이 곧 장애여성 당사자에게 있다는 것이다. 다만 두 가지 조건이 필요하다. 하나는 감당이라는 책임의 문제이며, 다른 하나는 장애여성과 파트너의 몸에 대해 그리고 서로의 관계에 대해 어떻게 상호 존중할 것인가이다. 먼저 감당이라는 이름의 책임에 대해, 이야기를 해보면 장애여성이 누군가를 사랑하고 그 사랑하는 대상과 연애와 섹스, 동거 혹은 결혼, 자녀 출산과 입양을 통한 양육이 가능하기 위해서는 그녀와 상대가 선택한 것을 서로 감당해야 한다는 것을 의미한다.

나아가 진은선(2020)은 "상대와 로맨틱한 성관계로 진입할 때, 장애인의 몸이 부정적으로 이야기되는 사회에서, '짧고 휘어있고, 굳어 있는' 자신의 몸을 장애여성인 그녀조차도 '이 정도면 괜찮지 않나'라고 하는 마인드 컨트롤이 필요하며, 그녀를 보조하는 파트너도 둘 사이의 로맨틱한 성적 관계에서, 두 사람이 감당해야 할 몫이 많을 수밖에 없다."[65]는 것을 깨닫는 과정이라고 하였다. 이것

---

65. 진은선, 2020, "아무도 묻지 않는 '장애 여성의 섹스'를 말하다", 〈비마이너〉
http://www.beminor.com/news/articleView.html?idxno(2022.03.10.검색)

은 장애여성 당사자도 자신의 맨몸을 온전히 드러낸 상태에서, 파트너로부터 성적 관계에 필요한 여러 조치의 도움을 받아야 하는 과정이 로맨틱한 성적 분위기를 자아내는 것이 쉽지 않다는 의미일 것이다.

어디 이것뿐이겠는가? 장애여성이 임신과 출산, 양육의 세계로 진입할 경우, 감당이란 책임의 무게는 더욱 무겁게 느껴질 수밖에 없다. 어린 자녀가 세 명인 한 정신장애인 여성은 "하루에 몇 개씩 쏟아지는 가정통신문을 읽고 체크하는 것이 정신을 집중하기 어려운 자신의 장애로 인해, 읽어도 무슨 말인지 이해가 안 될 때가 많다. 또한 정신이 멍한 상태에서 어린 자녀의 양말을 신기고 옷을 찾는 것조차도 어려우며, 이러한 일 자체가 굉장히 에너지가 소비되는 일"[66]이라고 하였다.

더욱이 '한 아이를 키우는데 온 마을이 필요하다'라는 아프리카 속담이 무색하리만큼, 장애여성들은 자녀 출산과 양육에 대한 국가의 제도적 지원의 부족으로 인해 그녀들 개인 차원에서 자녀의 출산과 양육을 온전히 책임져야 한다. 물론 여성가족부와 보건복지부, 서울시 사업 등을 통해 장애여성의 임신과 출산, 자녀 양육

66. 서해정 · 배서희 · 이경민, 2016, 「여성장애인 모닝권 증진를 위한 임신 · 출산 지원 정책연구 」, 한국장애인개발원, p. 125.

서비스, 장애여성인 산모를 지원하기 위한 제도적 노력 등이 다소 간 있어왔다. 그럼에도 불구하고, 장애여성들은 임신과 출산 과정, 영유아 양육 시 겪게 되는 어려움으로 '응급상황 발생 시 대처의 어려움'을 가장 높게 호소하고 있다. 특히 장애여성들은 '산후조리의 문제', '영아기 자녀에게 책 읽어주기', '노래 불러주기', '실내 놀이' 등에서 어려움을 많이 느끼는 것으로 나타나고 있다.[67]

물론 감당이라는 책임이 장애여성의 어깨를 무겁게 짓누르는 신체적, 심리사회적 압력으로만 다가왔다면, 이들이 누군가를 만나 함께 사랑하면서 자녀를 잉태하고, 출산과 양육을 선택하기란 결코 쉽지 않은 문제일 것이다. 하지만 많은 장애여성들은 사랑하는 이를 만나고 자녀 출산과 양육을 선택하고 있다. 이것은 장애여성에게 누군가를 사랑하고, 그 사랑의 결실로 자녀를 낳거나 혹은 입양하여 키운다는 것 자체가 인생의 커다란 선물이 된다는 것을 뜻한다.

장애여성들은 자신에게 다가온 자녀의 존재에 대해, '아이를 출산하고 기르면 자존감이 올라가요. 엄마로서 뭔가 할 수 있어서요.' 혹은 '아이를 낳고 마냥 행복했던 것 같아요. 내 생에 가장 잘

67. 이송희 외, 2019, 「여성장애인 자녀 양육실태 및 지원 방안 연구」, 서울복지재단, pp. 11-23.

한 일이라고 생각해요.'[68]라는 등의 표현을 하고 있다. 물론 그 선물과 같은 존재가 장애여성들에게 던져줄 삶의 의미는 늘 가능성으로 열려있기에, 자녀와 함께 하는 삶이 혼란스러울 수도 있고 더 큰 고통과 상처를 받을 수 있다. 그렇지만 많은 장애여성들은 사랑할 누군가를 선택하고, 그 선택 속에서 그녀들을 찾아온 소중한 인연과 생명을 여자 친구, 아내, 어머니라는 이름으로 맞이하여 그 역할을 기꺼이 받아들이며 살아간다. 왜냐하면, 그 존재와 함께하는 모험의 신세계에서 뿜어져 나오는 놀라움, 기쁨, 즐거움, 슬픔과 우울, 짜증과 분노 등의 모든 생각과 감정, 행위의 역동이 그녀들에게 인생의 모험 중 만나는 경이로운 선물일 것이기 때문이다.

● ● ●

장애여성이 자율이란 이름의 성적 주체가 되기 위해서는 무엇이 필요할까? 우선 장애를 가진 그녀의 몸이 성적 파트너로부터 그리고 장애여성 자신이 어떻게 상대를 서로 배려하면서 좀 더 깊고 내밀한 관계로 진전해 나갈 것인가에 대한 존중이란 조건을 필요로 한다.

---

68. 좀 더 상세한 내용은 국민일보 기사 2022, "몸보고, 못 걸어도 "홀신 임욕른 빅신 행복 이라는 기사를 확인해 보길 권한다.
http://news.kmib.co.kr/article/view.asp?arcid(2022. 06.04. 검색).

사람들은 대부분 낭만적인 성적 환상들을 몇 가지 정도는 가지고 있다. 이를테면 로맨틱한 음악이 흘러나오는 낭만적 분위기에서 하얀 시트의 깨끗하고 푹신한 침대 그리고 붉은 와인이 곁들어진 농염한 분위기에서 좀 더 에로틱한 성적 관계로 발전해 가길 원하는 성적 욕망이 그 예가 될 수 있다. 물론 이런 성적 환상은 말 그대로 환상일 뿐, 현실에서 이러한 환상이 그대로 실현되기란 쉽지 않다. 그러나 비록 농염한 성적 환상일지라도 그것이 마음속 깊은 곳에 은폐된 상상과 공상의 차원에 유폐되지 않기 위해서는 자신의 욕망을 드러낼 수 있어야 하고, 그것을 표현할 수 있어야 한다. 또한 드러내고 표현되는 그 성적 욕망을 실현하기 위해 성적 파트너끼리 서로의 몸과 기분 그리고 두 사람에게 놓인 상황과 상태에 대해 충분히 이해할 수 있는 지지적 공감대를 필요로 한다.

　우리 사회는 장애여성이 자신의 성적 욕망을 드러내고 표현하는 것을 과연 얼마만큼 허용하는 사회일까? 비장애여성인 필자 역시도 내 자신의 성적 욕망 이를테면 오르가니즘, 성관계 체위 등을 드러내 놓고 말하기 쉽지 않은 사회문화 안에서 성장해 온 사람 중 하나이다. 비장애인 여성에게도 자신의 성적 욕망을 드러낸다는 것 자체가 일탈적 모습으로 여겨져 온 사회적 분위기 안에서, 자신의 성적 욕망을 드러낸다는 것은 일명 '밝히는 여자'로 낙인찍힐 수 있는 위험한 일이기도 하다. 하물며 장애여성이 스스로의 성적 욕망을 드러내고 그것을 표현하는 것이 과연 개인 간 관계 차원이건, 사회적 차원이건 허용 가능한 일일까? 그래서 장애여성이 자신의 성적 욕구나 경험을 솔직하게 드러내는 일은 "희화와 희롱의 대상이 될 수 있다는 것을 감수하는 일이며, 없던 용기라도 발밑에서부터 끌어모아야만 겨우 가능한 일"[69]일 수 있다.

이처럼 장애여성이 자신의 성적 욕망을 드러낸다는 것은 편협한 비난과 조롱의 대상이 될 수 있다는 위험을 무릅쓰는 일이다. 그럼에도 불구하고 레드(2019)라는 장애여성은 지금까지 그녀의 인생에서 만나온 장애인, 비장애인 남성들과의 섹스 라이프에 대해 당당하게 드러내고 있다. 그녀는 '서로에게 호감이 생기면 장애가 만남을 방해하지는 않는다고 하면서, 좋은 섹스란 서로를 존중하고 서로의 만족을 위해 집중하고 노력하는 것이라고 하였다. 또한 그녀는 사랑이라는 감정이 수반되지 않는 섹스 관계일지라도 파트너와의 관계를 잘 유지하는 것이 중요하며, 자신이 거절당해도 실망하지 않고, 그녀 스스로 원하지 않을 때는 거절할 수 있는 자신감이 필요하다'[70]고 하였다.

---

69. 지은서 2020, 앞의 기니.

70. 장애여성공감, 2019, 「어쩌면 이상한 몸」, 오월의봄. pp. 73-76.

레드(2019)라는 여성처럼 장애여성들의 성적 욕망과 그 욕망을 실현해 가는 이야기들이 점점 풍부해졌을 때, 장애여성의 성과 사랑은 위험을 감수하는 참담한 현실 속 이야기의 위치에서 벗어날 수 있다. 비장애인들과는 다른 어떤 특수한 존재들의 특별한 이야기에서 벗어나 우리 여성들의 이야기가 되는 것이며, 일상적 이야기가 되는 것이다. 곧 레드의 이야기는 '어쩌면 이상한 몸'을 가진 장애여성들만의 특수한 이야기가 아니라, 다양한 개성을 지닌 여성이 드러내는 일상의 이야기가 되는 것이다. 예컨대, 새로운 모험 속에서, 상처받을 수 있고 상처 줄 수 있는 열린 가능성을 통해 성공적 삶이건, 실패의 삶이건 그녀들은 비로소 자율이란 이름의 성적 주체로 달려 나갈 수 있는 것이다.

5장 한계에 대한 통찰과 횡단적 사유를 향해

장애를 가진 여성의 몸과 여성성에 대해 가해지는 사회 내 고정 관념들은 이 여성들을 정상성이라는 동일성 안으로 편입되기 어려운 이탈된 존재, 비정상적 존재, 여성이 아닌 존재에 위치시킨다. 우리는 이미 비장애 여성이라는 정상성 즉 동일성 안으로 들어갈 수 있는 사회적 기준이 매우 단순하고 협소하다는 것을 앞에서 확인했다. 적어도 사회적 통념 안에서 작동되는 장애를 가진 몸은 신체적, 정신적으로 비정상적이라는 결함이 있는 몸, 손상된 몸이다. 그래서 장애인은 추하거나 열등하며, 싫거나 미운 혐오의 대상, 불쌍하거나 안쓰러운 동정의 대상이 된다.

더욱이 현대사회가 여성다운 여성의 범주에 포함시키는 여성은 신체적 매력을 가진 젊은 여성이면서, 그녀가 속한 사회와 조직에서 순응하며 살아가는 얌전한 여성이라는 세인들의 평판을 얻어야 가능하다. 곧 장애여성은 비정상적인 몸과 정신을 가졌으며, 여성다운 여성 안에 내포되기 어려운 여성이 아닌 존재로 여겨진다.

나아가 우리 사회는 손상되고 결핍된 취약한 몸을 가진 이들을 안전하게 보호하자는 시각이 지배적이었다. 이에 따라 안전한 보호의 대상이 된 장애여성의 성과 사랑에 대한 사회 내 통념은 그녀들이 누군가에게 연애 감정을 느끼고, 사랑을 함께 나누며 살아간다는 것은 무언가 잘못되고 틀린 삶으로 이해되기 쉬웠다. 그래서 무엇인가 잘못된 삶, 틀린 삶을 선택한 장애여성들은 세상이 요구하는 순리를 역행하는 위험한 존재가 되거나, 손상되고 모자란 몸으로 거친 세상으로부터 쉽게 타격을 입을 수 있는 연약한 존재가 되기도 하였다. 그리고 이 연약한 존재로서 장애여성은 안타까움이 느껴지는 연민의 대상이 되거나, 아니면 그 손상되고 부적합한 몸으로 누군가를 만나 아이를 낳아 키우는 장애란 한계를 넘어선 감동적 서사의 여주인공이 되기도 한다.

그렇다면 누군가를 사랑하고 함께하는 위험을 자초하는 삶을 선택한 무모한 사람이 되거나 혹은 불쌍한 연민의 감정을 불러일으키는 일이 되는 것, 부족한 몸과 정신의 한계를 넘어선 감동적 서사의 주인공으로 이미지화되는 것이 장애여성 당사자들에게는 과연 어떤 의미로 다가올까? 이것은 그녀들을 바라보는 다수의 주체들과 함께 소통하고 함께 비추는 거울적 존재가 아니라, 오히려 그 복수의 주체들과 거리감으로 구별되는 분리된 대상이 된다는 것을 의미할 수 있다. 장애여성이 무언가를 하고 싶고, 할 수 있는 살아 숨 쉬는 주체가 아닌, 사회적 시선과 통념 안에 갇혀 그것이 이식한 생각을 곧 자신의 생각으로 받아들이며 살아가게 될 때, 장애여성 당사자들은 정작 자기 자신에 대해 아무것도 할 수 없고, 알 수도 없는 타자화된 대상이 된다. 이로 인해 장애여성들은 세상이 만들어 놓은 담론, 통념, 규범이란 의식의 지배를 당하는 지적 노예로 전락할 수밖에 없다.

그렇다면 장애여성들이 사회적 시선에 가두어진 존재로 대상화되거나, 이것의 동정적 관심과 긍정을 먹고 사는 식민화된 존재가 되지 않기 위해서는 어떻게 해야 할까? 그것은 장애여성에게 덮어씌워진 비정상적인 몸, 여성성에 대한 비틀어진 왜곡이 가진 한계를 통찰하는 일일 것이다. 그리고 그 한계에 대한 통찰의 시작은 의문을 갖는 것, 의구심을 제기하는 것에서 시작된다고 본다.

의문을 가지고 질문을 제기해 보는 것이야말로, 나란 누구인지, 어떤 존재인지에 대한 정체성을 묻는 실존과 연결된다. 그리고 이 실존에 대한 질문과 문제의 제기가 장애여성 개인의 차원이 아닌 집단 차원에서 이루어졌을 때, 우리는 그것을 사회적 실존이라고 부를 수 있다. 사회적 실존 차원에서 장애를 가진 여성이 과연 단순화되고, 협소한 장애 정의, 여성성이란 개념적 틀로 고정화될 수 있는지를 다시 되물어야 한다는 것이다. 이렇게 질문을 던져보면 장애여성 그녀들은 결코 단순하지도, 고정적이지도 않다. 오히려 그녀들이야말로 복잡계 그 자체이며, 다차원적 존재이자 유동적 존재이다. 그래서 장애여성은 변증법적 존재라고 할 수 있다. 과연 우리 사회는 변증법적 존재로서 장애여성 그리고 그녀들의 성과 사랑에 대해 어느 정도 이해하고 있으며, 그 이해를 위해 어떤 질문을 제기하고 있을까?

톰 섹스피어(2013)는 "장애인에게 섹슈얼리티는 너무 오랫동안 배제되고 긴장을 유발시켜왔던 영역이다 보니, 그렇게 많은 사람이 배제되어 왔던 영역을 새삼스럽게 다루는 것보다는 차라리 고려하지 않고 넘어가는 것이 더 쉬운 선택이었을지 모른다."[71]고 하였다. 김원영(2020)의 경우도 "장애인의 성은 공적인 논제로 부적절하다는 입장, 장애인 개인이 지녀야 할 관심으로서 지나친 욕심이라는 생각, 장애가 있다면 성에 대해 심리적, 기능적으로 왜곡되었으리라는 인식 탓에, 이와 관련된 논의는 어려웠었다."[72]고 주장하였다. 성과 사랑의 영역이야말로, 우리의 삶에서 항상 최우선 순위를 차지하는 것은 아니지만, 섹스에 대한 욕구, 사랑이라는 감정과 행위를 발산할 수 있는 상대에 대한 갈구, 이 감정과 행위들 안에

71. 톰 섹스피어 지음, 이지수 옮김, 2013, 『장애학의 쟁점』, 학지사, p. 290.

72. 천자오루 지음, 강영희 옮김, 2020, 『사랑을 말할 때, 우리가 꺼내지 않았던 이야기들』, 사계절, p. 6.

서 이루어지는 달콤하고, 짜릿하며, 감미로운 언어적, 신체적 접촉은 장애인, 비장애인 누구에게나 욕망 되어지는 것들이다. 물론 이 사랑이란 열정과 열병 안에서 발생하는 긴장과 그로 인한 스트레스, 우울, 슬픔, 분노 등의 다양한 부정적 반응과 감정들도 예외일 수는 없다.

그렇지만 우리 사회에서 장애인의 성과 사랑에 대해서는 유독 냉담하거나, 예외적인 것들로서 사람들의 말초적 관심을 끄는 수준에 머무는 경우가 대부분이었다. 더욱이 우리 사회에서 장애여성의 성과 사랑에 대해서는 더욱 알려진 바가 없으며, 그것을 포착한 일부의 사회적 목소리 이를테면, 대중매체, 에세이, 일부의 연구물 등에서 나타난 그녀들의 성과 사랑은 특정한 장애유형 혹은 장애에 대한 특정한 시각적 렌즈에 따라 파편적으로 이해되어져 왔다고 할 수 있다. 그런데 우리가 어떤 특정한 개인 혹은 집단을 이해한다는 것은 그 대상을 총체적으로 이해하는 것을 의미한다. 여기서 총체적이란 대립된 각각의 관점을 상호 분리하여 이해하는 것이 아니라, 양자를 균형적으로 이해한다는 것이며, 균형적 이해란 양자가 상호 소통이 가능하도록 연결하면서 이해한다는 것이다.

이제 우리 사회가 장애여성이 어떤 존재인지를 총체적으로 이해하기 위해서는 그녀들 스스로가 장애를 가진 몸과 여성성 그리고 그녀들의 성과 사랑은 어떻게 이야기하는지를 주목할 필요가 있다. 그리고 그 이야기들을 관통하는 맥락적 의미들이 무엇이었는지를 장애여성 당사자와 우리 사회가 서로 묻고 답하는 대화 속에서 드러날 수 있도록 해야 한다. 어찌 보면 지금까지의 이야기는 장애여성 당사자들이 배제된 채, 비장애인 특히 이들을 지원하는 전문가나 관련 이해당사자들에 의해 장애를 가진 몸과 여성성에 대한 생각과 주장들이 통념, 담론, 지식 등으로 구성되어왔다고 해도 과언이 아니다. 그러니 이제부터라도 장애여성들이 자신의 목소리로 드러내는 그녀들의 이야기에 주목해 보자.

● ● ●

어빙 졸라(1994)는 기성의 세상에 형성된 가장 골치 아픈 사회적 고정관념으로 긍정적 고정관념을 이야기하고 있다. 그녀는 이것을 '불행에 맞서는 용기 있는 존재', '특별한 재능과 자질을 부여받는 존재'라는 의미들을 포함[73]한다고 하였다. 그리고 이 긍정적 고정관념은 특히 장애여성을 동정과 연민의 대상이란 위치에 확실하게 고정화시키는데 기여해 왔다고 비판하였다. 이를테면 장애여성과

---

73. 줄리 스마트 지음, 윤삼호 옮김, 2015, 『장애와 사회 그리고 개인』, 올벼, p. 312.

사귀는 비장애인 남성은 '좋은 일을 하는 용기 있는 존재'로, 비장애인 남성과 사귀는 장애여성은 대다수의 장애여성이 누리지 못할 '축복을 부여받은 특별한 존재'로 취급받는다.

이러한 고정관념은 일명 "'감동 포르노'라고 불리는 개념과도 맞닿아 있는데, 이것은 장애인은 장애를 가지고 있어, 그 장애를 극복함으로써 감동을 주는 존재"[74]라는 것을 포함한다. 감동적 포르노의 예는 휠체어를 타던 장애인이 의족에 의지해 마치 비장애인처럼 걸어가는 모습, 혹은 청각장애인이 특별한 보조기구를 통해 소리를 들으며 감동받는 모습을 들 수 있다. 이것은 모든 장애인들이 원하는 바가 마치 비장애인처럼 되는 것이란 전제하에, 비장애인처럼 되기 위한 개인의 적응과 노력이 사람들에게 엄청난 감동을 안겨다 줄 것이란 그릇된 믿음에서 출발한다고 할 수 있다.

이처럼 장애인이 감동 포르노의 대상으로 위치한다는 것은 이들이 부족하고 모자란 존재라는 것을 장애인 스스로 인정할 수밖에 없는 심리적 기제를 사회문화적 통념으로 강화시키는 것이다. 이 속에서 장애인 당사자는 스스로를 존중할 수 없으며, 오히려 자신을 못나고 열등한 존재로 가치 절하하며 갉아먹을 수밖에 없다.

---

74. '감동 포르노'란 호주 장애활동가인 스텔라 영이 2012년 만든 용어이다.
    어매다 레더 지음, 김소망 옮김, 2021, '휠체어 탄 소녀를 위한 동화는 없다─이야기를 통해 보는 장애에 대한 편견들』, 을유문화사, p. 86.

이와 더불어 손상되고 결핍된 몸과 정신을 가진 이들이 몹쓸 인간들에 의해 어떤 피해를 입을 때, 이들은 불쌍하고 안된 존재로서 동정과 연민의 대상으로 위치하게 된다. 그런데 이 위치에 있는 장애여성은 그녀들이 소통하는 세상과 상호 동등한 위치에서 상호작용하는 존재가 아니라, 오히려 그녀들의 안전한 보호를 담당하는 개인과 사회와의 불평등한 관계에서 지배받는 피지배적 존재가 된다. 그러므로 동정과 연민은 장애여성과 그녀들의 성과 사랑의 영역을 비정상이란 범주로 고착화시키는 것을 오히려 공고히하는 데 기여할 수 있다. 장애여성이 동정과 연민으로 대상화되는 것에 비윤리성과 폭력성이 존재하는 이유이다. 적어도 동정과 연민 안에서 비장애인인 '나'는 장애인이라는 비정상성의 범주로 편입되는 것을 피했다는 안도감, 비정상성으로 장애여성의 삶을 구별 짓기하는 것이 곧 폭력이 될 수 있다는 것을 망각해버릴 수 있는 회피수단이 될 수 있다. 그래서 동정과 연민 안에서 작동되는 안전한 보호와 장애 극복이란 감동의 대상으로서 장애여성의 성과 사랑은 선의의 겉모습을 하고 있지만, 그 이면에는 더 교묘한 악의 모습도 내포할 수도 있다.

그뿐만 아니라 장애여성이 누군가와 섹스할 수 있고, 함께 사랑하고 살아가면서 자녀를 낳아 키우는 삶을 선택한 것이 위험한 일로 인식되는 사회적 시선 안에서 장애여성은 어떤 존재로 호명될 수 있을까? 이때의 장애여성은 그녀의 무모하고 대책이 없는 행동으로 인해 언제든지 자신을 안전하지 못한 삶의 나락으로 떨어뜨릴 수 있는 위험한 여성으로 이미지화된다. 이를테면, '다른 사람의 돌봄이 없으면 살아가기 힘든 사람이 어떻게 결혼을 하고, 애를 낳아 기를 수 있어', 혹은 '장애인이 결혼을 해! 어떻게 뒷감당을 하려고', '부모가 장애가 있으면, 그 사이에서 태어난 아이는 장애가 없더라도 또래들에게 놀림 받거나 상처받을 텐데', '그런 무모한 짓을 왜 하려고 하지, 그냥 연애만 하지' 등의 뾰족한 통념 속에서 장애여성은 대책 없이 사회적 위험을 야기하는 여성이 되거나, 자신의 인생을 나락으로 밀어버리는 위험한 사람이 된다. 그래서 이러한 위험한 선택을 시도한 여성은 사회적 다수가 용인하지 않는 바람직하지 않은 행위와 역할을 시도하는 자기 분수를 모르거나, 대책 없이 행동하는 무모한 사람이 된다.[75]

한편, 장애가 손상이나 결핍이 아닌 특정한 개인 혹은 집단을 상징하는 고유한 특성, 그 사람이 그 사람이 되도록 만드는 본질적 특성, 즉 개성 내지 정체성으로 의미가 부여될 때, 그 개성 혹은 정체성을 지닌 장애여성 당사자는 복합성과 복잡성을 띤 한 사람, 한

---

75. 술리 스마트 지음, 윤삼호 옮김, 2015, 앞의 글, p. 320.

집단으로서 살아있는 주체이자, 생동하는 이야기를 발화하는 주인 공이 된다. 복합적이고 복잡성을 띤 주체는 획일화되고 일반화되기 어려운 존재이다. 그래서 이 복잡다단한 존재가 발화하는 목소리는 고유한 생명력을 지닌 살아있는 언어가 된다. 그리고 이 언어들은 특수하고 이탈된 존재들의 이야기가 아닌 평범하고 보통의 삶을 살아가는 나, 너, 우리들의 일상적 이야기가 될 수 있다.

지체장애인 남성인 홍성훈(2019)은 그와 친한 사람들이 자신과 있으면, "'성에 대한 농담(일명 섹드립)에 대해서는 입을 닫아버린다'라고 토로하면서, 어느 날 술자리에서 '너도 그거(섹스 내지 자위) 하니?'라는 다소 선을 넘는 질문을 받았을 때, 오히려 자신이 장애인이 아닌 울퉁불퉁한 욕망을 가진 한 인간으로 보였다는 생각에, 그것이 불편한 질문이 아닌, 기분 좋은 질문이 되었다."[76]라고 언급하고 있다. 친구, 동료들끼리 이루어지는 평범한 술자리에서 오고간 몇 마디의 야한 농담이 왜 그에게는 불편함이나 불쾌감을 불러일으키는 음담이 아니라 오히려 기분 좋은 농담으로 받아들여졌을까?

이것은 친구, 동료끼리 주고받는 다소 위험해 보이는 야한 농담조차도 그의 언급대로, 자신을 비장애인과 같은 부류의 사람으로

---

76. 홍성훈, 2020, "보이지 않는 경계선을 넘는 방법", 〈비마이너〉,
https://www.beminor.com/news/articleView.html?idxno(2022. 04. 14. 검색).

인정하였다는 것을 의미하기 때문이다. 곧 이 인정은 그를 특별하고 예외적인 존재로 취급하는 것이 아니라 다르지 않은 보통의 사람으로 취급했다는 것을 뜻한다. 또한 성과 관련된 그의 이야기가 술자리 동료들과 일상적으로 나눌 수 있는 우스개 표현이 되면서, 그는 '우리'가 되었다는 것 즉, '다르지 않은' 존재가 되었다는 것에 대한 기분 좋음을 표현하고 있다. 위 홍성훈(2019)의 이야기에서 짐작해 볼 수 있는 것은 개성 혹은 정체성을 지닌 존재로서 장애인의 장애 특성이 비록 그것이 '차이'로 드러날지라도, 그 '차이'는 영원히 '다름'의 영역으로 분리된 것이 아니라, '같음'의 영역에 공존하고자 하는 장애인 당사자의 내적 욕망도 함께 작동되고 있음을 의미할 것이다.

● ● ●

결국 다르면서도 같은 존재, 같으면서도 다른 존재가 장애인이며, 장애여성이다. 그래서 이들은 더욱더 복합적이고, 복잡한 사람일지 모른다. 하지만 이제껏 우리 사회는 복합적이고 복잡한 존재로서 장애여성들이 드러내는 성과 사랑의 이야기에 제대로 귀 기울이지 않았다. 그녀들이 자신들의 성과 사랑에 대해 어떤 알록달록하고 울퉁불퉁한 이야기를 드러내는지 별다른 관심도 없었고,

그것을 굳이 알려고 하지도 않았다. 이제 우리는 장애여성이란 한 주인공이 그녀들의 성과 사랑에 대해 무엇을 어떻게 발화하는지 주의 깊게 귀 기울여 경청할 필요가 있다. 이것은 곧 장애여성의 삶의 세계로 좀 더 깊게 들어가는 것을 뜻하며, 그 삶의 세계에서 그녀들의 생생한 목소리로 드러나는 서사에서 유의미를 함께 찾아내는 일이 될 것이다.

그렇다면 장애여성들의 서사에 유의미를 찾아내고 구성해간다는 것은 무엇을 찾아가는 작업일까? 장애여성들은 자신들의 몸과 성에 대해 어떻게 발화하며, 이것은 어떤 의미로 드러나, 장애여성과 관련된 기존의 통념들을 뒤흔들며 재구성될 수 있는지 그 가능성을 이해해 보는 것이다. 나아가 장애여성들이 드러낸 그녀들의 정체성은 기존에 형성된 장애여성에 대한 고정관념에 어떻게 저항하며 새로운 정체성들을 구성해 나가는지, 아니면 그것을 내재화하고 검열하는 순응이란 기제를 통해 기존에 구축된 비장애인 중심의 고정화된 관념과 지식의 틀을 더 견고하게 강화하고 있는지를 살펴보는 것이다. 아니면 이러한 정체성을 가로지르면서 이 양자가 상호 통합될 수 있는 새로운 정체성을 재구성해 나가는지를 좀 더 면밀하게 들여다보는 것이다.

장애여성의 정체성은 그녀들이 매일 마주하는 일상이란 생활세계를 통해 드러난다. 이 생활세계는 이웃, 지역사회, 공동체, 규범, 법, 제도라고 하는 사회 내 다양한 환경적이고 구조적인 것들과 연결되어 있다. 그래서 장애여성들이 만들어가는 정체성은 그녀들을 둘러싼 다양한 사회환경, 구조들과의 관계를 통해 상호주관적으로 형성되는 역동적 구성물이라고 할 수 있다. 결국 이 글에서 필자가 주목하고자 하는 장애여성의 성과 사랑은 그녀들 스스로 구성한 정체성 안에서 자신의 성과 사랑에 어떤 의미를 부여하고 하고 있는지 그녀들의 목소리에 좀 더 깊게 귀 기울인다는 것을 의미한다. 지금까지 장애여성에 대해 규정해 왔던 세상의 잣대들이 우리 사회의 지배적 통념, 지식, 담론으로 자리해 왔다면, 장애여성에 대해 아무것도 모르는 죽은 지식, 담론이 넘쳐나는 시체화 된 세상이 되지 않기 위해, 이제부터라도 장애여성 당사자들의 살아있는 이야기에 주의를 깊게 귀 기울이는 변증법적 대화가 필요하다.

이 작업의 시작은 장애여성 그녀들은 스스로를 어떻게 이해하고 있으며, 어떻게 호명되길 원하는가? 라는 질문의 고리를 다시 거는 일일 것이다. 이 속에서 우리들은 이 여성들이 자신의 성적 욕구, 낭만적 연애와 사랑 혹은 폭력으로 짓밟혀진 성을 어떻게 이야기하는지를 좀 더 열린 귀로 주의 깊게 듣고 이해할 수 있다. 뿐만 아니라 이것은 그녀들의 이야기들을 좀 더 깊이 있고 심도 있게 이해하기 위해 그녀들이 발화하는 이야기에 필자가 질문을 던지고, 다시 질문에 해답을 얻어가는 변증법적 대화의 역동으로 좀 더 깊숙하게 들어가는 것을 의미한다. 이것이 장애여성들의 생각이 거세당하지 않고, 각자의 자기 목소리를 통해 다양한 표현과 주장들이 오롯이 드러나고, 그 속에서 장애인과 비장애인이 함께 긍정해 나갈 수 있는 새로운 상상력과 가능성을 함께 모색하는 것이라고 할 수 있다.

횡단을 향해 달려간다는 것은 목소리의 주인공으로서 장애여성들의 표현과 주장이 온전히 드러날 수 있도록 그녀들의 발화를 열린 귀로 섬세하게 경청한다는 것을 의미하며, 그 속에서 비장애인 중심 사회에서 그녀들은 어떤 차이를 드러내고 있고, 이 차이들 내에서 어떤 공통성들을 지향하고 있는가를 찾아가는 것이라고 할 수 있다. 이 대화적 관계 안에서 그녀들의 오롯한 목소리는 우리 사회에 말을 걸고, 물음을 제기하도록 하며, 그 물음에 대한 응답을 찾아가는 여정 속에서 좀 더 장애여성을 진솔하게 마주할 수 있는 공감적 이해와 해석의 장이 열릴 것이다.

제2부

장애여성이
구성한 성과 사랑

조선 후기 『노처녀가』라는 가사가 있다. 이 가사에는 "내 나이를 헤어보니 오십 줄에 들어섰구나. 우리 형님 십구 세에 시집가고, 셋째 아우 년은 이십에 서방 맞아 태평으로 지내는데…불쌍한 이내 몸은 어찌 이러한고. 어느덧 늙어지고 츠릉군(측은한 신세가)이 되었구나. 시집이 어떠한지, 서방 맛이 어떠한지 생각하면 싱숭생숭 쓴지 단지 내몰라라. 내 비록 병신이나 남과 같이 못 할쏘냐. 왼편 다리병신이나 뒷간 출입 능히 하고…(중략)… 한편 눈멀었으나, 한편 눈 밝아있네. 바늘귀를 능히 꿰니 버선볼을 못 박으며, 귀먹다 나무라나 크게 하면 알아듣고, 천둥소리 능히 듣네. 오른손으로 밥 먹으니 왼손하여 무얼 할꼬…(이하 생략)."[77]라는 문구가 나온다.

이 가사의 주인공인 여성은 시각·청각·지체 복합적 장애를 가진 여성으로, 당시에도 장애여성은 결혼을 하기가 쉽지 않았나 보다. 이 가사의 주인공은 장애로 인해 결혼도 하지 못한 자신의 측은한 신세를 한탄하고 있다. 그래서 이 장애여성은 자신이 누군가를 만나 사랑하고 결혼할 수 있는 존재이며, 기혼여성에게 요구되는 아내, 며느리, 어머니로서 역할을 조금 부족하고 느릴지라도 충분히 할 수 있는 존재로서 자신을 드러내고 있다.

우리나라 장애인사를 연구한 정창권(2011)은 조선시대까지만 해도 '명통시'라는 장애인 단체가 존재했고, 장애가 있더라도 자신만의 직업이나 높은 관직에 오를 수 있는 사회적 전통이 존재했다는 것을 언급하고 있다.[78] 비

---

77. 『노처녀』가 내용에 대한 전반은 정창권(2011)의 『역사 속 장애인은 어떻게 살았을까—사료와 함께 읽는 장애인사』, 글항아리. pp. 374–375"를 읽어보길 권한다.

78. 위의 글, p. 20.

록 조선시대가 장애와 장애인에 대한 사회적 시선과 대우가 근현대 시대에 비해 상대적으로 관대했을지라도, 이 가사 속 장애여성은 그녀의 성과 사랑의 욕망을 드러내고 실현하기란 쉽지 않았던 것이 자명해 보인다. 조선시대에도 장애여성의 장애는 주홍 글씨였을 가능성이 높다.

하지만 이 가사의 주인공은 세상이 그녀를 결혼하고 가정을 꾸릴 수 없는 존재로 위치 시켰을지라도, 그녀 스스로 누군가를 만나 일가를 이룰 수 있는 주체라는 것을 분명히 하고 있다. 그녀는 누군가의 보호 아래 무엇인가를 할 수 없는 대상이 아니라, 스스로 인생을 개척하고 싶고, 할 수 있는 주인공이라는 것을 세상을 향해 외치고 있는 듯하다.

6장 　 하고 싶고, 할 수 있는 성적 주체

성적 욕구

2022년 5월 저 하늘의 별이 된 영화배우 강수현의 과거 영화를 리뷰하던 중 기억 한편에 강렬하게 남아있던 〈처녀들의 저녁 식사〉라는 영화가 뇌리를 스쳐 지나갔다. 이 영화는 자유로운 섹스를 즐기는 호정, 남자친구와의 연애생활을 하는 연이, 남자와의 섹스 경험이 전혀 없는 순이라는 세 여성의 성과 사랑에 대한 이야기를 다루고 있다. 필자는 시집 안 간 여성에게 성적 순결성과 정숙을 요구하던 1970·80년대의 엄격한 사회적 분위기 속에서 초중고 학창시절을 보냈고, 대학 졸업과 동시에 결혼을 하고 두 아이를 낳아 키운 여성이다. 그래서일까? 이 영화의 개봉은 당시만 해도 필자와 같은 보통의 여성에게는 파격 그 자체였다.

특히 남자친구가 있는 연이가 낯선 남자와의 성관계를 그녀가 주도하는 도발적 상상으로 이야기하는 대사 내용은 당시의 사회적 분위기에서는 쉽게 꺼낼 수도 없고, 꺼내서도 안 되는 이야기였다. 그래서 여성이 주도하는 섹스 행위에 대한 상상은 당시 사회에서는 상상하기 어려운 도발이기도 하였다. 하지만 능동적인 주체로서 여성의 성적 체위를 상상해 본 여성이라면, 이것은 필자를 포함한 많은 여성들이 한번쯤은 상상의 나래를 펼쳐볼 만한 자극적 경험이 이었을 것이다. 게다가 이 영화는 자유로운 섹스 행위를 즐기는 호정과 자위행위의 편리성을 이야기하는 순이의 대사 속에서, 당시만 해도 보통의 여성들에게 금기시되는 여러 남성들과의 자유섹스, 섹스 관계를 성기 중심으로 이해해 온 필자와 같은 기혼여성에게 이 영화의 내용은 쉽게 받아들이기 어려운 것들이기도 하였다. 동시에 이 영화는 '금기를 금기시하라'는 문구처럼, 사회적으로 금기시되는 성적 통념의 틀을 깨버리고 싶은 당시 여성들의 무의식적 욕망을 술렁이게 하는 이글거림이기도 하였다.

기든스(2003)는 오늘날의 남녀는 이전 세대보다 연애와 결혼생활에 있어 성적 기대가 훨씬 많아졌으며, 여성들은 성적 즐거움을 주는 것뿐만 아니라 받는 것을 기대하며, 만족스러운 성생활이 행복한 연애와 결혼생활을 위해 필수적[79]이라고 하였다. 이것은 성욕을 가진 여성이라면 그 여성이 젊은 여성이건, 늙은 여성이건, 뚱뚱하고 못생긴 여성이건, 관능적이고 아름다운 외모를 가진 여성이건, 장애여성이건, 비장애 여성이건 누구나 하고 싶고, 할 수 있는 성

[79], 앤소니 기든스 지음, 배은경 · 황정미 옮김, 2003, 『현대사회의 성, 사랑, 에로티시즘』, 새물결, p. 41.

적인 주체가 되는 것이다. 그리고 성적 주체로서 여성은 현실에서 건, 성적 상상 속에서건 그녀가 욕망하는 상대와 뒤엉켜 성적 쾌감의 절정을 향한 모험을 항해하고 싶어 한다. 그렇지만 우리 사회에서 여성들이 자신의 성적 욕망을 자유롭고 편안하게 드러내기는 쉽지 않다. 여성들이 자신의 성적 욕망을 주변인들에게 솔직하고 당당하게 드러낸 순간, 그 여성은 일명 '밝히는 여자', '헤픈 여자', '성적으로 문란한 여자'라는 낙인이 찍히기 쉽다.

더욱이 그 여성이 장애여성일 경우, 이들의 성적 욕망에 대한 우리 사회의 비틀린 통념은 그녀들이 자신의 욕망을 드러내는 것을 더욱 어렵게 하거나, 좀 더 극단적으로는 금지해야 할 것으로 강제할 수도 있다. 그래서 "장애여성의 성적 욕망은 없거나, 없어야 하는 것, 있다 해도 그저 성적으로 무능력하여 스스로에게 위협을 초래하는 그 무엇으로 이해되어진다. 또 한편으로는 장애여성의 성적 욕망은 스스로 통제할 수 없거나, 타인에게 위협적인 욕망으로 상상되기도 한다."[80] 그렇다면 정작 장애여성 당사자들은 하고 싶고, 할 수 있는 성적 주체로서 그녀들의 성적 욕구를 어떻게 경험하고 있을까?

---

80. 비마이너, 2020, "선택과 권리 너머, 욕망의 조건을 포착하기",
https://www.beminor.com/news/articleView.html?idxno(2022. 09. 04. 검색).

장애여성은 그녀들의 성적 욕구에 대해 욕망은 있지만, 그것을 함께 해소할 수 있는 상대가 없기 때문에, 성욕을 발산할 수 있는 기회가 주어지지 않는다고 하였다. N은 시각장애인으로서 외부 활동이 자유롭지 않다고 하더라고, 파트너와의 성관계를 통해 자신의 성적 욕구를 해갈하고 싶은 마음이 존재하였다. 하지만 몇 년 전 사귀기 시작한 그녀의 애인이 생기기 전까지는 성적 욕구가 있음에도 불구하고, 그것을 풀 기회가 없었다. 그래서 성적 파트너가 없었던 시절 그녀의 충족되지 못한 성적 욕망은 꿈속에서나 해소될 수 있는 몽상적 실현이기도 하였다.

'외롭다, 외롭다' 그런 생각을 하거든… 나도 여자고 사람인데… 내가 아무리 눈이 안 보이고 밖에 못 나가도 그 생각까지 없는 건 아니야. 지금이야 짝이 생겨서 가끔 하기도 하는데… 둘 다 나이도 있고 해서 젊은 애들처럼 그것(성적인 관계)에 온 신경을 쓰지는 않지. 그래도 이게 가끔 풀어주는 것 하고, 안 풀어주는 것은 차이가 있어. 옛날에는 짝이 없으니까 하고 싶어도 못 하지. 그렇다고 막 할 수도 없잖아. 누가 옆에 있는 것도 아니고… 가끔 자다 보면 남자 꿈을 많이 꿔. 뭐 자다 보면 같이 섹스하는 꿈을 꾸는데… 남자들이 자꾸 쩔벅대는 꿈, 옆에 와서 저거 하는 꿈을 꾸고 그랬어. 나도 (성적 관계를) 하고 싶다는 생각이 있는데…. 옆에 누가 없으니까 그런 꿈을 꿨던 게지

〔N〕

섹스파트너가 없는 B의 경우 에로틱한 분위기의 영화를 시청할 때나, 목욕 후 나체가 된 그녀의 맨몸을 볼 때면 성적으로 흥분되는 야릇한 기분에 휩싸이기도 한다. 하지만 묘하게 올라오는 그녀의 성적 기분을 흥분으로 채워줄 상대가 없는 상황에서, 그러한 기분은 잠시 피어오르다 어느새 사라져 버리는 연기처럼 아쉽고 공허한 것이 된다. 지적장애 여성인 J의 경우도 늦은 밤 시간대 TV에서 흘러나오는 야한 성인물을 볼 때면, 자신도 그러한 성적 관계를 맺어보고 싶은 욕망이 솟아오를 때가 있다. 하지만 성적 파트너인 남성이 없는 상황에서, 그와 같은 성욕은 하고 싶지만, 할 수 없는 실현 불가능한 것이 된다.

야한 영화나 그런 거 볼 때 아주 가끔 기분이 묘할 때가 있잖아요. 저는 가끔, 아주 가끔 목욕하거나 옷 벗고 있을 때… 거울로 나를 쳐다보면 내가 이뻐 보일 때가 있잖아요. 그때 섹스하고 싶은 마음이 생기기는 한데… 만날 사람도 없고, 할 사람이 없으니까… 그런 마음이 살짝 일어난다고 해도 어쩔 수 없는 거잖아요. 그냥 여자로서 느껴보고 싶은 마음이 든다고 해도, 그건 어쩔 수 없는 거니까, 그냥 내 머리, 기분상으로만 잠깐 올라왔다 사라지는 거지. 그 이상 할 수 있는 게 없어요.

(B)

TV에 새벽에 (성)관계하는 거 틀면 해요. 좀 하고 싶은 생
각이 들 때가… 솔직하게… 음… 하고 싶을 때가 있어요. 하
고 싶은데요. 저도 여자잖아요. 남자가 없는데 누구랑 해요.
못하지… 짝이 있어야 하지. 하고 싶어도 기회가 없어요.

(J)

자신을 '모태 솔로'로 소개하는 시각장애 여성 T는 20대 중반까
지의 삶 속에서 이성과 가벼운 성적 접촉조차도 경험하지 않았다.
물론 그녀는 남녀 사이의 성적 관계를 상상할 만한 흥분된 신음소
리 등을 영화에서 들어본 적이 있고, 주변에서 남성들을 자주 접하
기도 한다. 하지만 그녀 스스로 성적 호기심이 생기거나, 감흥이
일어나 본 적은 없다. T는 자신이 이성에 대한 호기심이나 성 욕구
를 느껴본 적이 없는 것은 성적 상대를 만날 기회가 없어서인지도
모르지만, 그녀 자신도 성적 관심과 욕구가 생겨나지 않기 때문이
라고도 하였다.

T: 성적인 경험은 솔직히 전혀 없어요. 모태솔로… 완전 모태솔로여서…
솔직히 아는 게 없어요(웃음). 사춘기 때 지나면 성교육 같은 거 받고
하면 몸이 궁금해지고, 이성에도 호기심이 생기고 한다고 그러는데…
저는 솔직히 이성에 대한 관심도 별로 없었고. 성적인 욕구 그런 것도

별로 없었던 것 같아요. 뭐 옛날에 영화 같은 데서 약간 성관계할 때 내는 이상한 신음⋯ 들어본 적은 있는데, 그렇다고 제가 그게 하고 싶다든지, 궁금하다든지 이런 느낌은 거의 없었어요.

해영: 그럼 ○○씨는 성적인 경험을 해보고 싶거나 하는 마음도 없나요?

T: 야한 영화 이런 거 보면(들으면)⋯ 기분이 약간 이상하긴 하죠. 그렇다고. '나도 한번 해보면 어떨까, 해보고 싶다' 이런 마음과 연결되는 것 같지는 않아요. 그런 부분에 제가 관심이 별로 없어서인지 몰라도.

해영: ○○씨는 지난번 면담에서 비장애인 남자분하고 만나서 사귀어 보고 싶다고 하셨던 것 같은데요?

T: 맞아요. 뭔가 인연이 돼서 비장애인 남자친구가 생긴다면 당연히 사귀고 싶죠. 이게 비장애인 남자를 사귀고 싶은 마음이 있다고 해서⋯ 그게 꼭 제가 성적인 것을 해보고 싶어서, 비장애인 남자를 만나고 싶은 건 아니거든요. 막상 남자친구가 생기면 어떻게 될지 모르겠지만⋯ 저는 성적인 것을 해보고 싶은 마음이 계속 딱히 있는 것은 아니거든요. 저는 남자랑 가벼운 터치나 포옹 같은 것도 해보질 않았어요. 물론 시각장애인이니까 남자들하고 터치는 할 수는 있겠지만⋯ 그건 제

가 시각장애인이니까 다반사거든요. 그런 거 말고. 남자로, 그냥 이성으로, 저는 아직 느껴본 적은 없어요. 아마 저한테 기회가 없어서 일 수 있는데… (저는) 거의 이성에 관심이 없었어요. 그래서 잘 모르는 것 같아요. 뭐 살면서… 그런 충동이 일어났을 수도 있었겠죠. 근데 '어! 내가 이게 성적 충동인가' 이런 느낌을 가져 본 적은 없어요. 그런 것 자체를 잘 못 느꼈던 것 같아요.

이처럼 장애여성들은 그녀들이 주변에서 이성을 만날 기회가 부족하며, 그 기회의 부족은 성적 욕구나 충동이 혹여 일어날지라도 성적 관계 진입으로 연결되지 못하는 이유라고 구술하였다. 하지만 일부의 장애여성들은 그녀들을 성적 관심이 없거나, 성욕이 없는 존재로 취급하는 것을 불편하게 생각하기도 하였다. 그녀에게 성적인 이야기는 친밀하고 편안한 관계의 장애인 동료들끼리나 할 수 있는 것이지, 비장애인 동료, 지인들과는 이야기해서는 안 되는 기피해야 할 그 무엇이 된다고 하였다.

지체 장애여성 P의 경우, 그녀가 10대 후반인 시절 자신과 같은 장애여성들을 연애할 수 있고, 결혼할 수 있는 여성으로 보지 않고, 여성이 아닌 존재, 연애나 결혼은 불가능한 존재 예컨대 성적 관계를 상상할 수조차 없는 존재로 취급했던 비장애인 남성에 대한 불쾌한 감정이 현재까지도 남아있다고 하였다. 이 남성의 경우, P의 면전에서 장애여성과 결혼하는 재수 없는 꿈을 꾸었다는 표현을 거침없이 내뱉었다. 그녀는 지금이야 시대가 변해서, 이처럼 함부로 이야기하는 사람들이 많이 줄어들었지만, 여전히 그러한 비상식적 생각을 가진 사람들이 존재하는 것이 현실이라고 하였다.

벌써 30년이 다 되어가는 이야기인데요. 그때 우리 ○○원에 자원봉사 온 나이 많은 오빠들이 있었어요. 한 오빠··· 나 오빠라고 부르기도 싫어··· 이 사람이 '나 어제 되게 재수 없는 꿈을 꿨어.' 이래요. '뭔데? 이러니까 '나 장애인이랑 결혼해서 사는 꿈을 꿨어' 이러는 거예요. 내가 '그게 그렇게 재수 없었냐?' 이랬어요. 이러니까··· '무섭잖아' 그래요. '오빠 앞에 있는 사람들 다 장애인이거든' 이러니까··· '너네는 여자가 아니잖아', '너네는 동생이잖아' 이러는 거예요. 그때는 속으로 '미친놈'하고, 그냥 넘어갔는데··· 저희가 그때 나이가 19살, 20살인데··· 그 나이가 얼마나 예쁠 때인데··· '여자가 아니라니', '왜 내가 여자로 안 보였지?'라는 생각을 내내 했거든요. 지금도 그때 그놈 이야기가 아직도 기억에 생생하거든요. 지금이야 세상이 변해서 장애인에 대해 이렇게 무개념으로 이야기하는 사람이 많이 없긴 하겠죠? 근데요, 장애여성들한테 이런 인식들은 저는 지금도 여전할 거라고 봐요.

〔P〕

그러면서 그녀는 자신이 한 기업에서 오랫동안 일을 해오면서 함께 일하는 동료들과 여러 차례 회식과 술자리에 참석하면서 겪었던 불편한 경험도 이야기하였다. P는 술자리 분위기가 달아오르면 여자들끼리 가볍게 오고 가는 성적 농담을 하는 데 있어, 그녀를 의식하는 듯한 동료들의 불편한 시선을 의식해야 했다. 그래서 그녀는 스스로 개인적 사정 운운하며 어색하게 그 자리를 일찍 끝내고 나와야 했다. P는 비장애인 중심 사회에서 자신의 성적 관심과 욕망을 가볍게 농담조로 이야기하는 일상적 모임 자리에서조차도, 장애여성들은 소외된다고 하였다. 그로 인해 그녀가 킬킬대며 자연스럽게 성적 농담을 주고받을 수 있는 곳은 장애여성 혹은 친밀한 장애인들끼리의 모임에서나 가능한 것이라고 하였다.

P: 왜 있잖아요. 회사 사람들끼리 술자리 하다 보면, 술 몇 잔 들어가고 분위기가 좀 달아오르면 농담들 주고받잖아요. 제가 했던 일은 여자들이 많잖아요. 저도 그 일을 10년 넘게 했으니까… 회식, 술자리 이런 자리에 여러 번 참석했겠죠. 왜 술 좀 마시고, 이야기하다 보면, 남자들이건, 여자들이건 야한 이야기들 조금씩 하잖아요. 뭐… '하늘을 봐야 별을 따지'…(중략)…뭐 이런 농지꺼리들 많이 하잖아요. 그쵸?

해영: 그렇죠. 술자리에서 그런 얘기들 조금씩 하죠. 여자들 끼리도요.

P: 그니까요. 저희 회사는 업무상 장애인들이 몇 명 있었어요. 그런데요. 그런 말들을 생각 없이 던지가다도 은근히 제 눈치를 살펴요. 이제 의식을 하는 거지… 솔직히 나도 그런 야한 농담 잘 하거든요. 왜? 성에 관심이 있는 사람들은 고런 야설들을 다 이야기하거든. 저는 그 눈빛이 참 싫었어요.

해영: 어떤 것들이 불쾌감을 느끼게 했을까요?

P: 딱 이거죠. 쟤네들 앞에서 '이런 얘기를 해도 되나? 저 장애인들은 성에 관심이 없을 텐데… 섹스를 못 할 텐데…' 뭐 이런 말도 안 되는 생각들이 그 사람들 표정에서 읽혀지거든요. 근데 이상하게 우리 장애인들은 비장애인들 앞에서 주눅 드는 게 있어요. 지금이야 그렇지 않지만, 예전에는 그런 게 좀 있었어요. 그런 기분 나쁜 시선이 느껴지면 오히려 더 대범하게 제가 그런 농담도 해버리고 해야 하는데, 못한 거지. 결국 비장애인이 중심이 되는 사회이다 보니까, 저희 같은 장애인 여성들은 비장애인들한테 그것(성적인 것)에 대해 아무 말을 못하고, 못 들은 척 피하는 거지. 우리 장애인 여성들도 성에 관심이 많거든. 솔직히 무지 좋아하는 사람들 많거든. 아무튼 저는 그런 분위

116

기다 보니까 1차만 하고 나오거나, 핑계 대고 먼저 나오기 바빴어요. 인제 우리(장애인)끼리 모임이 있거나, 장애인 친구들 만나면 (회식에서) 못 풀었던 (야한) 이야기하는 거지(웃음). 저를 포함해서… 장애를 가진 여자들 성(욕) 이런 것에 대한 현실이 제가 좀 전에 말씀드린 딱 그 정도가 현실이 아닐까 생각을 해요.

뇌병변 장애여성 C는 언어장애가 있고, 비장애인들에게 거부감이 들 수 있는 뒤틀린 몸을 지닌 자신과 성적인 농담을 하려는 비장애인들은 거의 존재하지 않을 것이라고 이야기하였다. 오히려 그런 성적 이야기를 하는 자신을 우스꽝스럽게 생각하거나, 조롱의 대상으로 여길 가능성이 높다고 하였다.

비장애인들이랑은 야한 이야기는 절대 못 하죠. 우리 같은 사람들은 언어장애가 있잖아요. 비장애인들과 이야기를 하다보면 티를 안 내려고 하지만, 벌써 표정이 답답해하는 게 보이거든. 이렇게 말이 안 통하는데 성적인 거… 그런 이야기는 할 수가 없죠. 거기다 저 같은 사람은 말을 하다 보면 온몸이 비틀리고 흔들거리잖아요. 이런데 성적인 농담을 한다… 해 봤자 우습게 생각을 하겠죠. '그 몸으로 섹스를 한다'고. '별짓을 다 하네…'

〔C〕

반면에 성적 파트너가 있는 장애여성들은 자신의 성적 욕구를 그 상대에게 표출하고 싶지만, 사회적 통념 안에서 그것을 쉽게 드러내기 어려운 것으로 인식하였다. 또한 그녀들은 적극적인 표현 속에서 자신의 성적 욕망을 실현해 가고 싶지만, 그것을 충족해 주지 못한 파트너에 대한 불만족을 말하기도 하였다. 정신장애 여성인 Y는 기혼자인 그녀가 배우자와 성관계를 맺고 싶은 욕구를 가끔 느낄 때가 있다. 하지만 그녀가 남편에게 자신의 성욕을 쉽사리 드러낼 경우, 성적으로 정숙하지 못하다는 오해를 불러일으킬까봐, 남편에게 그녀의 욕구를 드러내고 싶지 않다고 하였다.

> 저는 솔직하게 신랑하고 (성관계)하고 싶을 때가 있어요. 관계를 갖고 싶고 그럴 때가 있어요. 여자가 먼저 막 하자고 하면 좀 '밝힌다' 이렇게 안 좋게 보잖아요. 하고 싶다고 막 해달라고 하기도 좀 그렇잖아요. 신랑은 그런 거에 좀 무딘 것 같아요. 집에 오면 그냥 자기 바쁘고… 서로 관계를 맺을 때 좋긴 한데… 내가 하고 싶다고, 먼저 하자고 하지는 않죠.
>
> 〔Y〕

하지만 뇌병변 장애여성인 L은 그녀의 성적 욕망을 애인에게 적극적으로 드러내면서, 성적 관계로 진입하기를 갈구할 때가 있다.

그것을 애인이 충족해 주지 않거나, 못하는 파트너의 성적 소극성
내지 낮은 성욕이 늘 불만족스럽다고 하였다.

나는 자꾸 팬티를 벗으려 하고… 아저씨는 자꾸 입혀주려
고 하고(웃음)… 내가 자꾸 하자고 보채고 원하면 손으로
해주고. 이제 그분은 스킨십을 좋아하는 사람은 아니었어
요. 또 나이도 들다 보니까… 본인 기능이 떨어지니까… 한
번은 ○○에 놀러 가서 호텔을 갔는데요. 활보샘이 일부러
시간 보내라고 피해줬는데도 아저씨가 저 목욕만 씻겨 주
고… 안 하는 거예요. 저는 그거(섹스) 하는 거 좋아하고,
진하게 하고 싶은데… 그런 것이 완전히 만족스럽지 않았
어요.

(L)

L과 달리 시각장애 여성인 D는 애인과의 성적 스킨십 속에서 삶
이 주는 긴장감도 해소하고, 성적 접촉이 주는 즐거움과 이완감을
느끼고 싶을 때가 있다. 그래서 D는 간혹 연인관계에 있는 애인에
게 성적인 애무나 성교를 먼저 요구한다고 하였다.

저는 스킨십을 하면 편안함을 느끼고, 긴장감을 해소하고…
좋거든요. 어렸을 적부터 껴안고, 내 몸을 만져주는 거…
살결이 닿는 느낌이 저는 너무 좋더라고요. 저처럼 시각장

애인들은 사람들하고 부딪치고 만지고 하는 건 어떻게 보면 일상이거든요. 물론 옷을 입은 상태이긴 하지만… 둘만의 귓볼을 만져주거나, 애무를 한다거나 그런 스킨십이 저는 하나가 되는 느낌이랄까… 좋아요. 물론 키스라든지 이런 스킨십은 정서적 소통이 있는 사람하고만 하겠죠. 그래서 저는 오빠한테 가끔 '만져 달라'고, '(성관계)하자'고 먼저 요구할 때가 있어요. 뭔가 편안함을 느끼고 싶고, 긴장감을 풀고 싶을 때… 먼저 오빠를 살짝 건드려요(웃음).

〔D〕

장애여성들은 불현듯 솟아오르는 성욕이란 내적 충동을 지닌 주체로서, 충동은 그것을 발산할 수 있는 타자를 향해 있다. 장애여성들 중 일부는 성적 상대가 없을뿐더러 만날 기회도 없기에, 하고 싶고, 할 수 있는 그녀 자신을 성욕 자체가 없는 무성적 존재로 바라보거나, 성적인 대화를 함께 나눌 수 있는 주체로 생각하지 않는 비장애인들의 생각과 태도가 불편하다. 그리고 그러한 비장애인들의 생각과 태도가 만연된 사회에서, 그녀들은 결코 성적인 존재가 될 수 없다고 이해하였다. 그래서 장애여성들이 성적 대화나 농담을 공유할 수 있는 곳은 장애인 집단 내에서나 가능하며, 비장애인들의 무리에서는 오히려 침묵하거나 피해야 할 금기가 된다고 하였다.

더욱이 장애여성들은 남성 중심의 섹스문화가 지배하는 사회에서 그녀들이 성욕을 먼저 드러내거나 만족을 추구하려는 행위는 자칫 그녀들에게 성적 낙인감을 줄 수 있는 사회문화적 규범이 작동한다는 것을 의식하였다. 그로 인해 그녀들은 자신의 성욕이나 성적 만족을 추구하는 행위를 쉽게 드러낼 수 없고, 혹여 드러냈다고 하더라도 그 행위가 만족스럽지 못하다면 그것은 내적으로 감수해야 할 문제로 이해하였다.

성적 이끌림

2010년 방영된 가족드라마 〈인생은 아름다워〉는 당시 한국사회 내 가족들이 옹기종기 모여 시청하는 주말드라마에서 태수와 경수라는 두 남자 주인공의 동성 간의 러브스토리를 내용의 한 축으로 다루었다는 점에서, 파장이 컸다. 그리고 이 드라마 게시판에는 '가족 드라마', '동성애', '자극적', '두 남성 간 거슬리는 표현', '자녀들의 성정체성 혼란'이란 단어를 중심으로[81] 부정적 의견들이 적지 않았다. 그렇지만 일부에서는 다양한 사랑의 방식을 보여준 '인생은 아름다워'와 같은 드라마가 없었던 게 문제라며[82] '서로 다른

---

81. 상세한 내용은 스포츠조선 기사, 2010, "'인생은 아름다워' 가족드라마 속 동성애코드 성공할까?"라는 기사를 확인해 보길 권한다.
https://sports.chosun.com/news/news_o2.htm?name(2022. 08. 31. 검색).

82. 미디어스, 2010, "인생은 아름다워 같은 드라마가 없었던 게 문제",
http://www.mediaus.co.kr/news/articleView.html?idxno(2022. 08. 31. 검색)

인간의 성적 취향을 존중해 주어야 한다', '결국 사회적 소수자들이 겪게 되는 공통된 차별의 문제', '사회적 선입견을 생각할 수 있는 기회를 줘서 감사하다'[83] 등의 긍정적 의견들도 제시되었다.

이처럼 이 드라마가 사회적 이슈의 중심에 서 있었다는 것은 성에 대한 다양한 발화행위들이 가능하게 된 허용적인 사회 분위기와 더불어, 과거에 비해 동성애에 대한 우리 사회의 부정적 선입견, 거부감이 많이 희석되고 있다는 것을 방증한 예라 할 것이다. 그래서 남남 커플끼리 주고받는 '보고 싶었어', '사랑해'라는 촉촉한 연인 간의 밀어가 그다지 낯설거나 불편하지 않은 지점이기도 하였다. 하지만 성적 소수자는 곧 동성애자를 지칭하는 사회적 꼬리표에서 짐작할 수 있듯, 우리 사회에서 동성애자로 살아간다는 것은 다양한 현실적 난관과 부딪쳐야 한다는 것을 의미한다. 나아가 동성애에 대한 사회 내 부정적 인식과 차별을 온몸으로 견뎌야 하는 고달픈 삶이기도 하다. 그래서 동성애에 대한 사회적 통념 또한 여전히 강력한 힘을 발휘하는 것이 사실이다.

동성애에 대한 사회적 통념으로는 '동성애는 성적 정체성의 혼란을 야기한다', '성과 사랑에 대한 비정상성을 나타내는 동성애

---

83. 상세한 내용은 스포츠조선 기사, 2010, "'인생은 아름다워' 가족드라마 속 동성애코드 성공할까?"라는 기사를 확인해 보길 권한다.(https://sports.chosun.com/news/news_o2.htm?name(2022. 08. 31. 검색).

집단이 에이즈와 같은 치명적 질병에 더 많이 노출된다', '동성애 커플에게 자라나는 아이들은 사회적 낙인감이 크며, 성역할을 제대로 학습할 수 없다', '동성애는 생물학적으로 타고난 본성이니, 본성대로 살게 해 주어야 한다'[84] 등의 표현들이 대표적이라고 할 수 있다.

동성애에 대한 사회적 통념은 이 세상이 단지 남성과 여성이라는 양성으로 구분되는 생물학적인 성을 기반으로, 양성이 어떻게 생물학적 감각들을 발달시켜 스스로의 성적 정체성과 성적 욕망을 발달시켜나가는지를 주목하는 이성애를 전제하기 때문에 가능할 것이다. 우리 사회는 이성애를 정상적인 성으로 규범화하는 이성애 중심의 사회이다. 이로 인해 장애여성들은 그 사회가 규범화한 이성애를 내면화할 가능성이 매우 높다. 또한 장애여성들은 그녀들이 체화한 이성애의 규범에서 상당히 이탈되어 있는 동성애를 바람직하지 못한 성, 일탈적 성, 비정상적 성으로 단정할 가능성도 배제하기 어렵다.

그렇다면 장애여성들은 과연 자신들의 성과 사랑의 선호를 어떻게 드러내고 있는 것일까? 필자와의 면담에 참여한 장애여성들이

---

84. 동성애자에 대한 위 사회적 통념들은 필자가 사회복지학 교육심리학 전공 대학원, 내학생들과의 수업 토른괴깅에시 시시쿤 내봉 중 일부이다.

자신의 성과 사랑의 정체성을 동성애라고 표현한 이는 한 명도 없었다. 그녀들 중 일부는 자신을 이성애자로서 성적 정체성을 분명하게 규정지으며, 동성애를 적극적으로 반대하거나 비난하였다. 물론 일부의 장애여성들은 동성애를 반대하긴 하지만, 당사자의 선택을 존중해 주어야 한다고 하였고, 또 일부의 장애여성들은 세상에 다양한 사랑이 존재하듯 성적 선호의 상이한 방식도 존재하기 때문에, 그것을 인정하고 존중해 주는 것이 필요하다고도 언급하였다.

장애여성 Y의 경우, 우리 사회가 남성과 여성이 성적으로 결합된 이성애 중심사회라는 점에서, 이성과의 성과 사랑이 정상적이라고 하였다. 그래서 동성애는 사회가 바람직하게 여기지 않는 일탈된 성적 행동이라고 하였다. 이로 인해 그녀는 사회적 통념이 요구하는 도덕적인 성윤리의 측면에서도 동성애는 부합하지 않으며, 남녀의 성적인 결합과 완성을 결혼제도와 자녀 출산 안에서 바라보는 이성애가 바람직하다고 표현하였다.

학생 때 보면 여자들 좋아하고, 남자같이 생긴 여자애들 쫓아다니고 사춘기 때 일시적으로 그럴 수 있는데… 저는 그게 성인의 시기까지 이어진다면, 그건 사회적으로 성윤리에 맞지 않다고 생각해요. 저는 좀 보수적인 사람이에요. 남자랑 여자랑 만나서 관계를 맺고 결혼도 하고 애를 낳고 하는 것이 바람직하다고 생각해요. 뭐 남자, 남자끼리, 여자, 여자끼리 만나서 서로 사랑하고 같이 살고 그러는 거는 한국 사회에서는 안 맞는다고 생각해요. 남자랑 여자랑 서로 좋아하고 성관계 맺고 하는 것이, 가장 자연스러운 거니까요.

[Y]

이에 반해 지적 장애여성인 K는 동성애를 표방하는 사람들에 대해, 비정상적이고 불결하다는 의미가 내포된 '변태', '더럽다'와 같은 명백한 부정적 의미를 부여하였다. 그로 인해 그녀는 동성애로 자신의 성적지향을 드러내는 사람들을 비정상적인 사람으로 낙인찍는 비난의 태도를 보이기도 하였다.

K: 동성애 그 사람들을 남들이 봤을 때는 '변태' 뭐 이런 식으로… 이상하게 보잖아요. 좀 더럽고…

해영: ○○씨도 그렇게 생각하나요?

K: 음… 우리나라는 동성애는 인정 안 하는 식이라서, 솔직히 (저도) 그런 거 같긴 해요.

해영: 어떤 것 때문에 '변태', '더럽다' 이런 생각이 드나요?

K: 남자랑 남자가 으으… 그걸 한다고 생각해 보면 뭔가 이상하잖아요. 정상이 아니잖아요.

이와 달리 D는 그녀가 알고 있는 장애여성 중 커밍아웃한 지인의 예를 들면서, 동성애를 선택한 사람은 자연의 순리를 거스르는 것이라, 그녀는 동성애에 대해 동의하기 어렵다고 하였다. 그렇지만 자신의 성적 선호를 세상 사람들에게 숨기지 않고 오히려 당당하게 밝히고 동성애자로 살아가는 그 장애여성이 멋있다고도 하였다. 그러나 D는 자신의 지인이 실제로 동성애에 대한 선천적인 성향을 보였다기보다, 누구를 성적 상대로 선택할 것인가를 자신의 장애 문제와 연결시키는 기능적인 선택을 한 것 같다고 이해하였다.

D: 제 지인 중에 장루·요루 장애가 있는 친구가 있어요. 근데 애인을 데리고 왔어요, 여자죠. 애인이라고 당당하게 소개를 해서… 되게 멋있다고 생각을 했어요. 물론 저는 이성애자이고… 이 친구가 자신을 정말 안아줄(사랑해줄) 사람을 이성에서 찾지 못했기 때문에, 저는 동

성애자가 되었다고 생각을 해요. 제가 그렇게 생각을 하게 된 건… 이 친구가 배변주머니를 차고 있고… 이걸 처리해 줘야 하는 누군가가 있어야 하잖아요. 근데 남자랑 만나면서 그런 도움까지 받기까지는 솔직히 싫었을 수 있겠다. 그 친구의 진짜 의중은 잘 모르겠지만… 그냥 제 느낌에는 '자신의 성을 선택했겠구나' 하는 생각을 했거든요. 왜냐면 예전에 그 친구가 남자친구도 사귀어 봤다고 했거든요. 자기는 남자의 손길이 닿으면 좋다고 했거든요. 그런 면에서 같은 동성이 그런 부분에서 도움도 받으면서, 성적인 쾌락도 느낄 수 있고… 물론 제 생각이지만… 아직은 우리 사회에서는 낯설고, 받아들여지기 쉽지 않고. 저 같으면 되게 부끄러울 것 같거든요. 그래서 숨길 것 같은데… 이 친구는 너무 당당하게 자신을 드러내니까… 이런 점이 멋있고, 좋아 보였던 것 같아요. 세상의 어떤 시선 그런 걸 신경 쓰지 않는 거니까요.

해영: ○○씨는 이성애자라고 하셨잖아요. 그럼 동성애에 대해서는 어떤 생각이 드세요?

D: 원래 만들어지길 남자는 여자를 원하고, 여자는 남자를 원하는 거라고… 그게 순리라고 생각을 하니까요. 오염된 환경에서 순리를 거스를 수밖에 없는 선택을 하는 거니까… 동성애를 동의하기는 어렵죠.

그렇다고 해도 그 친구가 그것을 선택한 거고. 그 선택은 존중해 줄
수밖에 없지 않을까 생각을 해요.

한편 장애여성 B와 L은 동성애, 이성애 그 어떤 것을 하는 것이
중요한 것이 아니라, 행위 당사자가 어떤 성적 기호를 선택하느냐
가 더 중요하다고 구술하였다. 그래서 B는 세상의 다양한 사람들
이 있는 것처럼 사람 중에는 동성애를 지향하는 사람들이 분명히
존재하고, 그것은 타고난 기질적 특성이기 때문에 그 성적 선택을
존중해 주어야 한다고 하였다. B는 동성 커플이 자녀를 입양하여
키우는 것에 대해서도 성적 기호나 정체성이 자녀를 양육하는데
발생시키는 위험성보다, 부모로서 인격적 결함이 있는 사람들이
자녀 양육에 더 해로울 수 있다고 이해하였다. 그래서 부모가 서로
사랑하고 좋은 인품을 가진 사람이라면 아이를 입양하여 양육하는
것은 문제 될 것이 없다고 구술하였다.

B: 제 주변에서는 동성애 하는 사람들은 보지 못했는데요. 세상에는 다
양한 사람들이 많으니까. 물론 있겠죠. 저는 마음만 맞으면 상관없
다고 생각해요. 기독교인 중에는 '동성애는 아니다' 생각하는 사람

도 있어요. 저 생각에는 두 사람 마음이 중요한 거고… 원래 그렇게 태어난 사람들은 어쩔 수 없잖아요. 자기들 마음이 정 그렇다면 그건 존중을 해 줘야 하는 것 아닌가요? 동성애 하는 사람들이 정말로 좋으면(좋은 사람들이라면) 같이 살고 그런 거 상관없다고 생각해요.

해영: 그러면 동성 커플이 혹시 아이를 입양해서 키우는 건 어떻게 생각해 생각하세요?

B: 저는 부모가 좋은 사람들이면 아이도 정서적으로 안정되고… 불안정하고 폭력 쓰는 부모도 많잖아요. 그런 부모 밑에서 자라는 것보다는 정직하고, 아이를 존중해 줄 수 있고 그러면… 아이를 잘 키우는 것도 좋다고 생각해요. 물론 남자가 엄마, 아빠 역할을 하면 사람들은 대부분 안 그러는데… 애 입장에서는 좀 힘들 수도 있는데…. 그래도 애를 존중하지 못하고 폭력 쓰면서 키우는 부모들보다는 나은 거죠.

장애여성 L의 경우도 성과 사랑의 기호는 그 사람이 어떤 성향과 기질로 태어났는지에 따라 달라질 수 있으며, 동성애와 이성애를 선택한 당사자가 원하는 대로 자유롭게 살 필요가 있다고 이해

하였다. L은 오히려 동성애를 가로막는 사회적 편견이라는 장벽이
문제이며, 그러한 장벽에 짓눌려 타고난 천성을 억압하며 살 필요
가 없다고 하였다.

한 번뿐인 인생인 거잖아요. 내가 누구를 좋아하고, 섹스를
하고… 그것은 본인 선택이라고 생각해요. 비장애인들도 동
성애자가 많아요. 저는 나쁘지 않다고 생각해요. 그렇게 태
어났으면, 태어난 대로 사는 거예요. 한번 사는 인생 남 눈
치 보고 자기 원하는 거를 억누를 필요가 없는 거예요. 그
사람이 동성애자면 동성애로 살아야 한다고 생각해요. 저
아는 분도 동성애에요. 우리 모임에서도 다 알고 이해하고,
아무렇지 않거든요. 괜히 사람들 편견이 문제인 거지.

(L)

이처럼 일부의 장애여성들은 일종의 선호 방식인 동성애를 선
택한 개인의 성과 사랑의 취향을 존중해 주어야 하며, 그것을 문제
삼는 세상이라 문제라고 하였다. 그렇지만 이 면담에 참여한 다수
의 장애여성들은 남성과 여성이란 이분법적 성별로 결합한 이성애
를 정상적인 성과 사랑의 방식으로 내면화함으로써, 동성애를 주
변화된 성과 사랑의 선호방식으로 이해하려는 경향이 강하였다.
그로 인해 우리가 살아가는 이 세상에는 이성애, 동성애, 양성애

등 성과 사랑의 다양한 선호 방식이 존재할 수 있다는 것을 온전히 수용하는 것 같지는 않아 보인다.

게다가 장애여성들은 그녀들이 동성애란 성과 사랑의 이끌림을 인정하고 존중하는 태도를 보이더라도, 그것을 타고난 본성이나 기질로 이해하려는 경향을 드러내기도 하였다. 그래서 동성애를 분명하게 반대하거나 혹은 그 선택을 존중해 주어야 한다고 주장하는 장애여성 모두에게 동성애는 낯설고 이질적인 그로 인해 자연스럽지 않은 성과 사랑의 선호방식으로 이해되는 듯하다.

섹스하기

성교 행위로서 섹스는 그것을 욕망하는 개인의 성적 만족과 쾌감뿐만 아니라, 성적 파트너가 되는 상대의 즐거움, 쾌락감과도 깊게 관련된다. 그래서 성관계에 진입하고 몰입하는 커플은 그 관계를 통해 서로 성적 즐거움을 나누며, 그 속에서 두 사람만의 사랑의 감정이 부풀어 오르기도 하고, 단순히 성적 욕망만을 채우기 위해 두 신체가 뒤엉키는 관계에서도 호감과 사랑이라는 묘한 감정이 싹터 오르기도 한다. 한 쌍의 커플이 섹스 관계에 진입해 있다는 것은 서로에 대한 신체적 매력, 심리적 상호신뢰, 파트너 간 친밀감, 대화의 질 등 두 사람 간의 관계를 토대로 이루어진다는 것을 의미한다. 그로 인해 어떤 이에게 섹스행위는 자신의 사랑을 실현하는 구체적인 장이자, 사랑의 연속성을 확인하는 장이기도 하다. 또한 섹스행위에 균열이 생기거나 생채기가 날 때, 그 사랑을 의심하며 성적 행위뿐만 아니라 사랑의 감정 자체가 망가져 버리기도 한다.

2003년 개봉된 〈조제, 호랑이 그리고 물고기들〉이란 영화는 장애여성인 조제와 비장애인 청년인 츠네오의 애틋한 사랑과 이별 이야기를 담담하게 풀어내고 있다. 이 영화에서 두 남녀의 성적 관계로의 진입은 이들이 서로를 어떻게 바라보는지에 대한 관계가 핵심이라고 할 수 있다. 츠네오를 사랑하게 된 조제는 그와 더 깊은 성적 관계로 나가고 싶은 그녀의 욕망을 '너랑 가장 야한 섹스를 하고 싶어서 저 깊은 바다에서 널 만나러 온 거야.'[85] 같은 강렬한 표현으로 드러낸다. 즉 조제 그녀는 사랑하는 츠네오와의 에로틱한 성적 관계로의 진입을 갈구하였던 것이다. 이처럼 장애여성에게 섹스행위는 누군가에 의해 일방적으로 이루어지는 수동적 행위가 아닌, 그녀들 스스로 능동적 주인공이 되는 역동적 행위의 장

85. 좀 더 구체적인 내용은 해당 영화인 〈조제, 호랑이 그리고 물고기〉를 감상하길 바란다

이기도 하다. 그래서 장애여성들에게 섹스행위는 어떤 관계에 있는 누군가와 그것을 어떻게 실현해 나갈 것인가가 중요하다고 할 수 있다.

그렇다면 장애여성들은 정작 그녀들 자신을 섹스 행위의 능동적 주체로 이해하고 있을까? 아니면 누군가의 일방적 주도로 인해 소극적으로 반응하는 수동적 대상으로 이해하는 것일까? 혹은 그 사이 어디쯤 모호한 상태로 자신의 성을 이해하고 있을까? 이제 그녀들이 이야기하는 섹스 행위의 서사적 의미를 따라갈 볼 때이다.

이 글을 위해 필자가 만난 장애여성들은 대체로 자신이 누구와 어떤 섹스를 할지를 결정하고 선택하는 것은 자신 본인이라고 하였다. 이성과의 성적 경험이 풍부한 S 그리고 한 남성과의 장기간의 성적 관계를 맺어온 C, L은 그녀 자신이 성적 관계에서 능동적 주체라는 것을 분명하게 이야기하고 있다. 먼저 지적장애가 있는 S는 그녀가 고등학교 시절부터 일명 '일진'이라고 불리는 불량한 학생들과 어울리면서 청소년 시기부터 성적 관계를 맺어왔다고 하였다. 그로 인해 그녀는 주변인들이 자신을 성적으로 무분별한 여성으로 취급하는 것을 용납하기 어렵다고 하였다. S는 누구와 언제 어떻게 성적 관계를 맺을지는 곧 자신의 선택이 중요하다고 하였다.

저는 고등학교 때 일진 애들하고 어울렸다고 했잖아요. 솔직히 사회에서는 그냥 아무 남자들 만나서 술 먹고 잠자리하고 이런 여자들 되게 안 좋게 보잖아요. 술·담배하고 남자친구랑, 남사친이랑 구분 못하고 관계 맺고 이런 여자들 걸레라고 보잖아요. 걸레라고 보면 남자들도 그렇고 함부로 하잖아요. 저가 여러 남자들이랑 사귀고, 관계를 맺었다고 해서, 사람들이 나를 막 쉽게 관계하자고 하는 건 싫어요. 내가 하고 싶은 사람하고, 내가 원할 때 (성관계)해야지… 쉽게 보고 막 '야! 하자.' 한다고 해주고 싶지 않아요.

〔S〕

뇌병변 장애여성 C는 아이 아빠를 만나기 전까지 가벼운 애무 정도의 성적 접촉을 해본 적은 있으나, 남성과 깊은 성교까지 시도해 본 적은 없었다고 한다. 그녀는 장애인 모임에서 유독 자신만이 아이 아빠 말을 잘 알아듣고 그 말을 동료 장애인들에게 전해주는 전달자의 역할을 하면서, 그 남자와 자신이 운명적 관계로 발전할 것 같다는 느낌을 받았다. 그 일이 계기가 되어 C는 먼저 키스를 시도해 온 사람은 아이 아빠이었지만, 이후 두 사람 사이의 뜨거운 성적 접촉은 그녀가 더 적극적이었다. C는 남자와 좀 더 농염한 성적 감미로움으로 빠져들기 위해, 독립해 혼자 살던 임대아파트로 아이 아빠를 끌어들였다. 그때부터 두 사람은 본격적인 섹스 관계로 진입하였고, 손을 쓰는 것이 그녀보다 좀 더 자유롭고, 어느 정도 걷는 것도 가능한 남자에게 그녀가 원하는 성적 욕구를 드러내며, 두 사람만의 황홀경으로 빠져들었다. 두 사람은 삽입 성교에 성공하기까지 두세 번의 실패가 있었고, 이 시도 속에서 서로가 섹스에 대한 흥미를 잃지 않도록, 상대의 성적요구를 받아들이는 적극적인 경험이었다고 구술하였다.

더욱이 C는 남자와의 성교가 몇 차례 이루어진 이후부터는 남자에게 그녀의 임신 가능성을 여러 차례 언급하였다. 왜냐하면 그녀는 자신에게 아이가 생길 경우, 그 아이는 무조건 낳아서 키울 생각이었기 때문이었다. C는 아이 아빠가 그녀의 생각에 동의해 준 덕분에, 누구보다 아이 아빠와의 성생활을 즐기는 활력 있는 삶을 경험하였다고 하였다.

그 사람은 손을 조금 써요. 저는 못 쓰지만… 그 사람이 손도 좀 쓰고, 또 어느 정도 걸을 수 있으니까, 그 사람이 저한테 애무를 많이 해줬어요. 키스도 하고… 황홀하잖아요. 내가 그 사람한테 더 해달라고 했거든요. 그러다 성관계까지 가잖아요. 처음에 할 때는 잘 안 되가지고… 자꾸 저한테 들어올라고 하는데(웃음)… 잘 못 들어와요. 잘못 해가지고… 몇 번 안 되다가 … 자고 난 다음에 또 했다가(웃음)…

잘 안 되도 서로 노력을 한 거죠. 그렇게 몇 번 하다가 어떻게 된 거죠. 몇 번 (성관계)하고 나니까… 여자들은 임신을 생각 안 할 수 없고. 아이 아빠한테 '나는 애 생기면 무조건 낳을 꺼다…' 얘기를 했거든요. 낳으라고, 낳아서 같이 키우자고 하더라고요. 뭐 그때부터는 피임을 할 필요도 없잖아요. 늦게 배운 게… 날 새는 줄 모른다고 하잖아요. 그때 그 사람하고 저하고 그랬어요.

[C]

장애여성 L은 최근 헤어진 전 연인과의 섹스 경험을 이야기하였다. 그녀는 남자와의 성적 관계에서 황홀감을 느끼고 싶은 것은 누구나 욕망하는 것이고, 즐기면서 성적 욕구를 해소하고 싶은 그녀를 충족시켜주지 못한 전 연인과의 섹스 관계가 불만족스러웠다고 하였다. 그래서 그녀는 성적으로 잘 맞는 새로운 파트너를 연인으로 만나기를 기대하였다. 하지만 그녀는 성욕이 강한 편이라고 해서 성을 무분별하게 즐기는 음란한 여성은 아니라는 것을 애써 강조하였다.

사람들이 저처럼 몸이 굳고 휠체어로만 다니는 사람은 섹스를 못한다고 생각을 많이 하죠. 저는 진한 섹스를 하고 싶고… 또 한창 하고 싶은 나이인데… 자주 하고 싶거든요. 그분이 처음에는 안 그랬는데, 저보다 나이가 20살 더 많아요. 나이가 드니까 잘 안 돼요. 본인이 잘 안되니까 어느 때는 기계로 해주고 그랬어요. 발기 그런 게 잘 안되면 기계로 저 해주고… 어떻게든 저를 만족시켜 주려고 했어요. 이게 사람이 하는 것과 기계가 하는 건 좀 다르거든요. 확 풀고 싶은데… 좀 불만족스럽긴 했어요. 이 아저씨랑 얼마 전에 헤어졌다고 했잖아요. 또 언젠가는 새로운 짝이 나타나겠죠. 저는 잘하는 남자분을 만나고 싶어요. 한 번뿐인 인생이잖아요. 서로 즐길 수 있다는 남자…(웃음) 그렇다고 저 막 밝히는 여자는 아니에요(웃음).

(L)

일부의 장애여성은 성적 주인공으로서 그녀들이 상대로부터 충분한 존중과 서로의 교감을 통해 섹스 관계로 진입하기를 희망한다고 하였다. 그러나 섹스행위에 대해 그녀들의 생각이나 기분을 배려하지 않는 상대방의 성급한 행동이나, 일방적 성행위에서 불편감을 느낀다고 언급하였다. D는 남자친구가 자신과 성적으로 충분히 교감하면서 성관계로 나가지 않고, 상대에 의해 일방적으로 이루어지고 끝나버리는 성행위가 성적 욕심을 채우는 대상으로 전락하는 것 같아, 실망감이 든다고 하였다.

서로를 좋아하지만 성관계를 할 때는 충분히 교감하고 느낄 수 있어야 한다고 생각하는데요. 남자친구는 가끔 늑대 같을 때가 있거든요. 너무 급하게 속도를 낼 때가 있거든요. 지킹 프삼이 숭요한데… 오빠는 제가 임신하는 것에 대한 두려움이 있거든요. 둘 다 콘돔을 쓰지 않고 하는 걸 좋아하다 보니까… 자기가 사정을 할 것 같으면 일단…(중략)…제 배 위에 털어요. 참 영역 표시하는 것도 아니고… 서로 교감을 하면서 둘 다 느끼고, 제가 원하는 것도 배려하면서 하면 좋겠는데, 안 될 때가 있거든요. 그럴 때 좀 늑대같이 자기 욕심만 채우려고 하는 거 아닌가… 좀 아쉬운 생각이 들 때가 있죠.

[D]

B의 경우, 그녀에게 좋아하는 감정을 먼저 고백한 남성에게 호감을 느끼면서 그 남성과 좀 더 충분한 시간 속에서 성적 접촉이 이루어지길 기대하였다. 하지만 서로에 대한 호감을 표시한 지 얼마 되지 않아, 더 깊은 성관계를 요구하는 남자의 성급한 행동에 그녀는 꽤나 당혹스러움을 느꼈다. 그로 인해 남자의 일방적이고 조급한 성적요구에 거부감이 들면서, 그녀는 그와의 섹스를 거부하게 된다. B는 상대에 대한 호감은 있었지만, 충분한 신뢰와 교감이 이루어지지 않은 상태에서, 더 깊은 성관계로 나가고 싶지는 않았다고 한다.

그냥 키스 정도하고. 그 남자가 제 몸 여기(가슴 부분을 가리키며)를 만지고 거기까지는 했는데… 더 끝까지는 못 갔어요. 제가 못 하겠더라고요. 그 사람이 저한테 먼저 좋아한다고 고백을 했고, 저도 좋은 마음도 있고 하니까… '사

귀어 볼까?' 했는데, 갑자기 비디오 방을 가자고 해서, 저
는 진짜 영화만 보러 가는 줄 알았는데… 갑자기 키스를 해
서… 그건 받아줬는데… 막 가슴을 만지면서 옷을 벗기려고
하고. 이 사람이 휠체어를 타고 다니는데 자기 바지를 풀면
서…(중략)…으으… 징그럽고… 제가 도저히 못 하겠더라
고요. 제가 더 못하겠다고 그랬어요. 너무 갑자기 진도를 나
가니까… 그때 너무 놀랬어요. 그리고 또 제가 좀 무서웠던
게… 이 사람을 내가 잘 모르는데, 임신이라도 해 버리면…
도저히 못하겠더라고요. 그래도 제가 못하겠다고 그러니
까… 안 하더라고요. 음… 저도 솔직히 관심이 있으니까…
그런 거(스킨십)는 좀 해보고 싶었는데, 너무 이 사람이 진
도를 빼니까…

(B)

또한 참여자 P는 그녀의 장애인 친구의 경험사례를 이야기하면
서, 장애인 남성들이 성적 파트너를 만나기 전까지는 주로 그들의
성적 욕망이나 환상을 일명 '야동'이라고 불리는 포르노그래피를
통해 학습하고 해소한다고 하였다. 하지만 남성들은 학습된 성적
판타지를 파트너가 되는 애인, 아내에게 실현시키려고 함으로써,
성생활의 트러블을 일으킨다고 하였다. P는 친구와 남편은 두 사
람 모두 소아마비로 인해, 지체장애인이 된 사람들이라고 하였다.
그리고 성적 욕구를 야동으로 해소해온 친구의 남편이 그 동영상
에서 학습한 내용을 아내에게 반복적으로 시도하면서, 지체 장애

를 가진 여성은 남편과의 성생활이 곤혹스러운 일이 되었다는 것이다. P는 남녀의 성생활은 두 사람 모두 편안하고 만족스러운 경험이어야 하지만, 우리 사회에서 부부간 성생활은 남성의 성적 만족을 위해 여성을 배려하지 않는 일방성 안에서 이루어지는 경향이 크다고 하였다.

> 제 친구는 장애인끼리 결혼을 했는데… 내 친구랑 남편은 둘 다 소아마비인데 장애가 경한(가벼운) 편이에요. 둘 다 어느 정도 걷는다는 말이지. 나 같은 사람에 비하면 이 부부는 완전히 경하지… 내 친구가 결혼을 늦게 했어요. 둘 다 거의 30대 후반 그 정도에 했을 거야. 근데 이 남편이 결혼하기 전까지는 뭐 야동 그런 거 틀어놓고 이제 맨날 푼 거지. 얘랑 결혼을 하고 나니까… 그 동영상 본 거를 애한테 해보려고 하는 거지. 전방향, 후방향(웃음)… 얼마나 힘들어요. (내 친구가) 자기는 성생활이 너무 힘들다고. 맨날 자기랑 영화를 찍으려고 한다는 거야. 솔직히 몸이 기형인데, 아무리 장애가 경해도 안 되는 게 많단 말이지. 그니까 이 남자가 그동안 야동에서 배운 성적 환타지를 지 와이프한테 풀려고 한다는 거야. 그 집 남편이 60이 넘었어요. 남자가 여자를 생각하지 않은 거지. 자기 원하는 것만 하려고 하는 거지…(중략)…(성관계)하는 건 좋은데, 서로 좋아야지. 남자 혼자만 좋으면 뭐하겠어요.
>
> 〔P〕

한편 장애여성들은 남성과의 섹스 관계에 대해 자신의 장애가 그녀들을 불리하게 만들거나, 수동적 위치에 놓이게 한다고 말하기도 하였다. D는 비장애인 남성과의 섹스 경험은 상대는 자신을 볼 수 있지만, 시각장애인인 그녀는 남자를 볼 수 없다는 점에서, 그녀가 수치스러움을 좀 더 많이 느끼는 존재가 된다고 하였다.

> 관계가 끝나고 나서… 비장애인은 그제야 저를 쓰윽 쳐다보는 듯한 느낌이었어요. 그런 느낌을 받았거든요. 그런데 지금 (장애인) 남자친구한테는 그런 느낌은 없거든요. 그래서 비장애인이랑 성관계를 할 때 (관계가) 끝나고 나면 무언가 제가 민망하고, 좀 부끄럽다는 의식을 많이 했거든요. 서로 섹스할 때는 비장애인이건, 장애인이건 그건 별로 상관이 없어요. 다만 끝나고 났을 때 이게 약간 좀 뭐랄까… 그냥 저만 그렇게 느낄 수 있는데… 좀 더 '부끄럽다, 수치스럽다'는 생각을 했어요. 왜냐면 그 사람은 저를 보지만, 저는 그 사람을 보지 못하잖아요.
>
> (D)

P는 두 다리를 쓰지 못하는 그녀의 장애가 남편과의 성관계에서 늘 자신감이 없고, 그녀를 위축되게 만드는 요인이었다고 고백하였다. 특히 장애여성의 특성과 상황에 맞는 성교육은 아예 꿈도 꿀 수조차 없었고, 성교육이라는 것 자체를 학습하지 못한 세대로서,

그녀는 50대 중반인 지금까지도 성적 만족, 달떠 오르는 성적 쾌락감이 무엇인지 잘 모른다고 하였다. 그저 성관계에서는 그녀가 남편을 만족시켜주지 못할 것이라는 자신 없음과, 배우자의 성행위에 그녀가 적절하게 만족하고 있는 듯한 가면을 쓰는 수준에서 머무를 수밖에 없었다. 그로 인해 P는 30여 년의 결혼생활을 통한 두 사람만의 섹스 관계를 시도할 때는 한 번도 서로의 맨몸을 보일 수 있는 불빛이 있는 곳에서 해본 적이 없다. 그로 인해 P에게 배우자와의 섹스 행위는 늘 자신감이 없는 존재, 수치스러운 존재가 되는 초라한 경험이라고 하였다.

일반적인 스킨십은 장애인이나 비장애인이나 크게 상관은 없어요. 근데 저는 두 다리를 쓰지 못하고 그러니까 성관계에 있어서는 항상 자신이 없었던 같아요. 이게 진짜 좋은 건가. 잘 몰랐고… 적당히 신음소리도 좀 내주고… 그랬던 그냥 그 부분은 내가 감수하고 정확하게 뭐가 좋은 건지, 쾌감 이런 게 뭔지를 몰랐어요. 잠자리에 대해서 저는 항상 자신감이 떨어질 수밖에 없는 존재다 보니까… 제가 그 사람의 (성적)만족을 채워줄 수 없다고 생각을 했고… 만족하는 척 하는 그 정도인 거지. 뭐 저희 때는 그 흔한 야동도 한번 못 봤고, 성교육도 제대로 받지 못한 세대다 보니까… 성적인 만족 이런 거를 얘기할 수 있는 문화가 아니었거든요…(중략)…저는 남편하고 (섹스)할 때, 절대 불을 안 켜요. 불 켜

놓고 한 번도 해 본적이 없어요. 불을 켜는 게 너무 싫었거
든요. 내 맨몸이 그대로 노출되는 거잖아요. 그거 할 때 내
몸을 남편이 다 보는 건 너무 수치스러웠다고 해야 하나…
그건 내 자존심이 있었던 거야(…이하 생략).

(P)

더욱이 일부의 장애여성들은 성관계라는 것이 상당히 부정적으
로 인식되거나 억압된 경험으로 이해하기도 하였다. 장애여성 D는
그녀가 아동 · 청소년 시기 받았던 성교육은 매우 부정적인 것에
초점이 맞추어져 있었다. 그래서 그녀는 좋아하는 누군가를 만나
성관계를 직접 경험하면서부터 성관계에 대한 부정적 인식이 바뀌
었다고 한다. 오히려 D에게는 20대에 들어설 때까지도 성관계를
하는 것 자체가 상당히 부정적이고, 죄책감이 느껴지는 부조리한
행위로 이해되기도 하였다.

성관계 그런 얘기를 들으면… 어렸을 적부터 받았던 성교
육 자체가 '성폭력 피해를 입지 않으려면… 혹시 당하면 어
떻게 대처해야… 그런 방법' 뭐 이런 내용 중심으로만 받았
던 같아요. 성관계 자체를 저는 되게 부정적으로 받아들였
던 같기는 해요. 그런 부정적인 것들만 너무 들어서… 성관
계 그러면… 솔직히 저는 어른이 되어서도 뭔가 안 좋은 것,
죄책감을 느끼게 하는 부정적 의미가 크고… 금지? 기피해

야 하는 대상?… 그런 의미가 컸던 것 같아요. 오히려 제가
누군가를 좋아하고, 그 사람이랑 성관계를 하면서 달라졌
지. 우리나라에서 장애인 특히 여성에 대한 성교육은 대부
분 '성폭력 피해를 당하지 않으려면, 당하면 어떻게 해야 한
다…' 대부분 이런 내용뿐이잖아요.

〔D〕

　장애여성 K도 몇 년 동안 동거해 온 비장애인 남자친구가 그녀
가 도저히 받아들이기 어려운 비정상적인 성적 관계를 요구하면
서, 충격을 받은 경험을 이야기하였다. K는 남자가 자신의 성적 만
족을 위해 그가 원하는 체위의 성관계를 강요하였고, 그녀는 고통
스러웠지만 사랑하는 사람이 원하였기에 그것을 받아주었다. 하지
만 시간이 지날수록 남자가 요구하는 섹스 관계는 그녀가 받아들
일 수도, 용납할 수도 없는 변태적인 것이었고, 그때서야 K는 그녀
를 폭력적으로 대하며 비인격화하는 남자친구로부터 벗어나야겠
다는 생각을 비로소 하였다고 한다.

K: 저는 전 남자친구랑 오래 같이 살았으니까… 거의 부부나 마찬가지
로… 그 오빠가 원하는 거(체위) 다 해주려고 하고. 항문으로…(중
략)…좋아하니까 아파도 참고 원하는 대로 다 해줬는데. 근데 이상

144

해영: 아이고 그랬군요. 원하지 않는 성관계를 요구했나 보네요?

K: 네. 그거 뭐라고 하죠. 여자 둘이랑 하는 거… 그 오빠가 저랑 살고
있는데… 데려온 여자애가 있었어요. 셋이 하자고… 그때 충격 받아
가지고. 나랑 같이 사는데… 완전 변태 짓이잖아요…(이하 생략).

해영: 많이 충격이었겠어요?

K: 네. 남자친구한테는 저가 그냥 섹파(섹스 파트너)였던 거예요. 자기
만 만족할라고 하는… 에휴… 쓰레기 같은 인간이었어요.

뇌졸중으로 장애인이 된 F는 그녀의 몸 한편을 제대로 사용할
수 없었다. 그녀는 몸을 자유롭게 쓸 수 없는 자신에게 한두 번 성
관계를 시도했던 남편의 행위가 그의 배설 욕구를 채우기 위해 마
지못해한다는 느낌을 받으면서, 자존심에 커다란 상처를 입게 된
다. 더욱이 그와 같은 비참한 기분을 느끼게 하는 남편의 성행위에
도, 그녀는 어쩌지 못하고 수동적으로 있을 수밖에 없었던 자신에

게 더 큰 참담함을 느끼게 된다.

제가 이렇게 되기 전까지 …(중략)… 키도 크고… 일단 눈
요기 대상이 되잖아. 근데 몸이 딱 이렇게 돼버리니까…
제가 너무 쪽팔리고 싫어요. 스킨십 같은 거 하는 것도 따
라주지를 못하잖아요. 한쪽은 이렇게 되고… 딱 한 번인
가, 두 번인가 (전)남편이 (나를) 올라탔는데… 딱 그냥 마
지못해한다는 느낌이 드니까, 내가 너무 비참한 거지. 그
것도 비참한데 이게 몸이 안 따라주니까… 더 기분이 비참
해지는 거지. 아휴! 그냥 하는 대로 가만있다가 끝낸 거야.
내가 그때 다시는 '그 짓거리 안 한다.' 속으로 다짐을 했
다니까….

〔F〕

상술한 바와 같이 장애여성에게 섹스 관계는 당당한 성적 주인
공으로서 서로의 친밀성 안에서 상대를 스스로 선택하고, 그와의
더 발전된 관계로 진입해가는 여정 안에 있다. 그렇지만 남성이 주
도하는 일방적 성적 관계에서 그녀들은 어쩔 수 없이 끌려가기도
하고, 그 행위에 대한 거부의 몸짓 속에서 그녀들의 불편한 심경을
드러내기도 한다. 그뿐만 아니라 장애여성들은 자신의 장애를 결
함과 불리로 받아들이면서 상대와의 성적 관계에서 스스로를 수동
적이고 부끄러운 존재로 여기기도 하였다. 이러한 이유로 그녀들

은 상대와 함께 자신이 원하는 섹스 관계, 상대와 함께 서로 만족할 수 있는 섹스 관계에 대해 자유롭게 표현하거나, 그것을 주제로 서로 깊은 대화를 나눠 본 경험은 부족해 보이기도 하였다.

자위행위

조르쥬 바타유(2009)는 에로티즘을 그것이 번식을 위한 것이든 에로스적 충동이건 간에, 인간의 고유한 성적 행위라고 하였다. 인간의 에로티즘이 동물과 다른 이유는 그것이 무한히 복잡한 고유의 내적 체험[86]이라는 것이다. 이 내적 체험으로서 인간의 에로티즘은 성적 흥분과 열정을 성행위로 드러내며, 이러한 성행위는 그것이 타인을 향하건 자신에게 향하건 늘 우리 인간의 은밀한 영역을 지배해 왔다는 것이다. 그렇지만 우리 사회에서 성적 충동과 흥분을 자신의 신체를 자극하는 행위에서 찾는 자위행위에 대한 시선은 다양한 이견들이 존재한다. 이것은 '홀로 행하는 죄, 자기학대'[87]라는 독설에서부터, 그것에 대해 '잘 모른다'거나, '관심이 없다'는 상대적 무관심의 태도, '무엇이 문제냐 남한테 피해 주는 것도 아닌데' 등의 허용적인 태도, '자위는 애인이 있건 없건 상관없

---

86. 조르쥬 바타유 지음, 조한경 옮김, 2009,『에로티즘』, 민음사, pp. 31-34.

87. 게링빈, 2008, "근대 영국에서의 위계화된 남성 섹슈얼리티와 "홀로 저지르는 죄악"",『영어영문학』, 제54권 제4호, p. 45.

이 내가 나를 즐겁게 해 줄 수 있는 최고의 애인'[88] 이라는 등 자위를 타인과 나누는 성행위와는 다른 최고의 즐거움으로까지 의미부여 하기도 한다. 그래서 자위행위를 적극적으로 찬동하는 일부의 장애여성들은 "우리 장애여성이 자위하기 좋은 곳이라는 주제로 접근성 지도를 한번 만들어 볼까?"[89]라는 적극적인 목소리를 드러내기도 한다.

그렇다면 필자가 만났던 장애여성들도 자위에 대해 그리고 자신들이 경험해 본 자위행위에 대해 타인의 시선이나 사회문화적 압력에서 벗어나, 자유롭게 이야기할 수 있을까? 과연 장애여성들은 그녀들이 살아온 일상 안에서 자위라는 자기성애를 어떻게 만나고 있을까? 그녀들은 세상이 부여한 성과 자위행위에 대한 사회문화적 문법들에 적응하며 살고 있을까? 아니면 그것들을 비틀면서 살아가고 있을까? 이제 그녀들의 이야기를 집중해 볼 때이다.

장애여성 당사자들은 혼자 하는 성적 행위에 대해 그녀들 스스로 좀 더 적극적으로 행위하고자 하는 욕구를 드러내기도 한다. 하지만 이러한 그녀들의 성적 욕구는 사회적 시선에 의해 방해받기도 한다. 이것을 N은 섹스 토이처럼 성적 쾌감을 증폭시킬 수 있는 성적 기구를 활용하려고 해도, 우리 사회가 그러한 기구를 드러내

---

88. 장애여성공감, 2003, "장애여성의 성-자위", 〈공감 여섯 번째〉,
    https://drive.google.com/file/d/0B_3xpPxLn68lcXQwRVVNOThGW

89. 장애여성공감부설 장애여성독립생활센터, 2019, 「2030 장애여성 섹슈얼리티 모임 '레드 립' 기록집」, 장애여성 공감, p. 37.

놓고 구매할 수 없는 분위기라는 것을 언급하고 있다. 그래서 그녀는 합법적이면서 타인에게 피해를 입히는 일도 없는 섹스 토이가, 장애인의 자기성애를 위한 좋은 도구라고 하였다. 하지만 섹스 토이 사용과 구매에 대한 사람들의 보수적 시선으로 인해, 그것을 직접 구매하고 소비하기는 쉽지 않다고 하였다. 이로 인해 섹스 토이 사용과 구매에 대한 사람들의 인식이 변화되는 것이 중요하다고 언급하고 있다.

여자건, 남자건 빼줄 건 빼줘야 되거든. 그래야 자기 건강에도 좋고 그게 어느 정도 저기가 된데… 지금은 전기만 꽂으면 (성기와) 똑같이 만들어 놓은 게 있대. 아주 그냥 까딱까딱 하면서, 똑같이 그걸 하면서 사다 놓고 하는 사람들이 많아. 결혼 안 하고 살면서… 그런 건 장애인이건 일반인이건 법에 걸릴 일도 없잖아. 누구한테 피해 주는 것도 없고… 내가 만족을 느끼면 되는 거고. 근데 좋게는 안 보잖아. 그거 사러 갈 때 좀 쪽팔리다 할까… 그런 게 있지. 세상 사람들 생각이 많이 바뀌어야지. 외국에는 대놓고 그걸 사러간다고 하드만.

(N)

장애여성 L은 그녀와 같은 뇌성마비 장애인들은 생활 전반에 있어 돌봄을 받기 때문에 활동지원인에게 모든 것이 노출될 수밖에 없는 '투명인간'이라고 하였다. 그로 인해 자위행위조차도 쉽지 않으며, 특히 장애 정도가 심하고 손을 쓰는 것이 자유롭지 않은 이들은 엄두조차 내기 어려운 일이라고 하였다. 더욱이 자신과 관련된 모든 것들이 외부로 노출된 최중증 장애인은 혹여 자위행위를 손으로 하거나, 성적 기구를 써서 하게 된다고 하더라도, 그를 보조해 주는 활동지원사가 이것을 싫어하거나 혐오할 경우는 더더욱 시도할 수가 없다고 하였다. 게다가 L은 장애여성 당사자들도 조차도 성인용품을 이용하여 자위를 하는 것에 대해 거부감을 드러낸다고도 하였다. 하지만 L은 그녀가 아는 한 최고의 성적 쾌감을 주는 자기성애의 방식은 섹스 토이를 활용하는 것이라고 하였다.

L: 뇌성바미 장애인은 모든 게 다 드러나요. 투명할 수밖에 없으니까⋯ 활보(활동지원인)한테 다 노출될 수밖에 없어서⋯ 솔직히 그런 (성)기구를 쓰는 것도 다 알게 되니까, 장애가 심하면 그것도 쉽지 않아요. 손을 제대로 쓸 수가 없으니까⋯ 저 아는 여자 장애인인데 그 사람은 혼자 목욕도 가능하고 한 사람이에요. 몸만 조금 흔들리고⋯ 그 사람은 화장실 안에서 오랫동안 길게 혼자 (해결)한다고. 그 사람

은 충분히 기구 같은 걸로 해도 되는데… 그 친구한테도 제가 이야기를 해줬는데, 그런 걸 어떻게 쓰냐고. 징그럽게… 자기네 식구들이 알면 어떻게 하냐고.

해영: 그럼 장애 상태가 심한 분은 어떻게 해결하는지 혹시 알고 있나요?

ㄴ: 투명인간인데… 활보가 해주지(도와주지) 않으면 못하는 거지. 못한다고 봐야죠. 그리고 활보 샘들이 그런 거(장애인들이 성욕구를 드러내는 것) 싫어해요. 싫어하는 사람들이 많아요. 하여튼 저는 장애인들이 손이 좀 자유로우면 기구를 쓰는 게 제일 좋은 것 같아요. 우리 여자들이 느끼는 데는… (이하 생략).

반면에 일부의 장애여성들은 자위행위 경험이 전무하다고 하였다. 그녀들은 성욕이 있거나 성적 접촉 경험이 있다고 하더라도, 그것이 성적 자기만족인 자위행위와 연결되지는 않는다고 하였다. 뇌병변 장애여성인 B는 자신이 남성과 몇 번의 스킨십 경험이 있다고 하더라도, 그것이 성적 만족을 위한 자위의 욕구로 연결되지는 않는다고 하였다. 따라서 B에게 자위행위는 삽입 성교와 같은 깊은 성적 경험을 해본 사람만이 자위행위 경험으로 연결될 수 있을 것이라고 짐작하였다 성관계도 해본 사람이 자위 그런 것도 하는 것 아닌가요?
섹스를 해봐야 그것을 아니까… 자위도 하는 거 아닌가요?
저는 자위를 한 번도 해 보지 않았는데… 그걸 하는 사람은
성관계를 해본 경험이 있어야 할 것 같아요. 저는 한두 번
키스, 스킨십 정도를 해봤지. 끝까지 해보는 건 못 해 봤거
든요. 저는 자위하는 건 안 해봐서, 잘 모르겠어요.

〔B〕

시각장애여성 T는 그녀 자신 에로틱한 영화를 한두 번 들어본
경험은 있지만, 그것이 자위를 하고 싶은 마음이나, 자위행위로 연
결되지는 않는다고 하였다. 또한 그녀는 살면서 성적 호기심이나
충동을 채워줄 포르노물을 시청할 수도 없었고, 그런 기회에 관심
을 기울이지도 않았다. 그래서인지 T 자신은 자위에 대한 어떤 욕
구도, 그것을 실제 경험해 본 적도 없다고 하였다.

딥키스 하고 그런 이상한(에로틱한) 영화를 한두 번 들은
적은 있긴 한데요. 저는 그런 영화도 거의 접하지를 못했어
요. 보통 중학생이 되면 야동이나 그런 거 한 번씩은 보잖아
요. 저는 그런 걸 어떻게 찾는지도 몰라요. 그런 루트, 통로
자체를 전혀 몰랐고, 관심도 없었어요. 근데 아마도 약간은
궁금했던 것 같기도 한 것 같은데… 살짝 호기심 차원… 그
걸 실행으로 옮기거나 해보질 않았어요. 그런 걸 누가 아주

구체적으로 적나라하게 설명해주지도 않잖아요. 그렇다 보니 저는 그 부분에 대해서는 아예 모르고 살았던 것 같긴 해요. 자위나 그런 것도 전혀 해보질 않았어요. 그런 걸 왜 해야 하나… 지금도 필요성을 잘 모르겠고.

〔T〕

한편 장애여성들은 자신의 성적 만족을 위해 자기성애를 즐기기도 하였다. 지적장애 여성인 J는 그녀가 생활하는 그룹홈이나, 집에서 종종 자위를 한다고 하였다. 하지만 그녀는 자신의 생활공간이 사적 생활이 잘 보장되지 않는 관계로, 함께 방을 쓰는 동료, 그녀를 보살피는 시설종사자, 가족들의 시선을 신경 쓰지 않을 수 없다. 그래서 J는 장애인공동생활가정에서는 그녀가 충분히 만족할 만큼의 행위를 하지는 못한다고 하였다. 그리고 그녀의 집에서는 어머니가 다소 신경이 쓰인다고 하였다.

해영: ○○씨! 어떨 때는 성관계도 해보고 싶을 때가 있잖아요? 그럴 때 어떻게 풀어요?

J: 문 잠그고요. 다 벗고…

해영: 혼자서요? 어떻게 풀어요?

J: 네. 문 잠그고 방에서… 집에서는 목욕탕에서 해요.

해영: 왜요?

J: 문이 열어지니까… 문 잠그는 거가 없어서… 그렇기 때문에 화장실에서 해요. 엄마가 목욕을 몇 시간 해? 그러긴 해요.

해영: 좀 풀리나요?

J: 풀릴 때도 있고, 안 풀릴 때도 있어요. 어느 때는 여기(신체 특정 부위를 가리키며)를 막 만지니까… 너무 짜릿하고 아! 소리도 내고 그래요. 저도 모르게(웃음)…

D는 그녀의 적극적인 자위행위 경험을 이야기하였다. 그녀는 성에 눈을 뜨기 시작한 중학교 시절부터 에로물을 파일로 다운받아, 청취하기 시작하였다 그러면서 그녀는 중학교 시절부터 자위를 시작하였고, 성적 즐거움을 위해 그녀의 음부를 자극해 보기도 하였다. 그리고 이러한 자위행위는 성적 파트너가 있는 지금도, 혼자만의 성적 만족을 느끼기 위해 가끔은 시도되는 행위라고도 하였다.

중학교 때 뭔가 책 때문에⋯ 그 책에 너무 적나라하게 묘사
되어 있어 가지고⋯ 저도 한번 따라 해 보고 싶었어요. 그때
돈을 몇 백 원씩 주고 파일들을 다운을 받아서 여러 종류의
포르노를 봤고(들었고)⋯ 욕구가 일어나면 저는 뾰족한 물
건 이런 걸로 아랫부분 앞부분 이런 데를 자극해 봤고⋯(중
략)⋯그 정도를 해 봤던 것 같아요. 뭐 어떨 때 좀 자극이 될
만한 거. 그런 것들을 좀 해봤죠. 충동이 일어나면 좋았고
그랬는데⋯ 그건 지금처럼 섹스를 해도 가끔 혼자 하고 싶
을 때도 있으니까⋯ 가끔 하게 되는 것 같아요. 좀 민망하긴
하네요(웃음).

〔D〕

이처럼 장애 여성들에게 자위행위란 스스로를 위한 성적인 자기
만족 행위이다. 하지만 그녀들은 그것을 적극적으로 시도할 수 없
는 현실적 한계도 이야기하고 있다. 그것은 성적 즐거움을 위한 자
위행위가 그녀들을 둘러싼 주변인들을 신경 쓰지 않을 수 없는 은
밀한 행위이기에, 그 행위를 하는 것도, 표현하는 것도 쉽지 않은
것이 현실이다. 더욱이 우리 사회가 자위행위를 당당하게 드러내
거나, 그것을 적극적으로 시도하는 사람을 너그럽지 않은 시선으
로 바라보는 관계로, 장애여성들은 성적 호기심을 가질 시기부터
그것을 의식적, 무의식적으로 억압하며 살아오는 모습을 보이기도
한다. 결국 장애여성들이 드러내는 자위행위에 대한 이야기들은

그녀들이 그것을 하고 싶고 할 수 있는 존재라고 하더라도, 사회문화적 시선과 압력을 뚫고 온전히 즐기기에는 쉽지 않은 행위들로 표현되고 있다.

7장   낭만과 현실의 교차점

1. 낭만적 연애와 사랑

울리히 벡(2002)은 집단도, 소속도, 전통도 떨쳐 내버린 현대인들이 오롯한 한 개인으로서 불확실성의 현대세계를 항해할 수 있는 유일한 힘은 사랑에 대한 믿음이라고 하였다. 그래서 현대 사회 내 그와 그녀에게 사랑은 부표하는 자신들의 인생을 정박시켜 줄 유일한 안식처처럼[90] 보이기도 한다. 이를 반영하듯, 사랑에 빠진 남녀에게는 '사랑에 눈이 멀었다', '눈에 꽁깍지가 씌었다', '구름 위를 걷는 것 같다', '세상이 온통 아름다워 보인다' 등의 헤아릴 수 없는 은유적 수사들이 떠돌아다닌다.

상대의 매력에 호감을 느끼거나, 그 매력에 빨려 들어간 남녀들은 상대와의 만남을 마치 필연적 운명처럼 받아들이며, 그 만남 속에서 두 사람만의 사적이고 로맨틱한 일화들로 채워나가길 희망한다. 그래서 사랑에 빠진 이들의 연애 관계와 그 속에서 뿜어져 나오는 다양한 감정선들은 달콤한 감미로움이자, 자신의 모든 것을

---

90. 울리히 벡 · 엘리자베트 벡-게른사임 지음 강수영 외 옮김, 2002, 『사랑은 지독한, 그러나 너무나 정상적인 혼란』, 새물결, p. 8.

내던져 버릴 무모함으로 인해 아프게 마주하게 되는 상처이기도 하다. 현대인들이라면 누구라도 이 사랑 놀음을 꿈꾸며, 이것을 함께 실현할 수 있는 운명적 상대가 그 혹은 그녀를 찾아오기를 기대한다.

이 기대는 장애여성 당사자들에게도 예외는 아닌 것처럼 보인다. 한 장애여성은 "연애가 주는 장점은 유일하게 살아있다는 느낌을 받는 것(D)"이라고 표현한다. 장애여성에게 과연 낭만적 연애와 사랑은 감미로운 활홀경일까? 쓸쓸한 상처의 통증일까? 아니면 경험할 수 없어 그녀들의 머릿속에만 펼쳐지는 상상의 나래일까?

30살이 넘도록 제대로 된 연애를 경험해 보지 못한 장애여성 L은 30대 중반부터 최근까지 8년 가까이 만나온 비장애인 남자와의 연애 생활이 그녀 인생에 있어 가장 찬란한 봄날이었다는 것을 언급하고 있다. 그녀는 자신의 연애 경험을 연인관계에서 여성이 남성에게 욕망하는 극진한 사랑의 대우를 받았다는 것과, 사랑받는 여성으로서 실현해 보고 싶은 연애 로망을 최대치로 충족시켜주는 전율적 경험이기도 하였다. 하지만 그녀에게 사랑이란 동전 굴리기는 황홀한 경험으로만 고정되어 있지는 못하였다. L은 오랜 기간 그녀의 연애 세포를 행복감으로 채워준 그 남자가 여러 차례 자신을 돈 문제에 끌어들이면서, 긴 세월 유지해 온 연인과의 관계를 끝내야 하는 쓸쓸한 경험이기도 하였다.

L: 오랜 시간 그 아저씨가 정말 입속의 혀처럼 잘해줬어요. 호텔에 데려가서 거품 목욕도 시켜주고… 손톱, 발톱 다 깎아주고, 제모 이런 것도 다 해주고… 닭이 있으면 맛있는 닭다리 살만 저한테 다 먹여주고. 이렇게 팔베개도 해주잖아요. 보통 팔이 아프면 남자들이 빼잖아요. 아침이 될 때까지 아저씨는 팔베개를 해줘요. 이건 누구한테도 말하지 않았는데 결혼식 그 웨딩 촬영도 같이 해줬어요. 제가 드레스 입고 싶다고 하니까… 남자랑 여자들은 만나면 꼭 해보고 싶은 것들이 있잖아요. 그걸 그분이 다 해준 거죠. 받을 수 있는 사랑은 다 받아 본 것 같아요. 정말로 후회 없이….

해영: 최근에 헤어졌다고 하셨는데, 이유는 뭘까요?

L: 아저씨 8년 가까이 만났는데… 아무리 좋아도, 이게 돈 문제로 엮이니까, 안 되겠더라고요. 카드론… 이거를 내 이름으로 몇 번 빌려줬어요. 아저씨가 나한테 돈 실수를 아직까지 한 적은 없어요. 돈 단위가 점점 커지니까, 이게 감당이 안 되겠더라고요. 본인은 하겠다고 마음

을 먹어도… 그분이 감당할 수 있는 한계가 있잖아요. 내가 이 아저씨를 그렇게 만든 것 같기도 하고… 이분이 정말 저한테 변함없이 잘해줬어요. 그래도 돈이 딱 걸리니까… 안 되겠더라고요. 이쯤에서 헤어지는 것이 맞겠다…(이하 생략).

장애여성들이 낭만적 연애의 상대가 찾아오길 기대하는 것은 자신들이 '외로운 존재'라는 것이다. 장애여성들은 외로움 가득한 그녀들의 일상을 대화가 통하는 남성과 달콤한 접촉을 하며, 생기가 넘치는 일상으로 채워나가고 싶은 욕망이 있다. 지적장애 여성인 K는 외로움을 느끼는 사람들은 누구나 감미로운 일상을 함께 누릴 수 있는 상대를 만나길 원하며, 그 상대와 연애 관계로 발전해 나가길 희망한다고 하였다. 하지만 그녀는 자신과 같은 지적장애 여성은 연애할 수 있는 상대를 만난다는 것 자체를 성폭력 피해 가능성으로 연결시키는 돌봄서비스 종사자들로 인해, 제재를 당하게 된다고 언급하였다. K는 이 제재가 다소 거북하긴 하지만 늘 그래왔던 일이기에, 종사자들이 그녀를 걱정해서 그런 것으로 대수롭지 않게 생각하는 듯했다. 하지만 그녀는 호감 있는 남성을 만나 텅 빈 것 같은 외로운 일상을 즐거운 일상으로 바꾸고 싶은 욕구는 장애여성인 자신도 마찬가지라고 표현하였다.

해영: 그럼, ○○씨도 남자친구를 만나고 싶은가요?

K: 만나고 싶죠. 누구나 좋은 사람 있으면 만나고 싶어 해요. 데이트도 하고, 맛있는 것도 먹고… 다 똑같아요. 사귀고 싶은 마음은… 뭐 선생님들은 '당한다. 채팅하면 안 된다. 만나지 마라' 하는데… 못하게 하죠. 뭐 아무래도 (지적)장애가 있으니까….

해영: 선생님들은, 위험하니까 채팅으로 모르는 남자를 만나지 말라는 거지요?

K: 그렇죠. 좋은 사람 만나고 싶은 거는 다 똑같아요. 외롭고 하니까….

Y는 30대 초반 그녀의 삶을 압도하는 엄청난 외로움에 지인으로부터 한 남성을 소개받았다. 하지만 처음 만난 소개팅 자리에서 자신의 힘든 이야기만 늘어놓는 남자가 마음에 들지 않았다. 그래서 몇 번 만남을 해오다 더 이상 남자를 만나지 않았다. 하지만 외로움이 너무 컸던 그녀는 헤어진 남자에게 1년이 훌쩍 넘은 기간이 지나서 다시 전화를 걸었고, 그녀의 전화를 받아준 남자와 왠지 자신은 운명일 것 같은 직감을 하게 된다. 그리고 그 남자가 운명의

짝일 것 같다는 그녀의 강렬한 느낌은 곧 남자에 대한 후광효과로 발휘되면서, 그 남자의 모든 면이 좋게 보이게 된다. 이후 그녀는 그 남자와 빠르게 연애 관계로 진입하게 된다.

> 30대 초반에 아는 지인이 '진국인 사람이 있다' 소개를 해 주었어요. 처음에 몇 번 만났는데, 마음에 안 드는 거예요. 신랑이 자기 힘든 얘기만 하는 거예요. 속으로 나도 힘든데, 저 사람도 같이 힘들면 어떻게 되겠냐⋯ 그렇게 생각하고 안 만났는데⋯ 일 년 반이 지나도록⋯ 벽을 뚫고 싶은 심정이어서. (제가) 전화를 했는데, 전화번호를 안 바꾸고 그대로 받는 거예요 내가 의도해서 만나긴 했지만⋯ 뭐랄까⋯ 운명이다 싶어 가지고⋯ 만나기로 했죠. 그다음부터는 콩깍지가 씌었어요. 데이트하면 좋잖아요. 모든 게⋯ 좋다고 생각하니까 눈에 보이는 게 없잖아요. 그 사람한테 후광이 비치는 거예요. 연애 인자가 빵 터진 거죠(웃음).
>
> 〔Y〕

N은 40살이란 중년의 나이에 시각장애인이 되면서 몇 년 동안은 누군가를 만나 연애를 한다는 것에 엄두조차 내지 못하였다. 하지만 그녀는 자신의 장애상태에 어느 정도 적응이 되면서, 삶에 활기를 불어넣어 줄 누군가가 찾아와 주길 소망하였다. 그녀의 인생에 따뜻한 감촉과 대화라는 소통의 재미를 느끼게 해줄 상대를 만

나고 싶은 바람이 그녀 마음속에 출렁거렸던 것이다. 그러나 시각 장애인이면서 나이가 들 대로 들어버린 그녀가 누군가를 만나 연애한다는 것은 주변인들의 수군거림과 비웃음거리가 되기 쉬운 위험한 일이기도 하다. 그래서 그녀는 몇 년 전부터 조용히 만나오고 있는 남성과 두 사람만의 밀애의 시간을 보내려고 하면, 되도록 멀찍이 떨어진 지역에서 만나는 비밀스러운 경험이기도 하다.

N: 이게 눈이 안 보이는 장애인이 딱 되어 버리니까… 내 인생의 좌절이 크니까 남자가 들어오질 않지. 몇 년 동안 아예 (남자)생각도 안하고 살았어… 이제는 좀 적응이 되잖아. 아무리 앞을 못 봐도 외로운 건 다 똑같지… 말벗도 하고, 대화가 통하는 사람이 있으면 좋지… 그건 나이가 많아도 똑같은 거야. 사람이 하나 생기면 좋겠다, 늘 생각은 했어. 남자친구 하나 있으면 괜찮겠다… 그냥 왔다, 갔다 하면서 서로 말벗도 하고… 그 사람도 외롭고, 나도 외로운 사람이잖아. 생각은 많이 했지. 그래도 그게 쉽나… 마땅한 사람이 없었지. 그러다 몇 년 전에 성당에서 만난 거지. 나보다 한 10살 정도 많아… 그 사람도 혼자고, 나도 혼자다 보니까… 대화가 통하고, 요새는 의지도 되고….

해영: 두 분 데이트는 주로 어디에서 하세요?

N: 이게 사람들을 아예 깡그리 무시하고 살 수는 없어. 저 눈도 안 보이는 여자가 저러고 다닌다고 남들이 수군거릴까 봐… 바닥이 좁고, 동네 사람들한테 금방 소문나지. 성당도 그렇고. 그렇잖아요. 멀리 가서 만나지… 절대 (동네)가까운 곳에서는 안 만나. 미리 얘기를 해서… 그 양반이 차가 있으니까… 미리 다 정해놓고 안 보이는 데서 만나지… 동네 사람들이 다 알잖아 나 눈 안 보이는 거… 벌써 여기서 한 7~8년을 살았는데, 눈치들이 빤한데… 아무래도 내가 장애인이기 때문에 편견이 있지. '눈도 안 보이는 주제에 옆에 끼고 다니네.' 뒤에서 다 한마디씩 수군거린다는 거야…(이하 생략).

한편 "무조건 비장애인을 만나야 한다(P)", "어떻게든 비장애인이면 좋겠다(L)"라고 표현하는 장애여성들처럼, 그녀들은 낭만적 연애 상대로 비장애인 남성과의 만남을 대체로 갈구하였다. 게다가 여성들은 장애로 인한 자신의 신체적, 정신적, 사회적 제약을 이 연애 상대가 잘 도와줄 것이란 현실적 희망을 드러내고 있었다. 그로 인해 이 여성들은 결핍과 실패로 여겨지는 자신의 장애란 취약성을 비장애인 연인이 어느 정도 채워줄 것이란 이상화된 소망들을 그 남성에게 투영하였다.

뇌병변 장애여성인 L은 30살을 갓 넘긴 시절 혼자서는 스스로 음식을 제대로 먹지도 못하고, 근육 강직도 심한 그녀가 비장애인 남성과 사귀어야 자신의 장애 특성으로 인한 여러 제약에 도움을 받으면서, 그 남성과의 로맨틱한 연애 생활도 즐길 수 있다는 나름 대로 계산된 생각을 하였다. 그녀는 제약은 많고 재미거리는 별로 없는 지루한 일상에 즐거움을 주면서, 보조까지 잘 해줄 수 있는 두 다리가 멀쩡한 비장애인 남성을 만나고 싶은 강렬한 욕구를 오랫동안 가지고 있었다. 그래서 그녀는 치료를 위해 한동안 다녔던 병원의 남성 간호사에게 좋아하는 감정을 먼저 고백하게 된다. 물론 L은 이 남성에게 무작정 고백을 한 것이 아니다. 1년이 넘는 기간 동안 남자의 친절한 말투, 배려를 경험하면서 그 남자도 그녀에게 이성적 호감이 있다고 생각하였다. 생각이 거기까지 미친 그녀는 남자와 몇 달간 SNS로 자연스럽게 일상적 메시지를 주고받으면서, 나름대로 확신이 섰을 때 남자를 만나 좋아하는 감정을 고백하였다. 그녀는 그 남성이라면 자신의 장애를 충분히 이해해 주면서 따뜻한 배려 안에서 그녀를 보조해 줄 것으로 생각하였다. 또한 부드럽고 착한 품성을 지닌 이 남성과 두 사람만의 짜릿한 연애 생활도 충분히 가능할 것으로 믿었다.

하지만 그녀의 기대와 달리, 남성은 그녀의 고백을 단박에 거절하였고, 이 거절로 인해 L은 크게 상심하여 일주일 넘게 몸져누웠다. 그녀는 자신을 착각하게 만든 남자의 불분명한 태도가 더할 수 없는 상처로 가슴에 콕 박혔다. 그렇지만 L은 그 남성이 그녀에게 왜 그렇게까지 잘 대해주었는지에 대한 이유를 남자의 선량한 심성에서 찾았고, 그 선량한 심성으로 인해 똑같은 상황이 온다고 해도, 그 남성은 다른 장애여성에게도 잘 대해주었을 것으로 예상하였다. 아쉽게도 L은 남자의 선량한 마음에서 우러난 친절한 행동과 배려가 의도하지는 않았지만, 그녀와 같은 장애여성에게는 일종의 우월적 태도일 수도 있다는 것, 차별적 태도일 수 있다는 것을 섬세하게 포착하지는 못한 듯하다.

L: 몸이 안 좋으니까 병원에 치료를 받으러 다녔는데… 그 병원의 남자 간호사가 너무 잘해 주는 거예요. 1년 넘게… 알아서 다… 음악도 다 운받아서 틀어주고, 모든 것을 다… 치료 끝나면 '잘 가'라고 이렇게 (살짝 껴안는 듯한 포즈를 취하며) 안아주고 그랬어요. 나한테 관심이 있는 줄 알았지. 좀 친해져서 서로 ○○(SNS)를 몇 달간 했어요. 이런저런 (일상적) 내용을 서로 주고받고. 그러다 내가 만나서 먼저 좋아한다고 표현을 했어요. 그 남자는 싫다고 바로 거절을 해서… 너

무 힘들어서 일주일 동안 되게 아팠어요. 아주 많이 아팠어요. 마지막에 내가 '헷갈리게 하지 마라', '그렇게 하지 마라' 말했어요. 그 사람이 잘못한 거야. 장애가 있는 사람한테 그렇게 하는 거 아니거든. 음… 제 꿈이 비장애인하고 사귀어서 결혼하는 것이 꿈이었거든요. 그래서 더 마음이 안 좋았어요.

해영: ○○씨는 왜 비장애인 남성과 연애하고 싶었어요?

ㄴ: 내가 할 수 없으니까…네가 (나를 도와서) 해라. 이런 거죠. 뭐 나도 장애인이지만 장애인 남자친구는 싫어요. 나는 계속 도움을 받아야 하니까… 비장애인하고 만나고 싶었지. 제가 비장애인, 비장애인 타령을 오랫동안 했어요.

해영: 그 남자 간호사는 왜 ○○씨한테 그렇게 잘 대해준 것 같나요?

ㄴ: 그 사람은 원래 심성이 착해서 그런 것 같아요. 내가 아닌 다른 장애인 여자한테도 잘해줬을 것 같아요.

해영: 혹시 그 남자의 그런 행동 밑바탕에는 어떤 마음이 깔려 있는 것 같아요?

ㄴ: 사람이 그냥 착해서 그런 건데… 그 착한 마음을 뭐라고 할 수는 없는 거죠.

P는 특수학교를 다니던 10대 시절 자원봉사 활동을 온 그녀의 친오빠 또래의 비장애인 남자 대학생들에게 이성적 감정이 부풀어 오르면서, 그들이 매혹적 존재로 다가오게 된다. 그래서 그녀는 자신이 특수학교에서 함께 생활해 왔던 장애인 남학생들과는 비교가 안 될 만큼 비장애인 대학생 오빠들은 매력이 넘쳐나는 존재로 각인된다. 특히 초등학교 시절부터 10년이 넘는 세월을 특수학교 내에서 기숙 생활을 하면서 살아온 그녀의 마음속 깊은 곳에는 부모에게 버려졌다는 침울한 기분이 늘 자리 잡고 있었다.

이러한 이유로, P는 20대 중반까지도 자신의 장애를 수용하기 어려웠다. 중증 지체장애에 대한 그녀의 부정적 인식은 자신이 장애인과 사귀고 결혼하는 것을 스스로 패배자라고 인정하는 것과 같은 실패한 인생으로 이해되었다. 비장애인 남성과의 결혼은 어떻게 보면 그녀에게는 정상성 안으로 편입되는 것과 같은 탈피의 과정처럼 여겨졌던 것이다. 이로 인해 P는 20대 초반까지 1년 넘게 진지하게 만나왔던 장애인 남성이 있었지만, 그 남성과의 연애는 말 그대로 연애일 뿐, 그와의 결혼은 처음부터 생각조차 하지 않았다. 몸과 마음은 같은 장애를 가진 남자친구에게 끌렸지만, 그녀의 머릿속에는 오직 비장애인 남성과 만나 결혼해야 한다는 일념뿐이었다.

그러던 중 그녀는 친오빠가 운영하는 가게 일을 도와주면서, 그 가게를 방문한 비장애인 남성과 말이 통한다는 느낌을 받게 된다. 이후 그녀는 그 남자와 6개월 정도를 매일 같이 만났고, 결국 결혼까지 골인하게 된다. 그녀가 비장애인 남성과의 연애와 결혼을 선택한 이유는 이성에 눈을 뜬 시기부터 비장애인 남성은 그녀에게 이상화된 존재였고, 그 비장애인 남자의 멀쩡한 두 다리가 그녀에게 가장 큰 매력으로 다가왔기에, 주저함 없이 비장애인 남성과의 결혼을 선택하게 된다. 어찌 보면 장애여성 P에게 비장애인 애인은 실패로 여겨졌던 그동안의 인생이 실패가 아니라는 것을 증명해줄 보증수표와 같은 존재가 아니었을까? 그래서 P에게 비장애인 애인은 단지 그녀의 낭만적 연애 생활을 실현시켜 줄 수 있는 이상화된 존재를 넘어, 주변인들에게 그녀가 정상적 삶으로 진입할 수 있는 현실에서의 능력을 보여줄 수 있는 존재가 되기도 한다.

P: 볼론티어(자원봉사) 오는 오빠들하고 막 놀고… 사춘기 때 그 오빠들이랑 백화점도 처음 가본 것 같아요. 그러면 막 이성적 감정들이 튀어 오르잖아요. 오빠가 너무 좋은데, 고백은 못 하는 거야. 여기(기숙사에)있는 애들하고는 너무 달라… 차원이 달라. 비장애인이라는 것만으로도 모든 게 용서가 다 돼… 그렇게 고등학교를 졸업했어요. 제가 친구하고 둘이 약속을 했어요. '야! 우리 둘 중 하나가 장애인하고 결혼하면 그 사람 죽으라고 결혼식 가서 악담하자.' '야! 장애인하고 결혼하는 건 너무 비참해. 하지 마. 우리는 절대 그렇게 살지 말자' 막 그런 생각들을 하면서 지냈던 것 같아요.

해영: 장애인과 사귀면 뭐가 그렇게 비참했을까요?

P: 저는 어렸을 적부터 부모가 나하고 같이 있는 게 창피하고 귀찮고 힘드니까 나를 여기(기숙사)에 그냥 갖다 버렸구나. 제가 초등학교부터 기숙사 생활을 했는데… 중학교에서 고등학교 넘어가는 시점에 그 생각을 참 많이 했던 것 같아요. 버려지는 것에 대한 그런 감정이 있었는데… 가족들한테 쪽팔려서 못한다. 너무 자존심이 상한다. 내가 기숙사 생활을 10년을 넘게 했는데… (사회에) 나와서까지… 장애인을 만난다는 게, 내 인생이 실패한 것 같은… 막 그런 정말 말도 안 되는 감정과 생각들이 오랫동안 저를 지배했어요.

저는 연하도 만나봤고, 장애인도 만나봤고 그랬는데…(중략)…한 1년 정도 정말 진지하게 한 친구를 만났는데, 나는 끝을 알고, 걔는 끝을 모르는 애잖아요. 애는 계속 '동거를 하자' 그러고…. (저는) 속으로 끊임없이 얘기를 하죠. '야! 너 따위랑' 걔를 좋아했지만, 그냥 마음이 끌리는 거고, 몸이 끌리는 거지. 미래를 함께 가질 수 없는… '나는 애하고는 절대 결혼 안 한다' 사실은 장애가 있는 남자친구를 만나면서 이 남자(현재의 남편)를 같이 만났거든요. 항상 저울질 하는 거예요. 결국 이 남편하고 결혼을 하기는 했는데, 이제 이유는 단 하나에요. 이 남자의 두 다리가 성해서…(웃음).

해영: 남편 분은 어떻게 만나신 건가요?

P: 오빠가 ○○○가게를 운영했어요. 거기에 온 손님이에요. 몇 번 얘기를 주고받았는데, 너무 잘 통한 거지… 6개월을 매일 만났고, 그러다 무조건 '이 남자다', '잡아야 한다' 생각한 거죠.

지적장애 여성인 S는 자신이 비장애인 남성과 사귀고 싶은 이유는 인지 능력이 떨어지는 그녀와 같은 여성이 비장애인 남성과 사귀어야만, 그 남성을 통해 사람과 세상에 대해 좀 더 배울 수 있는 기회가 많다고 하였다. 그리고 지적장애 여성이 장애인 남성과 사귈 경우, 전반적 판단 능력에 있어 퇴보할 수 있다고 하였다. S는 비장애인 남성과 사귈 때 그녀가 지적장애인이라는 것을 잊어버리게 할 만큼, 비장애인 남성은 그녀의 결핍을 채워주는 묘약 같은 존재로 이미지화되었다. 하지만 S는 비장애인 남성은 인지 능력이 떨어져 상황에 맞지 않는 엉뚱한 표현을 가끔 하는 자신과 같은 장애여성을 창피한 존재로 여긴다고 하였다. 때문에 비장애인 남성에게 그녀와 같은 지적 장애여성은 연애 상대로는 선호되지 않는다는 현실적 판단도 함께 드러내고 있다.

S: 저는 장애인은 무조건 비장애인 남자를 만나야 한다고 생각해요. 제가 장애가 있지만 비장애인 남자를 만나면 더 배울 수 있다고 생각을 해요. 뭐 (비장애인 상대가) 어려운 말을 할 수가 있어요. 못 알아들을 수 있어요. 모르면 물어보고… 그래도 모르면 인터넷 이런데서 제가 찾아서 공부를 할 수 있잖아요. 같은 장애인끼리 만나면 배울 수가 없어요. 둘 다 모르니까… 더 못나질 수 있고… 저는 그런 게 있어서 비장애인하고 만나서 사귀고 싶은 거예요.

해영: 비장애인 남성을 만나고 싶은 또 다른 이유도 있을까요?

S: 내가 비장애인 남자를 만나면 내가 장애인이라는 걸 잊어버리니까요. 남자랑 데이트하고, 놀러도 가고… 나도 장애가 없는 사람처럼 생각이 되니까요. 근데 막상 일반 남자들은 장애 있는 여자를 안 만나려고 해요. 반대로 비장애인 여자도 장애인 남자를 안 만나려고 해요. 말도 안 통하고 같이 다니면 티가 확 나잖아요. 아무리 (지적장애가) 티가 안 난다고 해도… 이게 같이 다니면 가끔씩 말이 안 되는 소리를 하고… 자기하고 싶은 말 하고 그러니까… (비장애인은) 창피한 거예요. 웬만하면 안 만나려고 해요.

K도 기독교라는 종교적 믿음 안에서 그녀를 따뜻하게 감싸주고 존중해주는 남성을 연애 상대로 소망하였다. 그녀는 적어도 기독교를 신앙하는 남성은 지적장애 여성인 자신을 잘 이해 해주면서도, 이용 도구로서 함부로 활용하지 않을 것이란 신뢰를 드러냈다. 이 같은 K의 소망은 그녀가 다니는 교회 내 한 남성을 향해 투영되어 있다. 하지만 그 남성은 이미 그녀의 마음을 눈치채고 있는 것처럼, 교회 동료로서만 그녀를 대하는 선 긋기를 하였다. K는 이 남성의 선 긋기의 이유를 자신의 지적장애에서 찾았다. 그래서 그녀는 자신의 연애 욕망을 실현시켜 줄 비장애인 남성을 향해 달려가지만, 그 남성은 그녀가 달려갈수록 어느새 사라져 버리는 신기루

처럼 현실에서는 성사되기 어려운 존재로 이해하였다.

K: 원래 하나님은 나를 만들었을 때 '나는 어떻게 살 거고, 어떻게 하면서 하나님 품으로 간다' 그런 식으로 얘기를 했거든요. 아마 하나님이 내 운명을 어딘가에 만들어 놓고… 서로 모를 수 있겠죠. 나를 잘 이해해 주고, 하나님을 잘 믿는 사람을 보내주시지 않을까…

해영: 교회 다니는 분이 어떤 점이 좋을까요?

K: 저는 많이 당했잖아요. 옛날 남자 친구한테… 하나님을 믿고 교회에 다니는 사람은 믿음이 있고… 이제 저를 이용해 먹고 그러지 않을 거잖아요. 저를 사랑해주고, 감싸주고… 저를 존중해 주는 사람이 좋은 거니까…

해영: 그럼 교회에 잘 다니는 비장애인 남자분을 만나고 싶은 건가요?

K: 네. 솔직히 교회에서 마음에 드는 오빠가 있었거든요. 그 오빠가 먼저 저한테 '예쁜 여동생만 하자' 이래요. 좀 그렇죠.

해영: 뭐가 좀 그랬나요?

K: 내가 장애인이니까⋯ 여동생 이렇게 말하는 거⋯ 저가 만나고 싶어
도⋯ 일반 남자들은 (지적)장애가 있다⋯ 안 만나려고 해요. 그냥 교
회에 다니는 착한 사람을 만나고 싶긴 한데요. 일반인 남자들은 저
같은 사람은 아닌 거죠.

이처럼 지적장애 여성들에게 비장애인 애인은 그녀들의 취약한
인지능력을 인자하게 보완해주면서, 이용 도구로만 활용하려는 거
친 세상 사람들로부터 보호해주는 안전한 존재일 것 같다. 거기다
지적장애라는 결핍이 존재함에도, 그 결핍을 따뜻하게 품어 주며
잊게 해주는 이상화된 존재가 된다. 하지만 이들은 이상화된 존재
로서 비장애인 남성을 실제 현실에서 사귀기란 쉽지 않다는 판단
도 함께 드러내고 있다. 그래서 그녀들에게 비장애인 남성은 자신
의 인생을 든든하게 지켜줄 보호막이자, 묘약 같은 사랑을 함께 제
공해 줄 수 있는 이상화된 존재이다. 그러나 그녀들이 그것을 원하
면 원할수록 도망쳐 버리는 비현실의 존재로도 의미가 부여된다.

시각장애 여성 T도 그녀가 만약 누군가와 연애를 하게 된다면,
비장애인 남성과 만나고 싶다. 하지만 그녀에게 이성적 관심을 드
러낸 비장애인 남성과 좀 더 진전된 관계로 나가는 것은 부담스럽

게 느껴져, 자신에게 호감을 보인 남성들을 애써 외면하기도 한다. 그녀는 자신이 시각장애인 남성과 사귈 경우, 두 사람의 장애 특성이 연애 생활을 방해하면서 오히려 서로를 힘든 상황이나 관계로 빠질 수 있다는 것을 염려하였다. 이로 인해 그녀는 자신의 장애 문제에 도움을 제공해 줄 수 있는 비장애인과의 만남, 그 만남에서 자연스러운 연애 관계로의 발전을 희망하였다. 그렇지만 그녀는 현실에서 비장애인 남성과 연애를 한다는 것은 상당한 버거울 수 있는 부담스러운 경험으로 이해하였다. 그 이유는 그녀가 연인관계에서 상대의 일방적 도움을 받는 것이 서로의 좋아하는 감정 자체를 변질시킬 수 있다는 것을 우려하기 때문이다. 그로 인해 사랑하는 연인에게 자신이 짐덩이 같은 존재가 되지 않을까 하는 염려가 그녀에게 호감을 보인 비장애인 남성들을 애써 외면하거나 거절한 이유가 되기도 한다.

T: 예전에는 제가 그냥 장애인이나, 비장애인이나 내가 좋아하는 사람이면 상관없다는 생각을 했었고. 괜찮다고 했는데… 이제 어느 정도 생각이 자라나면서, 저도 장애인이데 상대도 장애인이면 얼마나 쉽지 않을까… 되도록 비장애인 남성이면 좋겠다는 생각을 하죠.

해영: 같은 장애인끼리 교제를 한다면, 어떤 점이 힘들까요?

T: 시각장애인 남자를 만나면 저랑 똑같이 만약 길을 헤매면 같이 헤매고, 물건을 못 찾으면 똑같이 못 찾고… 그런 경우들이 생기니까. 그렇게 되었을 때 한편으로는 서로를 아니까 도움이 되고 의지가 되겠지만, 한편으로는 얼마나 답답할까? 아무래도 기왕이면 비장애인 남성을 만나면 그 사람이 채워주고 할 수 있고, 그 사람이 채워주지 못한 부분을 제가 채워줄 수 있지 않을까…

해영: 비장애인 남성과 만나면 상호보완이 될 수 있다는 의미인 거죠. ○○씨에게 호감을 보이는 남성분은 없었나요?

T: 몇 명 있긴 했는데… 그냥 뭐 제가 원하질 않았어요.

해영: 왜 원하질 않았을까요?

T: 저는 왜 이런데 에너지를 소모할까… 물론 즐거운 면도 있지만, 연애를 하면 내 생활의 변화가 크잖아요. 쉽지는 않겠다는 생각을 하긴 했어요. 근데 요즘에는 누군가 옆에 있으면, 좋겠다는 생각도 많이 하는데… 또 막상 만나면 부담스러울 것 같기도 하고…

해영: 누군가를 만난다는 것이 뭐가 부담스러울까요?

T: 비장애인을 만나서… 음… 비장애인이 장애인이랑 같이 다니다 보면 어느 정도 서포트(지원)를 할 수밖에 없는 상황이잖아요. 그 상황 자체가 저는 내키지 않고. 정말 나를 좋아한다고 하는데, 좋아하는 것 그 자체가 아니라, 도움을 주고받는… 필요를 채워주는 대상이 되다 보니까, 내가 도움을 받는 것이 부담이 될 수 있으니까… 그런 것들이 좀 주저하게 되는 거죠. 그래서 거절을 좀 했던 것 같기도 해요.

해영: ○○씨가 누군가를 만난다면 비장애인을 만나야지 하지만, 막상 비장애인을 만난다고 하면 그것이 부담이 될 것 같다고 하셨어요. 서로 상반된 마음이 ○○씨 마음속에 존재하는 것 같은데, 어떤 것 같아요?

T: 제 마음에는 두 갈래의 마음이 있는 것 같긴 해요. 솔직히 제가 풀어야 할 숙제이긴 한데요. 한편으로는 좋은 사람이면 비장애인이랑 연애를 하면서 좋은 관계를 갖고 싶지만, 또 한편으로는 '나를 부담되게 생각하면 어떡하나', '내가 짐이 되고 무거운 존재가 되는 게 싫다…' 두 마음이 계속 저한테 섞여 있는 것 같아요. 막상 누구랑 (사귀는 걸) 경험해 보면 제 생각이 한쪽으로 좀 정리가 될 것 같은데, 아직까지 이 두 마음이 누구를 만나려고 하는 저를 방해하는 것 같긴 해요.

한편 장애여성인 B는 40대에 접어든 현재까지도 그녀가 약간의 언어장애와 몸이 흔들리는 것이 함께 있지만, 그녀 스스로 장애인이라는 것을 수용하는 것이 쉽지는 않다. 그로 인해 교회 동료인 동갑내기 비장애인 남성에게 이성적 호감을 느끼지만, 그녀의 어눌한 말투와 흔들려서 제대로 통제가 되지 않는 몸 상태가 그 남성과 가까워지고 싶은 그녀의 마음에 걸림돌이 된다. 더욱이 그녀는 동료인 그 남성에게 먼저 자신의 끌리는 감정을 내비칠 경우, 그나마 좋은 친구로 지내 온 두 사람의 관계조차도 혹시나 깨져버릴 수 있다는 두려움이 크다. 이로 인해 그녀는 남성에게 자신의 속마음을 먼저 고백할 엄두조차 내지 못하고 있다.

해영: ○○씨는 장애인보다 비장애인 남성이 좋다고 하셨어요. 어떤 이유로 비장애인 남성이 연인으로서 더 좋을까요?

B: 저는 최근까지도 (제가)장애인이라는 것을 받아들이는 것이 되게 힘들었거든요. 제가 좀 말이 어렵긴 하지만 내가 하고 싶은 말 다할 수 있고, 뭐 몸이 좀 흔들리고 걷는 것이 불편하긴 하지만, 건강하고 알아들을 수 있고, 다 할 수 있는데… 왜 내가 장애인이지? 내 친구들… 저는 일반학교를 나와서 비장애인 친구들이 많거든요. 그 친구

들이 저랑 잘 지냈거든요. 그렇다 보니… 저는 장애인이라는 것을 받아들이는 것이 어려웠어요. 뭐 이 나이 먹도록 연애 경험은 없지만, 저는 비장애인하고 만나고 싶었어요. 물론 장애인 남자든, 비장애인이든 잘 배려해주고, 존중해주는 것이 중요하긴 해요. 그래도 제가 장애인이라고 인정하기가 쉽지 않으니까… 아무래도 비장애인을 만나고 싶었어요.

해영: 혹시 호감이 가시는 분이 있나요?

B: 아무래도 (장애에 대한) 자격지심이 있다 보니까… 나 보다 더 나은 사람을 좋아하겠지. 이 친구가 교회 청년부에서 활동하는 친구에요. 저랑 동갑인데, 나한테 너무 편안함을 주는 거예요. 이 친구는 나를 그냥 친구로 대하겠지만, 저는 인연이 되면 감히 한번쯤 나도 '이 친구랑 좋은 관계가 되고 싶다' 생각이 있어요. 이 친구가 친화력도 너무 좋고, 저를 대할 때 편하게 대해주거든요

해영: ○○씨가 본인의 장애에 대해 자격지심이 있다고 했는데, 좀 더 구체적으로 말씀해 줄 수 있나요

B: 아무래도 저는 외모가… 언어장애도 있고, 손, 몸 이런 게 막 흔들리

고 하다 보니까. 저보다 더 예쁘고 날씬한 여자를 좋아하지 않을까…
이 친구랑 밥도 먹고 그냥 일반적 대화는 이야기를 막 하는데… 표현
은 안 해요. (내 속마음과 달리) 아닌 척하고, 그냥 친구로 지내요.

해영: **○○씨가 먼저 고백해 볼 수도 있지 않을까요?**

B: 친구로 잘 지냈는데, 관계가 망가질 수 있잖아요. 내가 먼저 다가가
면, 이 친구가 (나를) 피할 수도 있잖아요.

이와 달리 장애여성 D는 사귀는 연인이 혹시라도 다른 여성과
바람을 피울 때 그녀의 시각장애를 악용할 경우, 그녀가 마주해
야 할 씁쓸한 상황이 두렵다고 하였다. 남녀 간 연애의 시작은 눈
빛 교환에서 시작되는 경우가 많은데, 자신과 같은 시각장애인은
그런 눈빛 교환과 같은 미세한 징후를 포착하기 어렵다. 이로 인해
혹시 D가 비장애인 남성을 사귀다 그 남자가 자신을 속일 경우, 여
러 사람 앞에서 농락당하는 존재가 되는 것이, 생각만 해도 두려운
일이라고 표현하고 있다.

비장애인랑 사귀다 보면 남자친구가 사실 저 모르게 바람 피울 수 있잖아요. 내가 모른 눈빛으로 사인을 보내서 그렇게(바람피우는 사이가) 되는 경우가 많잖아요. 여러 사람들 있는 데서 그런 눈치 싸인으로 그렇게 되면… 내가 눈치 없고, 바보인 것처럼, 꿔다 놓은 보릿자루처럼…그렇게 돼버릴 수 있으니까… 비장애인하고 사귀는 게 염려되는 부분이 있는 거죠.

〔D〕

Q의 경우도, 우리 사회가 장애여성과 사귀는 비장애인 남성에게 '남자가 여자를 사랑해서'라기 보다, 선한 마음에 사귄다는 고정관념이 작동되는 것이 불편하다고 하였다. 그녀는 이런 불편한 감정을 느낄 수 있는 경험을 직접 해보지는 않았지만, 우리 사회의 전반적 인식이 장애여성과 비장애인 남성의 연애 경험을 남성의 선한 의도나 동정적 태도에서 찾으려는 인식에 자존심이 상한다고 구술하였다.

아직은 뭔가… 비장애인한테 '대단하다' 뭐 이런 얘기를 많이 하는 것 같아요. '대단하다, 착하다' 이런 말들을 하거든요. 뭐! 그런 걸 보면 우리 사회의 인식은 아직까지 장애인과 비장애인의 연애 조합을 생소해하는 것 같긴 해요. 뭐… 제 주변에 아는 사람들은 오히려 제가 아깝다고 하는데요.

왜냐면 남편은 그때 비정규직을 하고 있었고, 저는 정규직
이다 보니까… 아무튼 여자 장애인과 남자 비장애인 조합은
'남자가 착해서' 그렇다고 생각하는 경우가 많은 것 같아요.
장애인 여자입장에서는 자존심 상하는 일이거든요. '왜 비
장애인 남자가 장애인 여자를 만나는 것이 착해야 되는 일
인 건지….

〔Q〕

이처럼 장애여성 T와 B는 연애 대상으로 비장애인 남성을 희망
하고 있다. 그렇지만, 그녀들의 바람의 이면 속에는 자신들의 장애
란 취약성이 상대 남성에게 부담이 될 수 있다는 염려가 깔려 있
다. 이로 인해 이 두 여성은 자신이 짐과 같은 존재로 전락하는 초
라한 기분을 마주하고 싶지 않다. 게다가 성급하게 비장애인 남성
에게 자신의 속마음을 드러냈다가 장애가 걸림돌이 되면서, 잘 맺
어온 동료 관계까지 망가뜨리고 싶지 않은 마음이 앞서고 있다. 그
래서일까? T와 B에게 비장애인 남성은 감미로운 연애와 사랑을 해
보고 싶은 존재이지만, 그 사랑의 감미로움을 순식간에 집어삼켜
버릴 연애 관계의 호된 현실, 동료 이상의 존재로 발전하기 어려운
쓸쓸한 현실을 그녀들의 무의식은 이미 알고 있지는 않았을까?

반면에, 장애여성인 S는 그녀가 그토록 원하고, 바랬던 비장애인

남성을 채팅으로 만나 연인이 되어 곧바로 동거생활까지 진입하게 된다. 하지만 동거남인 비장애인 남성이 지적장애가 있는 S를 타인의 시선을 살피며, 창피해하는 존재로 여길 때 서운함과 실망감을 느끼게 된다. S는 이 실망감 안에서 이상화된 존재로서 비장애인 남성과의 낭만적 연애 생활의 균열적 기분을 드러낸다.

해영: 채팅으로 만난 사람이잖아요. 잘 모르는 사람인데 어떻게 ○○씨를 도와달라고 이야기를 했을까요?

S: 몇 시간 (채팅으로)대화를 해보니까… '아! 이사람이구나… 이사람 붙잡아야겠구나' 하는 마음에 그 얘기를 했던 거예요. 이 오빠가 '착하고 나를 도와주겠구나' 하는 생각이 들었어요. 그때는 (그룹홈을)나오고 싶다. 내가 장애가 있지만, 일반인처럼 살고 싶다는 생각이 너무 커지고. 이 오빠가 연락이 왔는데… (자기)아빠가 장애가 있으시다 이런 말을 했어요. 자기가 새출발 할 수 있게 도와주겠다. 그래서 급하게 (그룹홈)나와서 이 오빠 사는데 들어가서 같이 살게 된 거예요. 오빠가 그랬어요. 나 장애인으로 보이지 않는다고. 그냥 일반인 같다고… 자기가 나를 일반인처럼 대해주겠다고. 잘해주겠다고 그래서 가게 된 거죠.

해영: 만나신지 얼마나 되셨어요?

S: 거의 2년 정도요.

해영: 그런데 요사이 두 사람 사이에 무슨 문제가 있나요?

S: 네. 아까도 말했지만… ○○오빠도 둘이 잠깐 어디 갈 때 제가 좀 큰 소리로 말한 적이 많아요. 밖에서… 저는 제가 좋아하는 노래 나오잖아요. '오빠 나 이 노래 춤출 수 있어'… 뭐 살짝 춤춰요. 이 오빠 표정이 안 좋아요. 속으로 '아! 애 진짜 창피하다' 막 이런 게 느낄 때가 있어요. '하지 마! 쪽팔려!' 그러면서 먼저 앞으로 가버려요. '내가 장애가 있으니까. 챙피해 하나'… 기분이 좀 안 좋았어요. 이제 아무리 좋아하는 노래 나오고 그래도 큰 소리로 얘기하지 말고… 일반 사람처럼 행동을 해야겠다. 그래도 서운하긴 해요. '나를 좀 이해해 주면 안 되나?' 많이 부족하고 장애인 티가 나도 좀 이해를 해줬으면 좋겠는데… 말로만 '응 그래!' 이러고… 밖에 나가면 저를 창피해하니….

해영: 남자친구한테 실망스러웠나 보네요.

S: 많이요. 저를 챙피해 하면, 저도 싫거든요. 얼마 전에 제가 술 한 잔 먹

고… '야! 씨발 놈아! 나 장애인이라고 개무시 하지 마라' 그러고. 제
가 막 소리 지르고 지랄을 하고 그랬거든요… (이하 중략).

반면에 장애여성들은 같은 장애를 가진 남성과의 이성적 교제 경
험에 대해서도 언술하고 있다. 그녀들은 장애인 남성과의 연애의
가장 큰 장점은 서로의 장애 특성을 잘 이해하고 있다는 점이라고
하였다. 이 상호 이해 속에서 장애를 가진 연인은 서로 '편한 존재'
가 된다는 것이다. 시각장애 여성인 D는 "장애인 남성과 사귀면 몸
은 힘들지만 마음이 편하고, 비장애인 남성을 만나면 그 반대(몸은 편
하지만, 마음은 불편하다)"라는 표현이야말로, 장애인 남성과의 연애 생활
을 가장 대표할 수 있다고 언급하였다.

그녀는 시각장애인의 경우, 자세나 몸짓, 먹는 행위 등 여러 부분
에서 있어 상당히 편향적으로 행동할 수 있기 때문에, 이성과의 연
애 관계에서 음식을 예쁘게 먹는 것도 어렵고, 상대방의 표정이나
자세 등의 몸짓 언어를 육안으로 포착할 수 없어, 그의 속마음을 정
확하게 파악하기 어렵다. 그래서 시각장애 여성이 비장애인과 연애
를 한다는 것은 남자친구로부터 여러 가지 실질적 도움을 받을 수
있어 몸은 편하지만, 두 사람 간 연애 관계에 늘 긴장해야 하는 마음

이 편하지 않을 수 있는 경험이라고 하였다. 하지만 같은 장애 유형을 가진 남자와의 연애 경험은 서로의 장애 특성을 충분히 이해할 수 있기에, 장애특성의 몰이해에서 오는 피로감을 느낄 필요가 없다. 또한 그녀는 누군가에게 도움을 받는 과정에서 서로의 간극을 맞추어 가는 시간과 에너지를 장애인 연인과는 소모할 필요가 없는 것을 연애의 장점으로 이야기하였다.

원래 시각장애인들은 자세나 먹는 것 이런 게 되게 편파적인 게 있고요. 시각장애인들은 음식이나 이런 걸 예쁘게 먹기 어렵거든요. 볶음밥을 먹어도 밥알이 기어 나오고. 케익이라도 먹으면 막 무너뜨리고… 민망한 순간들이 많거든요. 뭐가 그렇게 좋아서… 뭐가 정서적으로 통해서 비장애인랑 사귀지, 사귀었을까? 이런 궁금증이 많이 들긴 했거든요… (중략)…같은 시각장애인을 만나니까 뭐 밥 먹는 거 신경 쓸 필요도 없고. 내가 도움이 필요한 것처럼, 그 사람도 동등한 관계… 그런 면에서… 내가 도움 받는다는 걸 너무 스트레스 받고, 눈치 보지 않아도 되는 거… 이 인간관계에서 만큼은 동등하고. 눈치 볼 필요가 없는 것이 좋은 점이죠… (중략)…지금 남자친구는 많이 알고 들어간 사이이니까… 초반에 비장애인이랑 만나면 이 사람이 내 특성을 잘 모르니까 이걸 말해줘야 하고, 그런 걸 맞춰나가는 게 시간이 꽤 걸리거든요. 예를 들어, 어디 좋은데 가면 '이 아름다운 장면을 너한테 보여주어야 하는데… 많이 안타깝나, 아닌가'

그럴 거잖아요. 저 같은 경우는 소리를 들으면서 상상을 할 수도 있는데… 어찌 보면 그 사람의 마음은 사랑이잖아요. 보여주고 싶은 걸 보여주지 못하니까… 거기서 간극을 느끼기도 하고. 지금 남자친구는 같은 장애영역이니까 서로의 특성을 잘 아니까… 맞춰나가는 관문이 적고… 서로의 이슈나 딜레마 그런 부분에서도 어느 정도 공통적인 게 많잖아요. 그러다 보니 편안함이 있는 거고….

(D)

장애여성 P의 경우, 고등학교 시절부터 한동안 사귀었던 남성에게 장애가 있다는 것만으로도 '마음이 편했다'고 구술하였다. 그녀는 장애인 남자친구 앞에서는 가면을 쓰려고 애쓰지 않아도 되고, 자신의 장애를 부끄럽게 여길 필요가 없어 당당하게 행동할 수 있는 것이 좋았다. 그래서 그녀는 장애인 남자친구 앞에서는 자신의 장애를 숨기려고 하거나, 조금이라도 장애 정도를 약하게 보이려고 애쓸 필요가 없는 것이 좋다고 표현하였다.

애 앞에서는 내가 뭔가를 가면을 안 써도 되고, 항상 장애가 있는 사람들하고 만날 때 그랬던 것 같아요. 내가 장애가 심하다고 챙피할 일도 없고… 장애인 남자 친구 앞에서는 항상 당당했거든요. 그런데 비장애인 이 남편, 그때는 남자친구일 때인데… 연애를 하면서 항상 긴장을 했어요. 항상 긴장하고… 조금이라도 장애가 경해 보이려고 노력했던 것 같아요.

(P)

M도 그녀처럼 조현 증상이 있는 정신장애인의 경우, 동일한 장애 유형을 가진 남성과 연애를 하는 것이 바람직하다는 것을 언급하고 있다. 그녀는 같은 장애를 가진 남자친구와 함께 지역사회 내 정신장애인 재활시설을 다니면서 두 사람만의 알콩달콩한 사랑을 키워오다가 결혼까지 성공하였다. 연애의 시작은 M이 그녀의 눈에 잘생긴 외모를 가진 남성에게 이성적 호감을 느끼면서, 그 남자와 가까워지고 싶다는 생각을 하면서 부터이다. 그렇게 몇 달이 지난 어느 날 그녀는 옷을 얇게 입고 다니는 남자가 안쓰러워 보였고, 남자에게 겨울 외투를 선물하면서 두 사람은 조금씩 가까워졌다. 그리고 1년 넘게 사귀면서 둘 사이는 결혼까지 결심하는 진지한 관계로 발전하게 된다. 그녀는 남자친구가 자신과 같은 조현 증상을 지닌 정신장애인이어서 좋았다고 하였다. 왜냐하면, 그녀를 누구보다 이해해 줄 수 있는 사람과 사귀고 결혼까지 이르게 된 것이 잘한 선택이라고 생각하였기 때문이다.

제 눈에 되게 잘생겨 보였어요. 눈도 크고 코도 오똑하고, 그래 가지고 괜찮더라고요. 그래서 관심이 좀 갔는데… 서로 센터에 출근하면 안녕하고 인사만 몇 달 동안 했던 것 같아요. 한번 사귀어 볼까? 혼자 생각만 하다가… 어느 날인가 겨울이었는데 옷을 얇게 입고 다니는 거예요. '옷을 얇게 입고 다니세요? 이렇게 추운데…' 음… 이걸 어떻게 할까 하다가, 제가 외투를 샀어요. 제 돈으로 샀어요. 선물이다 이러니까…(중략)…한 1년 사귀었으니까… 성격이 어떻다 다 나오더라고요. 겪어 보니까… 이게 (정신장애인에 대해) 워낙 사람들이 안 좋게 보잖아요. 상태를 잘 모르면 많이 힘들거든요. 일반 사람들은 잘 모르니까 피하고 하잖아요. 조현병을 잘 이해해주는 사람들끼리 사귀는 것이 좋아요. 저는 이 사람을 만난 게 잘한 것 같아요.

〔M〕

이처럼 장애여성 D와 P, M은 장애인 연인을 자신의 장애 상황과 특성을 누구보다 잘 이해해 줄 수 있는 편안한 존재로 생각하였다. 그녀들은 장애인 남성 애인 앞에서는 자신의 장애를 조금이라고 숨기려고 하거나 장애 정도를 가볍게 보이려고 애쓸 필요가 없는 편안함이 좋다고 하였다. 또한 동등한 관계에서 상대를 대할 수 있다는 점에서, 장애인 애인은 그녀들이 긴장감을 내려놓을 수 있는 안정감을 주는 존재로 이해하였다.

결국 장애여성들에게 낭만적 연애와 사랑의 대상은 그녀들의 인생에 생기를 불어넣어줄 자양분과 같은 것이다. 그 자양분은 상대에게 달콤한 대화와 접촉을 느껴보고 싶은 매혹적인 경험을 제공한다. 또한 연인으로부터 누구보다 이해받고 싶고, 또 그 상대를 이해해 주고 싶은 진정성을 주고받는 교류이기도 하다. 그래서 장애여성 대다수는 그녀들이 연애 경험이 있건, 없건 간에, 누군가와 로맨틱한 사랑에 빠지는 달콤한 연애를 희망하였다. 그렇지만 그녀들은 자신의 장애를 대부분 '부족함', '모자람', '취약함'이란 결핍으로 받아들이면서, 신체적, 정신적 장애가 없는 비장애인 남성을 '부족함이 없는 멀쩡한 몸', '흠결이 없는 완전한 몸'으로 이해하는 듯하다. 이로 인해 장애여성들에게 비장애인 남성은 온전한 신체와 정신을 가진 존재로 이상화된 존재이자, 이 이상화된 남성과의 연애와 사랑은 자신의 장애란 결핍을 메워줄 수 있는 보상체계와 같은 것이 된다. 그로 인해 그녀들은 비장애인 연인에게 자신의 장애로 야기되는 문제들을 보조해주고, 필요할 때 적절한 도움을 받을 수 있을 것이란 현실적인 기대도 함께 드러내고 있다. 이처럼 장애여성에게 비장애인 애인은 사랑과 연애의 낭만적 이상을 실현시켜 줄 존재이자, 동시에 자신의 장애문제를 적절하게 잘 지원해 줄 수 있는 현실적인 존재가 된다.

그렇지만 일부의 장애여성은 이상화된 존재로서 비장애인 남성과의 연애는 실제로는 성사되기 쉽지 않은 비현실적인 경험이며, 비록 현실에서 연애는 할 수 있더라도, 그 연애로 인해 야기될 곤란함과 관계의 망가짐이란 혼란스러움을 마주해야 하는 불안한 경험이기도 하다. 이에 반해 장애인 남성과의 연애 경험을 이야기하는 장애여성들은 장애인 연인과 자신들은 장애 특성과 상황에 대해 충분한 공감대가 형성된다는 점에서, 편안하고 안정된 관계 경험으로 이해하는 듯하다.

동거생활

사랑에 빠진 남녀들은 그들의 연인 간 낭만적인 연애와 사랑의 완성을 결혼이란 법적, 사회적 가족 제도를 통해 완결해 나간다고 볼 수 있다. 하지만 법률혼이 점차 선택의 시대가 되고 있는 오늘날 남녀 간 낭만적 연애와 사랑은 미완의 완결 상태라고 할 수 있는 동거생활로 대체되는 경향이 있다.

비혼인 상태에서 동거경험이 있었거나, 현재 동거를 하고 있는 커플들은 동거의 긍정적 측면을 '상대방과 함께 함으로써, 정서적 유대감과 안전감을 느낀다', '상대방의 생활습관 및 라이프스타일 파악을 통해, 결혼 여부의 결정에 도움이 된다', '주거비, 생활비 등을 공동부담 함으로써, 경제적 부담이 적다', '상대방과 집안일을 명확하게 구분하여 분담한다', '각각의 독립적인 생활이 존중된다'순[91]으로 응답하였다. 그만큼 동거생활이 두 사람만의 독점적 사랑

---

91. 김영란, 2021, "결혼해야 가족인가요? 함께하는 삶, 가족 그리고 정책이야기", 『2021년 가족정책포럼-비혼동거실태조사 결과와 정책적 함의』, 여성가족부 · 여성정책연구원, p. 5.

을 확인할 수 있는 심리적 교환과 섹스 관계를 유지하면서, 그 관계가 서로에 대한 기만으로 깨어질 수 있는 비극적 위험성을 어느 정도 줄일 수 있는 완충장치가 된다는 것이다. 게다가 파트너의 본모습을 좀 더 섬세하게 알아 갈 수 있다는 것과 주거와 생활비 부담 완화라는 표면적 목적들은 동거생활을 통해 부차적으로 얻어질 수 있는 편리한 장점이 되기도 한다.

반면 비혼의 동거인들은 동거의 부정적 측면에 대해, '주거지원 제도를 이용하는데 어려움이 있다', '동거가족에 대한 부정적 시선을 경험한 적이 있다', '법적인 보호자로 인정받지 못한 적이 있다'[92]는 응답을 하고 있다. 이것은 그만큼 동거커플이 법적 보호와 지원을 받을 수 없는 현실적 어려움이 크다는 것을 짐작하게 한다. 하지만 이것은 결혼이란 공인된 제도가 아닌 동거란 비공식적 제도를 선택한 이들을 부정적으로 응시하는 사회적 시선을 크게 느끼고 있다는 것을 의미한다. 어디 그것뿐일까? 농염한 신체적 교환과 복잡 미묘한 감정선을 주고받는 동거커플에게 헤어짐이란 결별은 그것을 감당해야 하는 무게의 몫도 개인적이고 비공식적 차원으로 떨어진다는 점에서, 드러내 놓고 결별의 상처를 말하기도 쉽지 않다. 그래서 동거는 연애와 사랑의 총체적 열정을 공유된 시공간에서 완성해 나가고 싶지만, 그 열정은 언젠가 깨져버릴 수 있는

92. 위의 글. pp. 6-7.

불안정한 미완이며, 동거하는 커플에 대한 타인들의 따가운 눈길도 감내해야 하는 부담이 되는 경험이기도 하다.

한편 한국사회는 유교적 가부장제란 오래된 전통 아래, 결혼제도 내에서 파트너와의 성적 결합, 임신, 출산, 양육을 미덕으로 여겨왔다. 그리고 이 미덕은 여성의 성적 순수성을 더욱 강조하는 방향으로 발전해 왔기에, 결혼제도 밖 남녀의 동거생활은 여성에게 불리하게 작동된다고도 할 수 있다. 최근 들어 비혼 동거에 대한 사람들의 생각이 긍정적으로 변모되긴 하지만, 여전히 동거생활에 대한 거부감이나 부정적 고정관념도 무시할 수는 없다. 우리나라의 비혼동거 가족의 규모는 실제 어느 정도인지에 대한 전체적 정보가 부재한 관계로,[93] 비혼 동거가족의 정확한 현황이나 변화 추이의 파악은 쉽지 않다. 이로 인해 장애여성들의 동거생활에 대한 인식과 실제 동거생활 경험은 어떻게 나타나고 있는지를 정확하게 안내해 줄 수 있는 자료는 부재하다고 할 수 있다.

그렇다면 현실에서 만나는 장애여성 당사자들은 그녀들의 성적 파트너와 동거생활을 선택하는 것에 대해 어떠한 생각을 가지고 있으며, 그녀들의 경험을 어떻게 드러내고 있을까? 장애여성 당사

---

93. 여성가족부, 2021, 「2020년 가족실태조사 예비조사 연구」, 여성가족부 가족정책과, p. 47.

자들의 생생한 이야기를 통해, 우리는 그녀들이 생각하고 경험하는 동거생활에 대한 체험적 이해가 가능하다. 이제 장애여성들의 목소리를 따라가면서 그녀들의 생각과 경험의 역동과 만나볼 때이다.

필자가 만난 장애여성들은 결혼이 아닌 동거란 방식을 선택한 남녀에 대해 상당히 부정적 생각들을 드러내고 있었다. 그녀들은 동거를 선택한 커플은 서로의 성적 욕구를 채우려는 마음이 큰 반면에, 두 사람 사이의 관계에 대한 책임감이 떨어지거나, 어떻게든 법적인 책임을 지고 싶지 않은 무책임한 사람들이 동거를 선호하거나 선택한다고 이해하였다. 그렇기 때문에 우리 사회는 동거커플에 대해서 불편한 시선으로 바라본다고 하였다. 장애여성 Y와 M은 결혼이란 제도로 묶여 있어야 서로의 갈등이 발생하더라도 한 번 더 신중하게 숙고할 수 있고, 혹여 이혼이란 법적 결별의 절차를 밟더라도 일정 정도 그것을 책임질 수 있는 장치가 된다고 이해하고 있다.

결혼생활을 하다 보면 서로의 장점만 보여주지는 않거든요. 안 좋은 단점을 보이게 되잖아요. 매번 트러블이 일어날 수 있는데, 그걸 어떻게 극복하고 잘 사느냐… 또 싸움이 되더라도 어떻게 일 보 후퇴해서 양보하고 이야기하고 이렇게 같이 겪어가는 게 결혼생활이라고 생각해요. 어찌 되었건 결혼생활을 하는 것은 힘든 것도 같이 극복하고 살겠다는 거고… 또 시댁식구들이랑도 같이 결혼해서 사는 거잖아요. 그런 힘든 상황을 받아들이겠다 그런 의미가 되는 거잖아요. 근데 동거는 그냥 둘만 남의 눈치 안 보고… 생리적인 서로의 욕구만 채우겠다는 의향이 있는 거라고 생각이 들거든요. 책임감이 중요한데… 동거는 그게 안 보이잖아요. 제가 좀 보수적인지 몰라도 동거하는 사람들이 그렇게 긍정적이지는 않아요. 저 같은 경우에는…(이하 생략).

〔Y〕

저는 동거하는 건 별로예요. 저는 혼인신고 꼭 하고 살아야 한다고 생각해요. 부부가 돼서 살아야지 진짜 사는 거 아닌가요? 서로에 대해서도 더 책임감도 갖고. 뭐 살다보면 이혼을 할 수도 있는데… 위자료나 재산분할 이런 거도 그게 되어 있어야 법적으로 문제가 안 되고. 우리나라 사람들은 동거하는 사람 좋게 안 봐요. 서로 책임 안 지려고 하니까 동거하는 거지.

〔M〕

장애여성 T의 경우, 동거하는 커플은 서로에 대한 충분한 숙고와 확신이 서지 않은 상태에서 함께 사는 것을 선택할 수 있기 때문에, 오히려 함께 살면서 다양한 이유로 더 큰 혼란을 경험할 수 있다고 하였다. T에게 동거생활을 선택한 커플은 자신들을 혼란이란 불안정한 삶으로 밀어 넣어버리는 성급한 결정을 한 사람으로 여기는 듯하다. 이로 인해 T는 동거 커플에 대해 헤어짐이란 상

처로 비틀거릴 자기 자신을 고려하지 않는 경솔한 사람들로 이해
하는 것처럼 보인다. 또한 그녀는 동거에 대한 부정적 편견에 이미
길들여질 대로 길들여진 개인들이 그러한 사회적 시선을 잘 알면
서도, 동거생활을 선택한다는 것은 당당하지 못한 선택이라고 하
였다.

저는 결혼을 하지 않았는데, 동거를 하고 사는 것에 대해 잘
납득이 되지 않아요. 어떻게 결혼도 안 하고 같이 살지? 결
혼을 하면 부부라는 관계가 성립이 되는 거잖아요. 어떻게
든… 누구에게나 당당하고 인정받을 수 있고… 동거는 어
쩌면 서로에 대해 충분히 확신이 들지 않을 수 있는 상태에
서 함께 살게 되면… 오히려 저는 더 혼란스러울 것 같아요.
또 그 상태에서… 결국 헤어지게 되면 둘 다 상처만 남지 않
을까… 뭐 결혼이란 제도를 통해서 두 사람이 한 몸이고, 서
로에 대한 신뢰를 지켜야 하고… 그런 것들을 증명하는 거
잖아요. 그런 측면에서 동거는 이해하기 어렵죠. 또 사회 자
체가 동거라는 개념에 대해 상당히 부정적인 편견들을 갖고
있는데… 만약 동거를 하는 사람들이 그런 인식을 신경 쓰
지 않는다면 당당하게 동거한다고 이야기할 수 있는 거잖
아요. 제가 보기에 '나 동거해'라고 편하게 이야기하지 못
하는 사회적 분위기라는 거죠. 오히려 '저 결혼했어요. 기혼
녀, 기혼남'. 이런 말들은 편하게 하잖아요.

(T)

장애여성 E의 경우는 50대 후반인 그녀의 생각이 구시대적인 생각일지 모른다는 전제를 달면서도, 우리 사회가 동거에 대해 인식이 좋지 않다는 것은 엄연한 현실이라고 언급하였다. 그녀는 TV, 영화 같은 대중매체에서 동거하는 커플에 대한 이야기가 아무리 흘러 나와도, 현실에서의 인식은 동거 커플이 세상 사람들의 뒷담화 대상이 되기 쉽다는 것을 표현하고 있다. 게다가 장애가 있는 사람들이 누군가와 동거를 한다고 할 때, 동거생활은 장애인 당사자의 장애 특성이 흠집이 되어, 더 큰 험담으로 되돌아올 수 있다는 생각을 드러내고 있다.

> 저는 사람이 구식이라 그런지 몰라도… 뭐 옛날보다야 동거하는 사람도 많아졌고 그렇긴 한데… 그래도 우리나라는 동거하는 사람을 안 좋게 보잖아요. 내가 아가씨 때는 동거는 할 수도 없었고, 만약 하는 사람이 있으면 다들 숨겼지. 요새 TV, 영화 이런 데서 동거하는 사람들이 나오고 그래도 실제로 그렇게 하면 뒷말하지… 보세요. 장애인이 '저희 동거 하는데요.' 해 보세요. 당장 뒤에서 몸도 성치 않는 사람이 '할 건 다 하네' 손가락질을 할 수 있다니까요.
>
> [E]

E와 달리 S는 동거생활에 찬성하는 그녀의 생각을 적극적으로 드러내고 있다. 그녀는 연애 생활만 하는 커플의 경우, 1년이 지나

도 상대의 면면을 깊숙이 알기 어렵기에 상대방을 좀 더 잘 알아보려면 결혼 전 미리 동거를 해보는 것이 필요하다고 구술하고 있다. S에게 동거는 평생을 함께 할 배우자의 본 모습을 좀 더 제대로 파악할 수 있는 현명한 선택으로 이해되고 있다. 그렇지만 S는 그녀의 동거생활을 회사 동료들에게는 숨기고 있다. 왜냐하면 남자와 동거하는 자신을 성적으로 문란한 여자로 볼 것이란 부정적 시선이 신경 쓰이기 때문이다. 오히려 S는 자신의 동거생활을 직장 동료들에게 결혼생활로 위장하면서, 그녀의 대외적 이미지를 추락시키지 않는 방식을 선택하고 있다.

이처럼 S는 동거를 결혼으로 위장하는 행위를 통해 그녀의 인격을 손상시키지 않으면서, 회사 동료들에게는 언젠가 정식으로 이루어질 결혼생활의 지혜를 미리 배울 좋은 기회가 된다고 하였다. 장애여성 S에게 이러한 하얀 거짓말은 동거하는 장애여성에 대한 사회 내 부정적 시선을 불식시키면서, 기혼의 여성 선배들로부터 결혼생활의 여러 관계를 미리 배울 수 있는 기능적 선택이 되고 있다.

그냥 연애만 해도 일 년 넘고 그래도 잘 몰라요. 어느 정도 알긴 해도… 연애를 했을 때 좋아도 이제 결혼하고 나면 본 모습이 다 들어나잖아요. 결혼하기 전에 한번 동거를 해보

면 이 사람 본모습이 이렇구나, 저렇구나, 뭐 과거가 이랬었
구나 이런 게 솔직히 다 보이잖아요. 그래서 동거를 먼저 해
보는 게 저는 필요하다고 생각해요…(중략)…지금 다니는
○○회사 사람들은 제가 다 결혼한 줄 알아요. 우리나라는
'동거한다' 좀 이미지가 그렇잖아요. 날라리고… 남자랑 잠
자리 이런 거 밝히는 여자라고 생각하고. 인식이 안 좋으니
까… 결혼했다고 한 거예요. (함께 일하는) 이모들이 결혼
했다고 하니까… 좋게 보더라구요. '시댁 가면 뭐 이렇게 해
야 한다. 시아버님한테는 이렇게 해야한다…' 조언을 해주
시니까… 결혼했다고 거짓말한 건 잘못인데… 그냥 저는 결
혼했다고 말한 게 잘한 것 같아요.

(S)

　장애여성 K는 그녀와 같은 지적장애 여성의 경우, 동거는 할 수
있지만, 그 선택은 매우 신중하게 접근해야 한다는 것을 강조하고
있다. 그렇지 못할 경우, 동거생활이 경솔한 선택이 될 수도 있다
는 것을 그녀는 경험적으로 이해하는 듯하다. 이로 인해 그녀는 지
적장애 여성이 남성과 동거를 할 경우, 자신을 판단력이 부족한 사
람으로 여기는 부정적인 인식이 동거하는 지적장애 여성과 상대
남성을 상당히 좋지 않게 볼 것이라는 것이다. 이러한 부정적 시선
을 지적장애 여성이 감당하기란 쉽지 않다는 것을 염려하고 있다.
그뿐만 아니라, 동거를 선택한 장애여성을 이용하고자 하는 불순

한 의도가 남성에게 있을 경우, 그 장애여성은 절망의 나락으로 떨어지는 것은 순간이라는 것도 염려하는 듯하다. 그래서 K는 '열 길 물 속은 알아도, 한 길 사람 속은 모른다'는 속담처럼, 사람 마음을 제대로 알기는 어렵다고 하였다. 되도록 오래 만나 그 상대가 장애여성 당사자를 진심으로 사랑해 줄 수 있는 사람이란 확신이 섰을 때, 동거를 결정하는 것이 필요하다고 말하고 있다. 그래야만 K 자신의 과거처럼, 그녀에게 돈 갈취를 일삼던 나쁜 남성으로부터 스스로를 보호할 수 있다고 하였다.

K: 사람 성격은 모르잖아요. 겪어 보지 않으면… 저도 그때(과거에)는 같이 산 남자가 어떤 사람인지 몰라서… 또 솔직하게 제가(내가) 했을 때는 욕이 아닌데, 남이 했을 때는 사람들이 욕하잖아요. 우리는 (지적)장애인인데… 아무래도 부족한 게 있잖아요. 남자랑 동거한다고 하면 (사람들이) 안 좋게 보고. 또 일반인 남자들이 장애인이면 많이 이용해 먹는단 말이에요.

해영: 왜 일반인(비장애인) 남자와 동거하는 것에 대해, 사람들이 안 좋게 본다고 생각하세요?

K: 음⋯ 사람들이 (지적장애인 여성이) 뭘 못한다고 생각해요. 여기(그 룹홈) 선생님들도 '뭐 하지 마라, 돈 뭐 쓰지 마라, 옷 그런 거 입으면 안 된다' 한단 말이에요. 뭐 어떻게 보면⋯ 사람들은 '(무엇인가를) 하지도 못하는 사람이 동거를 해. 남자랑 결혼을 해? 못하는데⋯' 안 좋게 보는 거지⋯ 동거는 할 수도 있다고 생각해요. 좋은 사람이 면⋯ 사람을 잘 모르니까 오래 만나고, 진짜 나를 사랑하는 사람⋯ 그런 사람이면 되지 않을까요? 느낄 수 있잖아요. 진짜 사랑하는 사 람이면⋯ 옛날 저한테 돈 요구한 남자친구처럼⋯ (그렇게 하지 않을 거고) '나를 위해 모든 걸 할 수 있는 사람'이라는 느낌이 들어야 동 거도 하는 거니까⋯

상애여성들은 농거에 대해 무조건적 반대(Y, M, E, T), 찬성은 하 지만 세상에 쉽게 드러내놓기 어려운 일(S), 최대한 신중한 동거선 택의 필요(K) 등 다양한 생각과 태도들을 드러내고 있다. 이 여성들 의 의견들과 달리 일부의 장애여성들은(Q, L) 동거생활에 대해 무조 건적 찬성의 입장을 드러내고 있다. Q의 경우, 사귀는 비장애인 남 성과 결혼이 아닌 동거생활을 먼저 해보고 싶었다. 그녀는 동거생 활이 먼저 살아보다가 자연스럽게 결혼으로 연결될 수 있기도 하 고, 서로가 맞지 않을 경우 헤어지기도 쉽다고 생각하였다. 하지만

Q의 아버지가 그녀의 생각을 완강하게 반대하였고, 어쩔 수 없이 그녀는 동거생활은 시도조차 하지 못한 채, 결혼으로 가게 된 것이 아쉬움으로 남아있다.

> 저는 동거를 솔직히 해 보고 싶은 쪽이었어요. 근데 워낙 저희 부모님이 반대를 하는 입장이다 보니까… '동거는 안 돼! 무조건 결혼을 해야 한다' 하니까… 그건 아빠가 양보를 안 하시더라고요. 아빠는 워낙 보수적이니까… 동거 자체에 대한 인식이 안 좋으셨던 같아요. 저는 일단 좀 살아 보고… 너무 안 맞으면 헤어지는 것도 쉽고… 그러다 '결혼도 하면 좋겠다'는 생각을 했는데… 저희 아빠가 워낙 완고하셨어요. 그래서 시도를 못했죠.
>
> 〔Q〕

장애여성 L은 동거를 무조건 찬성하는 입장을 취하였다. L은 필자와의 몇 차례 만남에서 "한 번 사는 인생"이라는 말을 자주 쓰곤 하였는데, 그녀는 동거에 대해서도 "한 번 사는 인생인데, 하고 싶고, 할 수 있다고 생각하면, 그건 무조건 해야 한다"고 주장하였다. 그녀는 8년 동안 사귄 비장애인 남성과 정식으로 동거를 한 적은 없지만, 자신은 그 남자와 함께 동거생활을 한 것이나 마찬가지였다고 하였다. 왜냐하면 활동지원인이 퇴근하는 저녁 시간에 남자가 그녀 집에 와서 늘 함께 시간을 보냈기 때문이다. 그 시간에 두 사람은 한 시공간에서 남녀가 맺을 수 있는 뜨거운 성적 관계 그리고 서로를 향한 초콜릿 같은 사랑을 주고받으며, 둘만의 시간을 오랫동안 함께 보냈기 때문이다. 그래서 그녀는 비록 각자의 공간에서 따로 거주하였지만, 그녀의 집은 둘만의 낭만적 연애 관계와 의식주가 어느 정도 함께 이루어진 곳이었기에, 자신은 기존의 동거 방식과는 다른 동거를 하였다고 언급하였다. 물론 그녀는 서구 사회의 연인이나 부부 사이에서 주로 행해지는 LAT족[94]의 개념에 대해 알고 있는 것 같지는 않았다. 그럼에도 불구하고 L은 LAT족과 유사한 그녀의 경험을 통해, 동거생활에 적극적 찬성의 입장을 드러냈다. 또한 L은 이러한 삶의 방식을 선택하는 것은 개인의 선택의 문제이지, 타인의 시선을 의식하게 되면, 자신과 같은 장애여성이 할 수 있는 것은 아무것도 없다고 말하였다.

> 내가 하고 싶으면 하는 거지… 그걸 뭘 망설여요. 한번 사는 인생인데… 저는 동거하고 싶으면 무조건 해야 한다고 생각해요. 장애여성이라고 못하고 그런 거 없어요. 저는 아저씨랑 8년을 만나왔지만… 우리는 거의 둘이 같이 산 거나 마찬가지예요. 아저씨가 활보(활동지원사) 가고 나면 저녁때

---

94. LAT(Live Apart Together)족이란 "연인 또는 부부관계이지만 동거하지 않고 서로 각자의 집에서 거주하는 사람들을 말한다. 1980년대 이후 나타난 새로운 커플의 형태로, 이들은 서로 각자의 집에 거주하면서 서로 도움을 주고받고 사랑과 위로를 나누는 등의 관계"를 말한다. 시사상식사전, www.terms.naver.com(2022. 07. 10. 검색).

는 거의 저랑 같이 있었으니까⋯ 그때 내가 원하는 거 다해
줬어요(웃음). 둘이 맛있는 거 시켜서 아저씨가 다 먹여주
고⋯ 둘이 장난도 치고. 사랑한다고 말해달라고 하면, 아저
씨가 '사랑해, 사랑해, 사랑해(웃음)' 말해주고⋯ 서로 좋아
하고 죽고 못 사는데, 뭘 망설여요. 사람들이 뭐라고 말하는
거는 신경 쓸 필요가 없어요. 그런 말 다 신경 쓰고 어떻게
살아요. 내가 하고 싶고, 남자친구도 좋다고 하면 둘이 사는
거지⋯.

(L)

한편 S는 현재 동거생활 중이고, K는 과거의 동거생활 경험을
가지고 있었다. 하지만 이 두 여성에게 동거 경험은 그녀들이 기대
했던 연인관계를 결혼으로 완성해주는 가교역할을 하지는 못하였
다. 그래서 그녀들의 동거 경험은 자신이 기대했던 희망이 조각나
버리는 경험이자, 이것으로 인해 혼란스러운 심리적 갈등의 경험
이며, 다시는 되돌아가고 싶지 않은 끔찍한 악몽이 되기도 하였다.
S가 남자와의 동거를 꿈꾸었던 것은 그녀가 유일하게 기댈 수 있는
울타리 같은 존재를 통해 안온한 따뜻함을 느끼고 싶었기 때문이
다. 하지만 S는 그녀가 아프거나 힘들 때 성의 없이 대하는 남자가
실망스럽다. 그래서 S는 남자가 그녀를 성적 노리개로 적당히 가지
고 놀다가 버리는 도구가 되는 건 아닌가 하는 의구심을 드러내기

도 하였다. 게다가 S는 그녀가 남자에게 바라는 것은 두 사람만의 아이를 낳아서 가정이란 울타리 안에서 가족을 이루고 싶은 마음이다. 그러나 아이를 원하지 않는 동거남에게 그녀 자신은 성적 파트너 이상의 관계가 되지 못한다고 하였다. 그래서 그녀는 남자가 그녀를 사랑하지 않는다는 생각이 점차 커지고 있고, 이러한 갈등적 생각이 남자와의 관계를 지치게 만든다고 하였다.

S: 제가 이 오빠한테 원하는 거는 저가 아프거나 그러면 제가 '오빠 나 이래저래해서 너무 아파' 이러면은… '많이 아파? 어디 아픈데? 병원 가자' 막 이런 식으로 해줬으면 해요. 약도 사다주고… 죽도 사다주고 이런 거 있잖아요. 로맨틱한 거 그런 거 있잖아요. 아프다고 땀 흘리고 그러면 수건 갖고 이마에 적셔가지고 그런 식으로 해줬으면 좋겠는데… 이 오빠는 '어! 그래 병원 갔다 와' 이게 전부에요. 저가 아프고 힘들 때 옆에 있어 주고, 챙겨주고 했으면 좋겠는데… 이 오빠는 저랑 섹스하려고 같이 산다는 생각만 들어요. 뭐 사귈 때 잘해준다고 하는데… 말로만 잘해주는 거 같고. 신경 써 준다고 했는데, 신경도 안 써주고 전화 받아야 하는데 안 받고… 너무 싫거든요. 저를 사랑하지 않는 것 같아요. (회사에서 함께 일하는)언니들이 남자들은 오래되면 그렇게 된다고 하는데, 저는 하도 많이 당하다보니까…

이 오빠도 내가 장애가 있으니까 적당히 놀다가 이용하는 건가… 뭐 이런 생각을 하는 거죠.

해영: ○○씨한테 좀 더 따뜻하게 대해주지 않는 것이 속상하나보네요. 혹시 오빠랑 결혼해서 함께 살고 싶은 건가요?

S: 네. 사실 제가 보육원에 있을 때 갓난아기들이 되게 많았거든요. 제가 한 6, 7살 때부터 뭐 그때부터 아기를 봐왔기 때문에 아가만 보면 너무 좋아요. 가다 보면 가족들이 있잖아요. 보면 부럽고 너무 귀여워요. 아가들이… 월세라도 방 한두 개 있고, 거실 좀 넓고 그런데서 결혼해서 아가 낳고 행복하게 사는 게 제 꿈이죠…(중략)…임신되면 그냥 가져서 낳았으면 좋겠는데… 자기는 없데요. 원하지 않는다는 식인 거지. 제가 원하는 게 솔직히 아가를 가지고 싶어요. 제 형편으로는 아기를 못 가지잖아요. 오빠가 원해야 아기도 갖고 낳아서 키울 수 있는데… 이 사람은 막 밖에다 (사정을)하니까 나는 안에다가 해줬으면 좋겠는데… 나는 성관계 맺고 싶을 때마다 맺는 그런 여자구나 한마디로 '섹스 파트너구나' 이런 생각이 들더라고요. 이 오빠랑은 그냥 함께 살고 성관계 할 뿐이지… '나를 사랑하는 게 아니구나…' 지친 거죠. 서로 지쳐있는 것 같아요.

해영: 요새 권태기인가요?

S: 오빠랑 권태기이긴 한데… 저는 솔직히 헤어지고 싶지 않아요. 헤어지고 싶다는 생각을 하긴 해요. 근데 권태기가 왔다고 해도, 저는 이 사람 없으면 안 될 것 같아요. 아프면 걱정되고, 밥 제대로 먹었는지, 좀 다쳐도 마음이 아프고. 저는 오빠를 사랑하는 것 같아요. 오빠랑 같이 결혼식도 올리고 애기도 낳고 그냥 그렇게 살고 싶어요. 진짜 부럽게 사는 부부들처럼… 제가 진짜 오빠한테 원하는 건 그런 거예요.

K의 경우, 과거 한 남자와의 동거생활 경험은 기억하고 싶지 않은 끔찍한 경험으로 기억되고 있다. 그녀는 조건만남이란 불법 성매매를 자신에게 강요하고, 때와 장소를 가리지 않고 폭력을 일삼았던 과거 속 동거남이란 존재 자체가 그녀의 뇌리에서 지워버리고 싶은 최악의 남자였다는 것을 구술하고 있다.

K: 전 남자친구랑 같이 ○○에서 한 4년, 5년 같이 살았어요. 근데 남자친구한테 맞았어요. 몇 번 맞아가지고… 그게 안 좋았던 거고. 그거 생각하면 지금 그냥 기억하고 싶지가 않아요.

해영: 혹시 전 남자친구가 무엇 때문에 ○○씨한테 폭력을 행사했는지 물어봐도 될까요?

K: 가끔씩 어딜 가면은 뭐 이렇게 연락해도 잘 안 될 때가 있잖아요. 전화를 못 받았어요. 진동으로 해서… 저랑 같이 살고 있었잖아요. 그때 남자친구 친구랑 남자친구가 데려온 여자친구랑 같이 있었거든요. 그 여자랑 같이 은행에 있었는데… 그 뭐지… 은행에서 잘 안 되잖아요. 돈 뽑으면 잘못 눌러가지고 막 잘 안 뽑힐 때가 있잖아요. 그럴 때였거든요. 전화를 안 받았다고… 그것도 길거리에서 다짜고짜 때렸어요. 그때 너무 창피하고, 막 때리니까 무섭고…뭐 지금 생각해보면 나를 자기 여자로 생각 안 했으까, 조건만남 그런 걸 시켰겠죠. 자기 여자한테 그런 걸 시키는 사람은 아마 그놈밖에 없었을 거예요.

해영: 많이 힘드셨겠어요. 전남자친구가 많이 원망스럽고, 무섭기도 하고요.

K: 그 오빠랑 같이 산… (그때가) 제일 최악이었어요. 제 인생에서 싹 지워버리고 싶어요.

이처럼 장애여성이 생각하는 동거에 대한 스펙트럼은 꽤나 다양해 보인다. 어떤 여성들은 동거를 선택한 당사자가 성적 욕망만 있고, 책임감이 떨어지는 사람이라고 하였고, 부정적이고 따갑기만한 사회적 시선 속에서 동거를 당당하게 밝힐 수도 없는 행위를 선택하는 신중하지 못한 사람이라고 이해하였다. 그로 인해 장애여성들은 동거생활을 선택하는 사람들을 그것이 주는 혼란감과 끝났을 때 감당해야 할 상처의 진폭을 미리 고려하지 않는 가벼운 사람으로 이해하는 듯하다.

하지만 반대로 동거 경험을 상대의 진면목을 제대로 확인할 수 있는 현명한 기회이자, 헤어질 때 쉽게 결별할 수 있는 현실적 선택이라고도 하였다. 또한 동거는 단 한 번뿐인 인생에서 타인의 시선을 의식할 필요 없이 두 사람 간 서로 주체적으로 선택해야 할 자율적 영역이라고 하였다. 그렇지만 두 지적장애 여성이 경험한 동거생활은 그녀들이 애초에 기대했던 낭만적 연애 각본을 완성하기 위한 중간 다리의 역할은 하지 못하였다. 오히려 그녀들의 기대가 와해되는 균열적 경험이자, 그 기대가 독이 되어 그녀들에게 상처를 입히는 고통스러운 경험으로 이해하였다. 그래서 두 지적장애 여성에게 동거경험은 그녀들을 행복의 나라로 구원해 주는 것이 아니라, 안개 속 같은 혼란스러운 경험이 된 듯하다.

결혼생활

낭만적 연애와 사랑에 빠진 청춘 남녀라면 누구나 사랑하는 상대와 평생 부부, 가족이란 이름으로 묶여서 행복하게 살고자 하는 결혼생활을 꿈꿀 것이다. 사랑에 빠진 남녀는 결혼 제도를 통해 누구보다 더 잘 자신을 이해 줄 것 같은 연인과 헤어질 필요가 없이 함께하고 싶은 욕구를 실현해 간다. 또한 이 커플은 두 사람만의 섹스와 사랑의 감정을 교환하는 독점적인 사랑을 완성하고자 한다. 물론 모든 커플들의 결혼이 낭만적 연애와 사랑의 이상적 완결체로서만 존재하는 것은 아니다.

어떤 이들에게 자신의 사회경제적 신분을 상승시켜줄 수단이 되거나 혹은 그러한 사회경제적 결핍을 채워줄 수단적 도구로 활용되기도 한다. 어디 그것뿐일까? 현대사회는 성과주의와 능력주의라는 무한 경쟁이 무한대로 증식하는 사회이고, 이 속에서 젊은 청춘들은 연애와 사랑, 결혼과 자녀 출산도 포기한 '삼포세대'로 위치하고 있다. 이로 인해 이들은 사랑하긴 하지만, 결혼을 통해 가족으로 묶이는 것을 포기하고, 장기간 연애 커플로 머물거나 혹은 동거커플에 만족하기도 한다. 비록 결혼을 선택한 커플일지라도, 이들 중 일부는 출산과 양육을 선택하지 않는 무자녀 부부로 살아가기도 한다. 여기에 사랑의 낭만적 완성일 것 같은 결혼의 이상이, 냉담한 현실과 교차할 수밖에 없는 지점이기도 하다. 그럼에도 불구하고 많은 장애여성이 결혼이라는 선택을 통해 가족을[95] 형성하며, 이때의 가족은 법률과 혈연으로 묶일 뿐만 아니라, 결혼한 여성에게 요구하는 성역할과 규범 속으로 자의든, 타의든 걸어 들어가는 것을 의미한다.

그렇다면 장애여성의 결혼 선택은 실제 현실에서 어떻게 이루어지고 있을까? 다시 말해 장애여성들에게 결혼이란 어떤 이상적 생각과 꿈으로 드러나며, 이것은 어떠한 현실의 장벽에 부딪치고, 그로 인한 혼란을 경험하는 역동의 장으로 나타나고 있을까?

이 글에 참여한 장애여성 다수는 사랑과 연애란 다소 모험적이고 불안정한 관계에서, 평생 함께할 수 있는 반려자로서 결혼이란 안정된 관계로 진전해 나가기를 희망하였다. 그렇기에 그녀들에게 결혼이란 사랑하는 누군가를 만나 그와의 신뢰를 토대로 새로운 세계로의 진입을 의미한다고 여겨지고 있다.

장애여성 T는 20대 중반이 넘어서면서 장애특성과 감정을 잘 이

---

95. 조사에 따르면 만 18세 이상 장애여성의 72.4% 정도는 20-29세 사이에 결혼을 하며, 장애가 있는 상태에서 결혼한 여성은 전체 장애여성의 약 21.5% 정도인 것으로 나타나고 있다. 한국보건사회연구원, 2020, 앞의 글, pp.361-384.

해해주고 보듬어 주며, 그녀가 기댈 수 있는 편안하고 안정감 있는 사람이 있다면 그와 결혼까지 해보고 싶다. 그녀는 어린 시절부터 자주 티격태격 싸우면서, 배우자에 대한 험담을 늘어놓는 아버지와 어머니로 인해, 스트레스를 받았다. 그래서 T는 어린 시절부터 누군가와 결혼해서 사는 건 상당히 정서적으로 힘든 일일 수 있겠다는 부정적 생각을 하였다. 하지만 그녀가 신뢰할 수 있는 비장애인 남성이면서, 그녀를 잘 헤아려 줄 수 있는 사람이라면, 혼자 살아가는 것보다 둘이 함께 사는 것이 더 행복한 삶일 거라고 생각하고 있다. 그래서 그녀는 호감이 가는 남성에게 좀 더 진실하게 다가가 발전된 관계로 나갈 수 있다면, 진지하게 결혼까지도 고려해보고 싶다. 장애여성 B도 자신에게 편안함을 주면서 서로를 배려하고 존중할 수 있는 남성이 생긴다면, 그와 친구처럼 평생을 안정감 있게 살아보고 싶은 결혼 욕구를 드러내고 있다.

결혼은 해보고 싶어요. 이제 20대 중반이 되었고… 옛날에는 결혼하지 않고 사는 게 정서적으로 좋을 것 같다는 생각을 하기도 했었거든요. 부모님이 맨날 티격태격 싸우면서 엄마는 저한테 '니네 아빠가 어쩌구, 저쩌구', 아빠도 저한테 엄마에 대한 안 좋은 이야기를 하고… 그런 것들이 좀 힘들긴 했어요. 이제 나이가 점차 먹어가다 보니까… 나랑 상황이 다른 상대가 한 명 정도 있었으면 좋겠다. 좀 기댈 수 있고… 저를 이해해주고 제 감정을 잘 알아차려 주는 그런 사람이 좋거든요. 제 장애 상황을 충분히 헤아려줄 수 있고. 만약 그런 사람을 만날 수 있다면, 저는 결혼해 보고 싶어요. 아직은 경험이 없어서 어떻게 될지 모르겠지만… 만약 그런 비장애인 남성분에게 신뢰가 생기면… 그 사람한테 저를 좀 더 적극적으로 드러내고, 진실하게 다가가고 싶어요. 그런 사람이라면 두 사람이 함께 사는 것도 괜찮을 것 같다….

(T)

저는 성격이 차분하고 조용한 편이라, 남자분도 그런 사람을 만나고 싶어요. 친구처럼 편안하게 서로 배려하고 존중해주고… 그런 사람이 만약에 있다면 만나봐서… 서로 믿음이 충분히 생기면 결혼하고 싶어요. 제 나이도 적은 나이도 아니고. 결혼할 때잖아요. 결혼해서 내 가정을 만들어보고 싶고, 친구 같은 사람 만나서 같이 살아보고 싶어요.

(B)

장애여성 K는 좀 더 현실적인 차원에서 결혼에 대한 생각을 드러내고 있다. 그녀는 장애인끼리 결혼해서 사는 것이 현실적으로 쉽지 않다는 것을 표현하였다. 특히 그녀처럼 인지기능이 떨어지는 사람이 장애인 남성과 결혼해 사는 것은 결코 녹록하지 않은 일이라고 하였다. 그 예로 그녀는 화재와 같은 돌발적 위험 상황이 발생했을 때, 그것에 적절하게 대응하는 것이 쉽지 않다고 하였다. 거기다 아이를 출산하여 부부가 이것에 소요되는 비용을 부담할 때 그 비용이 꽤 크다는 점에서, 장애인끼리의 결혼을 반대하였다. K는 만약 그녀가 결혼을 하게 된다면, 자신은 비장애인 남성과 무조건 결혼할 것이란 생각을 이야기하였다.

K: 어떤 뉴스에서 장애인 부부들이 사망하는 경우가 있었잖아요. 불났거나 그런 좀 위험한 거요. 뉴스를 보니까… 장애인끼리 결혼해서 사는 건 많이 힘들 것 같아요.

해영: ○○씨는 결혼해도 잘 살 수 있을 것 같은데요?

K: 그래도 장애인끼리는 힘들어요. 결혼은 현실이라고 하잖아요. 저도 머리가 부족한 사람인데, 둘 다 부족하면 (결혼해서) 사는 게 힘들죠.

해영: 예를 들면 어떤 점이 힘들까요?

K: 음… 돈도 벌어야 하고, 애기 생기면 키워야 하는데… 돈이 항상 부족하잖아요. 애 키우면 더 부족하고… 뭐 예전에 옛날 남자친구랑 같

이 살던 여자애랑, 그 여자애 남자친구랑 있었어요. 그 여자애가 애를 낳았는데, 제가 봐줬거든요. 애 분유먹이고, 기저귀, 병원가고… 돈이 엄청 많이 들더라고요. 이게 그때부터 저는 무조건 일반… 저는 비장애 남자랑 결혼할 거예요.

하지만 장애여성 J는 결혼에 대한 부정적 생각을 드러내기도 하였다. J의 결혼관은 그녀의 실질적 보호자인 어머니에게서 영향을 많이 받은 것으로 보인다. J는 장애인이 장애인과 만나 결혼할 경우에, 경제적으로도, 자녀양육에 있어도 힘들 것이란 이야기를 하였다. 또한 J는 지적장애가 있는 그녀와 같은 장애여성이 남편감을 잘못 만날 경우, 배우자의 폭력성으로 인해 위험에 빠지거나 혹은 극단적인 상황에서는 죽을 수 있다는 두려움을 드러내기도 하였다.

해영: 남자를 사귀면 결혼도 하고 싶잖아요?

J: 엄마가 하지 말래요.

해영: 엄마가 왜 하지 말래요?

J: 장애인이기 때문에… 장애인은 장애자랑 만나서 올 까봐요(만나서 결혼할까 봐서요). 남자가 장애인이기 때문에… 둘 다 장애인이면 힘들데요.

해영: ○○ 씨도 엄마처럼 생각하나요?

J: 둘 다 장애인이면 힘들어요. 돈도 벌어야 하고… 애 낳으면 키워야 하는데 힘들어서, 어떻게 해요.

해영: 왜 결혼은 안 하고 싶은 건가요?

J: 제가 장애인이기 때문에… TV에서 봤는데요. (남편이 장애인) 부인을 죽이고. 그러데요. 장애가 있으니까 (저도) 죽을 수 있으니까…

해영: 왜 남편이 부인을 죽였을까요?

J: 마음에 안 드니까… (집안)일도 못하고…

해영: ○○씨는 일도 못하고, 남편 마음에 들게 행동 안하면 죽을 수 있다고 생각하세요?

J: 네. TV에서 봤어요. 저한테 폭력을 쓰면은 무섭잖아요.

한편 비장애인 부모의 장애인 자식으로 살아온 D는 부모에게 온전한 이해의 대상이 되지 못하였다. 그래서 비장애인 부모와 그녀 사이의 매끄럽지 못한 소통을 D는 실패한 삶으로 이해하였다. 그녀는 필자와의 면담 과정에서 "소통이 잘 되는 사람", "서로 말이 통하는 사람", "내 생각을 지지해주는 사람이 좋다"는 표현을 자주 하였다. 그만큼 D에게는 주변인들과의 소통 특히 그녀의 말과 생각을 잘 들어주고, 그것을 이해해 주는 사람과의 의사소통이 중요하였다.

하지만 D는 어린 시절부터 부모와 소통하고 있다고 느끼지 못하였고, 원활하지 못한 부모와의 소통을 장벽으로 느끼곤 하였다. 그것이 그녀가 자신이 원가정에서 실패했다고 보는 이유이다. 특히 D는 그녀의 어머니가 장애를 가진 자신을 다른 사람들에게 부족한 사람으로 여기며, 저자세로 이야기하는 것에 대한 불만이 컸다. 때문에 D는 현재 그녀가 만나고 있는 장애인 남자친구와 꾸려나갈 새로운 가정은 무엇보다 그녀와 소통이 잘 되는 가정으로 만들고 싶은 욕구가 크다. 어떻게 보면 D에게 연인과의 결혼은 소통의 실패로 생각한 원가정을 합법적으로 벗어나, 그녀 자신이 온전히 이해될 수 있는 새로운 소통의 장으로 여겨지는 듯하다.

사춘기부터 저는 아빠랑 자주 부딪쳤거든요. 아빠는 늘 비판하는 식이었거든요. 저희 집은 어렸을 때부터 아빠는 도덕책, 엄마는 걱정쟁이… 지금도 변한 게 없어요. 저는 그렇게 살아온 것 같아요. 그렇다 보니 늘 소통이 잘 안 된다고 생각을 했어요. 저희 부모님은 비장애인이다 보니, 저를 이해하는 것도 한계가 있었고요. 제 특성을 먼저 고려하지 않았어요. 오히려 다른 사람들 기준이 더 중요했던 것 같아요. 그래서 저는 첫 번째 가정은 실패했다고 생각을 해요. 저희 엄마는 제가 어렸을 적부터 사람들한테… 어디 수련회라도 갔다 오면, '부족한 여식 챙겨주셔서 감사합니다' 그러면서 저를 집에 데려왔어요. 저는 그 말을 여러 번 들었는데… '내가 뭘 부족 해…' 그런 경험들 속에 제 안에 좀 각인이 되었던 것 같아요. 나는 장애인이지만 할 수 있어야 돼… 못하는 건 내 잘못이야. 이런 생각들을 무의식중에 되게 많이 있어 왔던 것 같아요. 저는 이런 게 소통이 잘 안되고… 지금 생각해 보면 내가 부족한 것도 아니고. 그게 내 잘못도 아닌데, 그냥 이런 것들이 저를 많이 짓눌러 왔던 거 같아요. 저는 제 가정이 생기면 소통이 잘되는 남편, 내 아이와 만들고 싶은 거죠. 나와 온전하게 소통할 수 있는 나만의 가족이요.

〔D〕

하지만 현재 D의 결혼 이야기는 주춤한 상황이다. D는 되도록 빨리 결혼하고 싶은 그녀와 달리, 약간은 결혼을 망설이는 듯한 남자친구의 미온적 태도로 인해, 다소간의 심적 고통을 겪고 있다. 더욱이 D는 신혼집을 그녀의 주 활동근거지인 큰 도시에서 마련하고 싶다. 하지만 그녀의 예비 시어머니는 지방인 시댁 근처를 강력하게 요구하고 있다. 특히 예비 시어머니는 D와 남자친구 모두 장애가 있는 상황에서 누구의 도움이 없이 타지에서 생활하기 어렵다는 것과 혹시 아이를 출산할 경우에 남에게 어린아이를 맡겨서는 안 된다는 명분을 내세우고 있다. 그래서 D는 결혼을 준비하는 과정에서 예상되는 고부간 갈등을 생각만 해도, 머리가 아프다.

남자친구가 RP(선천적 망막색소변성증)거든요. RP가 있는 사람이 결혼해서 2세를 낳으면 애기가 유전자 보유자가 되거나 실제로 RP가 된다고 하더라고요. 어차피 낳으면 장애아일 상황인데… 둘 다 전맹이고, 집에서 생계를 책임질 사람이 본인밖에 없어서… 남자친구는 거의 공백이 없이 일을 했거든요. 그런데 본인이 부모님을 책임져야 하고. 오빠 아버지가 고정적인 일이 없다 보니까… 아버지의 그런 무기력한 모습 보면서… 결혼을 해서 가정을 꾸린다는 게 좀 망설여져 지는 게 있나 봐요. 저는 되도록 빨리 결혼을 하고 싶고. 일도 계속하고 싶거든요. 그런데 남자친구 어머니는 부모님 집에 들어와 살아라… 어차피 어머니가 키워주셔야 하니까… 저는 남자친구 집에 들어가서 살기 싫거든요. ○○○ 시거든요. 거기로 가면 솔직히 저는 애밖에 키울 일이 없거든요. 그런 것 때문에. 오빠랑 갈등이 있었는데… 그런 복잡한 이유로 결혼 이야기를 한참 하다가 요사이 주춤하고 있어요. 그런 것들이 좀 심적으로 힘들어요…(중략)…또 저는 시어머니 되실 분이랑 고부갈등이 발생할 것으로 예상되거든요. 시어머니 되실 분이 다혈질이시고 급하시고, 본인 기준이 중요하고… 본인이 하시고자 하는 건 끝까지 하시려고 하시는 게 있더라고요. 그중 하나가 신혼집을 어디에서 차릴 것 인가… 그것 가지고 말들이 오고 갔는데… 예비 시어머니 되실 분은 '서울에다 살림을 차리면, 나 너희 집 절대 안 가, 나 너 안 봐' 이런 식으로 말씀하시는 게 있었어요. '안 보이는데 어떻게 사느냐, 밖에 사람들을 뭘 믿고 아이 키우는 걸 맡기냐' 이런 말씀들을 하셨거든요. 그랬을 때 당연히 저랑은 부딪칠 수밖에 없는 거니까…본격적으로 결혼 준비를 하게 되면 이런 게 크게 갈등이 될 텐데, 생각만 해도 골치가 아파요.

(D)

장애여성 L은 결혼의 선택 여부를 상당히 기능적이고 이해타산의 차원에서 접근하고 있었다. 그녀에게 결혼은 필요에 의해 할 수 있고, 하지 않을 수도 있는 것이다. L은 자신도 최근에 헤어진 남자와 장기간 연애를 하였고, 저녁 시간 때에는 그녀 집에서 남자와

주로 생활하였다. 하지만 그녀는 그 남자와 법적 결혼까지는 생각해 본 적이 거의 없다. 이유는 그녀가 국가의 생계급여와 의료보호를 받는 국민기초생활수급자라는 점에서, 남자와 법률혼으로 묶이는 것은 곧 수급자 탈락을 뜻하기 때문이다. 더욱이 이것은 거주공간에 있어서도 그녀 자신이 심각한 위기 상황으로 내몰릴 수 있는 위험한 선택이 될 수 있기 때문이다. 그녀는 자신의 미래가 불투명한 상태에서 국가로부터 제공받는 서비스를 과감하게 포기할 만한 사람은 많지 않다고 하였다. 그로 인해 L에게 결혼이란 곧 선택의 문제이고, 이러한 선택은 장애여성 당사자들이 처한 현실의 상황과 조건을 고려하여 선택하는 것이 중요하다고 하였다.

아저씨랑 결혼 생각은 해 봤는데⋯ 이 분이 돈을 벌고 있으니까. 둘이 합쳐서 살게 되면 수급자 이게 문제가 되는 거지. 수급자에서 탈락하는 것도 있지만⋯ 이게 지금 여기 사는 임대아파트, 병원 뭐 이게 다 문제가 된다는 거지. 학비도 수급자는 혜택이 많잖아요. 이 아저씨랑 평생을 할지 어쩔지 그것을 모르는데⋯ 혼인신고를 해서 부부로 사는 건 아닌 거지. 저 아는 장애인 중에도 수급자 문제 이런 거 때문에, 나처럼 결혼을 안 하고 사는 사람들이 많아요. 혼인신고는 원하면 할 수는 있어요. 그래도 또 현실이 중요하니까⋯ 뭐 안 하고 살 수 있으면 사는 거지.

〔L〕

한편 장애여성들은 결혼 진입의 걸림돌이 배우자 혹은 장애여성 가족의 편견과 반대가 작동한다고 언급하였다. 장애여성 P는 예비 시어머니 될 사람의 편견 가득한 폭력적 언사에 상처받았다고 하였고, M은 정신장애인에 대한 부정적 생각을 드러내는 그녀 가족과 예비 시댁 가족들에게 불편한 감정을 드러내었다. Q의 경우, 장애인관련 일에 종사하는 남자친구 어머니가 그녀와의 결혼을 반대하면서, 직업상 누구보다 그녀를 이해해 줄 것으로 믿었던 예비 시어머니의 반대에 상처받았던 경험을 구술하였다.

먼저 P는 자신이 그토록 원하던 8살 연상의 비장애인 남성과 결혼까지 약속하게 되면서, 양가 부모가 함께 만나는 상견례 자리를 마련하였다. 하지만 P는 그 자리에서 예비 신부로서 엄청난 모멸감을 느낄 수 있는 모욕적인 말을 시어머니 될 사람으로부터 듣게 된다. 그것은 하반신을 제대로 쓰지 못하는 P가 아들의 성욕을 만족시키지 못해서 자신의 아들이 외도를 하게 된다면, 어떻게 할 것인지를 P의 부모와 그녀에게 아무렇지 않게 물어보는 사건이 발생한 것이다. 그 말은 그녀가 남편 될 사람의 성적 욕구를 만족시켜주지 못할 것이란 생각을 미리 전제하는 것도 문제지만, 그녀 자신과 부모에게 그런 수모를 주었다는 것이 더욱 참기 힘들었다. 하지만 P는 그 치욕적 상황 안에서도 남자와의 결혼이 깨어질 것을 노심초

사하였다. 그래서 그녀는 그 상황에서 아무 말도 하지 못하는 자신이 더욱 비루하게 느껴졌다.

이때의 상처는 그녀의 마음에 커다란 가시로 박혀서, 결혼생활 내내 남편으로부터 자신이 버려질 수도 있다는 두려움의 출발점이 되기도 하였다. 그리고 이 두려움은 습관적으로 남편을 의심하거나, 그의 휴대폰을 수시로 확인해 보는 좋지 않은 행동으로 나타난다고 하였다.

상견례 할 때 아버님이 어머님 돌아가시고… 바로 재혼을 하셨는데 그 새어머니라는 분이…(중략)…저희 엄마, 아빠한테 살면서 ○○이(P의 남편)가 바람피우면 어떻게 하실 거냐? 이렇게 물어 본 거예요. 그때 제가 수치심을… 너무 여자로서 수치심을 느꼈어요. 엄마, 아빠도 당황해서 아무 말도 못 하고… 진짜 그 상황이 수습이 안 되는데… 거기서는 또 결혼하지 말자, 어쩌자 할까봐 제가 아무 말을 못했어요. 그런데 이 수치심이 내가 언제든지 이 사람한테 버려질 수 있다는 생각과 어우러지니까… 의심이 되는 거죠. 그러다 보니 제가 이 사람이랑 30년을 살았잖아요. 저는 (남편의 핸드폰을) 매일 봐요. 대 놓고 봐요. 이게 나쁜 건데, 습관이 되어버린 거지.

〔P〕

M의 경우는 양쪽 집안에서 조현병을 가진 그녀와 배우자에 대해 정신장애를 가진 사람들끼리 결혼하려고 하는지를 이해하지 못하였다. 그녀는 배우자와 자신을 환자 취급하며 둘 사이의 결혼을 반대하는 친가족에 대해, 약물로 관리를 잘하면 비장애인과 다를 바 없이 잘 생활할 수 있는 사람들이라는 것에 목소리를 높였다. 또한 그녀는 순수하고 착한 사람들이 정신장애인이 되는 경우가 많으며, 오히려 정신장애인을 무조건 안 좋게만 바라보는 비장애인들의 부정적 생각이 속상한 현실이라고 하였다.

왜 하필이면 환자랑 결혼을 하나 좋은 사람도 많은데… 처음에는 우리 언니랑, 신랑 누나랑 양쪽 가족들이 반대를 했어요. 제가 그랬어요. 언니한테. 환자라는 식으로 취급하지 말라고… 정신과 약 먹는 사람들은 약을 먹는다 뿐이지, 약만 먹으면 일반인이랑 똑같다고. 똑같이 생각하고 느끼고, 행동하고, 말하고, 언니 잘못 알고 있는 거야. 우리 일반 사람들이랑 똑같아. 감정도 있고, 느끼는 것도 생각도 있고… 약만 먹으면 똑같아… 제가 막 뭐라고 했거든요. 사람들이 조현병이라고 그러면 편견을 갖고 있어서… 너무 순수하고 착해서 걸린 병이거든요. 사람들은 편견을 갖고 아주 잘못 생각을 하고 있는 거여서… 지금까지 아무 탈 없이 10년 넘게 잘 사니까 언니들도 신랑이랑 저를 인정을 해요. 그래도 사람들이 워낙 편견이 높다 보니까… '쟤 조현병이야! 그런 사람이랑 만나지 마!' 이런 편견이 분명히 있거든요. 다 직장 갖고 떳떳하고 건강하게 얼마나 잘 사는지 몰라요. 그런 게 안타까워요. 일반인들은 우리들을 잘 모르고 무조건 편견으로만 보니까… 우리 언니랑, 신랑 누나네랑 생각이 다 똑같았던 거지. '왜 하필 정신병 있는 사람이냐' 이거지. 약 잘 먹고 잘 관리하면 되는데… 조현병 뭐 그러면 사람들이 일단 피하려고 하고… 안 좋게 보려고 하니까 화가 나는 거지.

〔M〕

Q는 오랫동안 장애인 관련 일을 해온 남자친구의 어머니가 결혼을 적극 반대하는 이유에 많이 놀랐다. 시각장애가 유전되고, 이로 인해 장애 아기가 태어날 수 있다는 우려 때문이었다. 장애인에 대한 이해도가 높은 직업을 가진 사람이 오히려 결혼을 반대했다는 점에서도 서운한 마음이 컸다. 하지만 그녀의 남자친구는 태어날 아이가 시각장애가 있건, 없건 상관이 없다고 그의 어머니에게 확실하게 자신의 생각을 말하였고, Q가 아니면 누구와도 결혼하지 않겠다는 굳은 생각을 드러내면서 결혼까지 이르게 된다.

비장애인랑 결혼을 한다고 하니까… 시어머니 되실 분이 반대를 좀 하셨죠. 그냥 제가 장애인이니까… 그게 첫 번째 이유이었고, 손주를 낳으면 애기가 시각장애인이면 어떻게 하냐? 왜냐면 저희 엄마도 시각장애인이고, 이게 유전이다 보니까… 시어머니 되실 분이 그런 거를 반대했죠. 사실 시어머니가 오랫동안 활동지원사를 해온 분이거든요. 장애인에 대한 이해가 있는 분인데도 반대를 하니까… 많이 놀라긴 했죠. 자기 아들이니까 그랬겠죠. 그때는 좀 많이 놀라고 서운하긴 했어요. 제 남편은 애기가 전맹이어도 상관이 없다. 장애인으로 태어나든, 비장애인으로 태어나든 그건 상관이 없다… '그냥 저라는 사람이면 된다' 자기 엄마한테 확실하게 말을 하고… 나 아니면 결혼 안한다고 자기는… 저한테 '엄마 말은 신경 쓰지 말라' 자기가 해결한다고 그랬죠.

〔Q〕

한편 결혼생활을 한창 영위해 나가고 있는 장애여성들은 자신의 장애특성으로 인해 가사노동을 원활하게 수행하기 어렵다는 것을 밝히기도 하였다. 먼저 Q는 결혼이란 독립생활을 하면서 가장 좋은 점은 친정 부모의 과도한 관심과 간섭에서 벗어날 수 있다는 점이라고 하였다. 오히려 그녀가 하고자 하는 것을 '해보라'며 권하는 남편의 지지적 태도에 결혼을 잘했다는 생각이 들 때가 많다. Q는 결혼생활에서 자신이 어느 정도 담당해야 할 가사노동에 최선을 다하려고 노력한다. 그러나 남편이 '청소한 것 맞느냐?'며 타박할 때면, 비장애인 남편이 자신의 장애특성을 잘 이해하려고 하는 것 같지 않아 서운한 감정이 올라온다.

> 결혼을 해서 독립을 하니까 이런 부모님의 통제와 과도한 관심 이런 것에서 좀 벗어나 있으니까⋯ 저는 결혼을 잘한 것 같아요. 오히려 남편은 '너 하고 싶은 거 해' 되게 지지를 해주거든요. 근데 이게 또 결혼하니까 뭔가 집안 곳곳 신경을 써야 할 게 많더라고요. 저 같은 경우에는 방바닥에 굴러다니는 머리카락 그런 건 안 보인단 말이에요. 그리고 곰팡이 같은 것도 큰 건 모르는데⋯ 잘 안 보이는데, 있으면 잘 모른단 말이에요. 오빠는 머리카락 굴러다닌 거 싫어한단 말이에요. 뭐 나는 한다고 열심히 청소를 해 봤는데⋯ 신랑은 청소한 거 맞냐고⋯ 그렇게 말을 한단 말이에요. 신랑은 잘 이해를 잘 못하는 것 같아요. 그건 시각장애인 내 특성을 이해하는 말을 하는 건 아니니까⋯ 좀 서운할 때가 있죠. 그러면 저도 말이 좀 이쁘게 안 나가고⋯.
>
> (Q)

M의 경우도, Q처럼 집안 살림과 관련하여 남편에게 서운한 감정을 드러내고 있다. 그녀는 결혼 전에는 "하늘의 별도 따다" 줄 것처럼, 잘해주던 남편이 사소한 심부름을 아무렇지 않게 너무 자

주 시키면서, 남편이 변하였다고 생각하였다. 또한 조현 증상으로 인해 요리를 잘 만들지 못하는 M이 나름대로 정성스럽게 만들어 놓은 밑반찬에 대해, 남편이 맛이 없다고 소리지르며 타박하는 모습에 서운할 때가 있다고 하였다.

결혼 전이랑 후랑 조금 많이 다르더라고요. 결혼 전에는 뭐든지… 진짜 하늘의 별도 다 따다 줄 거처럼, 쓸개나 다 떼어줄 것 같이 그러더니… 결혼하니까 이제 '이 여자는 내꺼다' 그런지 몰라도 막 심부름을 시켜 먹어요. '커피 타와. 뭐 이것 가져와, 이것 좀 해줘'… 저는 일단 남편한테 순종은 하는데, '원래 이 사람 성격이 그런가. 아니면 결혼하고 변한 건가'… 거기다가 아무래도 아프다 보니까, 좀 부족한 부분이 있어요. 다 잘하지는 못해요. 남편이 직장생활을 한 10년 다녔는데, 그때는 본인 일도 힘들고 지쳐서 그랬나… 저가 똑똑하지 않고 그러다 보니 제가 요리를 잘 못했어요. 어느 날 집에 돌아와서 막 소리를 지르는 거예요. '이게 반찬이야' 저녁을 안 먹는 거예요. 반찬 마음에 안 든다고 짜증을 내는 거야… 그때는 내가 이 사람한테 이런 말을 들어가면서 살아야 하나 이런 생각도 들고…(중략)…그때그때 밑반찬 만들고 요리해서 남편 먹이고 하는 게 저한테는 아직까지는 좀 어려운 문제에요. 근데 내 딴에는 한다고 하는데 화를 내버리니까… '결혼을 잘못했나' 생각이 들고.

[M]

장애여성 Y의 경우, 직업적으로 매우 바쁜 배우자로 인해 집안 일과 아이 양육을 그녀가 전담하면서, 이로 인한 스트레스가 크다고 하였다. 하지만 그녀의 남편은 Y의 장애가 스트레스에 취약하다는 것에 관심을 가져주지 않고, 집안 살림과 아이 양육에 지쳐가는 Y를 더욱 외롭게 만든다. 생계를 위해 열심히 일하는 남편 덕에 경제적으로 힘든 문제는 없다. 그러나 최근 남편이 내 집 마련을 위해 두 가지 일을 함께하면서, 그녀와 아이에게 소홀해지고 있는 것이 사실이다. 최근 그녀는 배우자와 대화할 시간도, 그녀의 상황이나 기분 상태를 남편으로부터 이해 받을 수 있는 기회도 부족한 결혼생활이 재미가 없다. 그래서인지 Y는 좀 더 공감해주고, 의지가 되는 같은 장애유형을 가진 사람들끼리 만나 결혼한 커플이 부럽기만 하다.

저 같은 사람은 스트레스에 취약해요. 표출을 해야 하는데, 그거를 어떻게 표출을 해야 하는지를 잘 모르고… 어렸을 때부터 스트레스 관리하는 방법을 안 배워서 잘 몰랐어요. 그게 신랑하고 사는 거나, 애를 키우는 데 있어 제일 어려운 문제인 것 같아요. 지금은 신랑이 너무 바빠요. 가정을 먹여 살리려고 바쁜데 잠들 시간에만 같이 있다 보니까… 경제적으로 힘들지는 않는데, 외로울 때가 많아요. 요새는 신랑이 투잡을 뛰어요. 집 살 돈 마련해야 된다고… 주말에는 힘드

니까 잠자기 바쁘고, 나는 애랑만 보내고, 대화할 시간이 없
는 거죠. 항상 이 사람은 바빴어요. 결혼할 때부터… 가끔은
(정신장애인)회원하고 살았으면 어땠을까? 경제적으로 힘
들지만 서로 의지도 하고… 그런 점에서 부러울 때가 있어
요…(중략)…저도 남편이 싫은 건 아닌데, 같이 있는 시간
도 너무 없고, 너무 일에만 집중해 있고… 내 병을 다른 사
람한테는 얘기를 못해요. 함부로 얘기하면 오해할 수도 있
고… 내 상황이나 기분에 대해 서로 이해해 줄 수 있는 것이
너무 적다고 해야 하나?

〔Y〕

더욱이 Y는 결혼생활 5년이 지났지만, 시어머니, 시댁 식구들은
아직 그녀의 정신장애에 대해 알지 못한다. 시댁식구는 그녀가 어
려서부터 혼자 자라서 불안 정도가 높고, 이로 인해 약을 복용한다
는 정도만 알고 있을 뿐이다. Y는 그녀의 장애 상황이 혹시 알려지
게 되면, 조현병에 대한 사회적 인식이 좋지 않은 분위기에서 가족
내 갈등 상황으로 번질 수 있다는 것을 우려하고 있다.

아직까지 시어머니나 시댁 식구들은 제 병에 대해 정확하
게 잘 몰라요. 좀 몸이 안 좋다 정도고 그냥 약간의 불안이
있다. 어렸을 때부터 부모님이랑 떨어져서 이런 불안이 좀
있다 정도만 얘기를 했어요. 그래서 약을 먹는다…조현병

이 있다 그러면 일단 안 좋게 보는 거가 있잖아요. 사람들이 악한 일을 저질렀을 때 핑계를 대는 게 조현병이거든요. 근데 막상 조현병에 걸린 사람들은 그렇게 나쁜 사람들이 많지 않아요. 그냥 마음이 여리니까 걸리는 병이고… 물론 그 중엔 악한 사람도 있긴 하겠죠. 진짜 못된 짓 하는 사람들이 나쁜 짓을 해놓고 조현병이라고 핑계를 대는 것 같아요. 사회 뉴스 그런 거를 보면… 그래서 시어머니가 제 상황을 알면 받아들이는 입장이 어떻게 될까? 그런 면에서 미래가 좀 많이 걱정이 되긴 해요.

〔Y〕

P는 그녀와 좀 더 함께하는 시간과 기회를 늘리려고 하기보다, 오히려 P를 배제하는 쉬운 방식을 선택하는 배우자에게 최근 들어 서운한 마음과 거리감을 느끼고 있다. 그녀는 딸이 몇 년 전 외국으로 유학을 갔고, 외국에 있는 딸 핑계 삼아 가족여행을 함께 다녀오라는 친정 식구들의 권유를 받았다. 그녀는 자신의 장애가 가족들에게 방해될까봐 처음부터 외국 여행에 함께 나설 생각을 하지는 않았다. 그러나 남편이 함께 가자고 권유하지도 않고, 아이들하고만 셋이 외국 여행을 다녀오면서, 내심 서운한 마음이 컸다. 그뿐만 아니라 가족끼리 외식을 하러 갈 때도, 그녀가 탄 휠체어가 올라가지 못한다는 이유를 대면서, 대 놓고 그녀를 열외로 취급을 할 때면 남편에게 서운한 감정을 감출 수가 없다. 그녀는 부부로서

살아온 세월이 길어질수록 남편이 P와 함께 할 수 있는 것들을 고민하기보다, 그녀를 부담스러운 존재로 여기는 것 같아, 그것이 결혼생활에서 느껴지는 비참함이라고 하였다.

해영: 서운한 마음을 표현해 보신 적이 있으신가요?

P: 대 놓고 표현을 해 본 적은 없어요. 이게 나이를 먹으니까… 장애가 있는 여자가 장애 없는 남자하고 사는 게 재미있지 않아요. 남편이 저를 케어하는 거에 대한 부담감을 항상 갖고 있다는 게 느껴져요. 저 남자하고 나하고 사는 게 미래가 없다고 생각을 하니까… 저 사람이 나랑 뭘 해보려고 고민하지 않나… 이런 생각을 하는 게 비참한 거지.

뿐만 아니라 P는 신혼 초부터 비장애인인 남편에 대한 열등감이 존재했다고 밝힌다. 그녀는 처녀 시절부터 무조건 비장애인과 결혼을 해야 한다는 일념이 강하였고 결국 결혼까지 이르게 되었지만, 결혼 생활에 대해서는 자신감이 없었다. 그래서 남편이 왜 자신과 결혼했을까를 의심하면서, 남편에게 거친 말을 내뱉기도 하였다. 그로 인해 P는 남편이 그녀에게 만족하지 못하고 떠나 버릴 수 있다는 막연한 두려움이 작동하면서, 비장애인 남편을 한참 동안 의심하기도 하였다. 남편에 대한 P의 이러한 열등감은 배우자가 직업적으로 불안정한 모습을 보이거나, 가정생활을 유지하기 위한 고정적 수입원이 되어주지 못할 때도 상대의 무능력을 탓하지 못하는 이유가 되었다. 오히려 그녀는 자신이 가장이 되어야 할 이유를 비장애인 배우자와 사는 P 본인이 감당해야 하는 몫이라고 생각하였다.

아무리 생각해도 이 남자가 나랑 왜 결혼했나? 해답을 못 찾겠는 거예요. 25살짜리가 뭘 알았겠어요. 그때는 이 남자가 나랑 결혼한 이유를 못 찾겠는 거야. 그래서 제가 막 남편을 갈구고 그랬거든요. 나중에는 우리 남편이 막 울더라고요. 너무 답답해서 미쳐 버리겠다고. 지금 생각해보면 챙피해요. '내가 그렇게 자신감이 없었다'는 게 너무 챙피해요. 우리 남편을 계속 의심을 했던 것 같아요. 비장애인 남자랑 살다보니… 과연 이 남자가 나 하나로 만족할까? 하는 것이 일종의 콤플렉스… 사실은 결혼해서 살아보면 별게 없잖아요. 이게 제가 장애가 있다 보니까…뭔가 환상적인, 재미있는 결혼생활을 못한다는 콤플렉스로 작용을 한 것 같아요. 지금은 시간이 많이 지나다 보니까… 그게 부질없는 생각이라고 생각하는데… 결혼해서 한참 동안 그런 콤플렉스에 사로잡혀 있었던 것 같아요. 저희 남편은 정말 한 회사에 오래 근무하지를 못해요. 몇 달 근무하다가 그만두고… 그렇다 보니 가장 노릇을 제가 할 수밖에 없었어요. 누군가 한 사람은 고정적 수입이 있어야 하잖아요. 제가 이 일을(장애인 관련 일)하면서 대학원에서 공부도 하고… 이 과정에서 남편도 장애인활동지원사 일을 추천해 줬어요. 지금 그 일은 남편이 10년 넘게 하고 있거든요. 그러면서 저희 집은 제가 주도해서 돌아가는 집이 되었어요. 이 사람이 가장으로서 역할에서는 늘 보조적이니까… 어느 순간 제가 가장이 되고. 그때 제가 느낀 감정은 나는 늘 우리 가정을 책임지는 사람… 가장인 거예요. 이게 보통의 집은 정반대잖아요. 남편이 돈을 못 벌어 오면 무능력자라고 낙인을 찍잖아요. 우리 집은 아닌 거지… 내가 비장애인 남자랑 사는 내 몫인가… 그런 생각도 여러 번 했었죠.

〔P〕

뿐만 아니라 P는 가족 간 외식이라도 하려고 하면, 외식과 배달 사이에서 고민하는 P가 '왜 그럴까' 하는 이유는 함께 고민하지 않고, 오히려 그녀가 변덕을 부리는 것처럼 짜증을 내는 가족들에게 서운함을 느낀다. 그래서 시간이 지날수록 그녀의 장애로 인해 발생할 수 있는 여러 상황과 조건들을 좀 더 섬세하게 고려하지 않는 가족에게 서운함을 느낄 때가 종종 있다. 그녀는 30여 년 한 가족으로 살아오면서, 남편이나 자식들이 그 상황에 대해 일일이 설명하지 않아도 이해해주길 바란다. 하지만 일상이란 현실에서 비장애인인 가족들과 그녀의 장애 상황으로 인해 부딪치게 되는 사소한 갈등과 부정적 감성들이 불편함으로 나오올 때가 있다.

남편이랑 애들이랑 '오늘 우리 외식할까?' 해요. 그래… 기껏 외출 준비를 한단 말이에요. 근데 나가려고 하니까 날씨가 흐려. 비가 오면 휠체어가 젖어. 휠체어가 젖으면 모터가 망가질 수도 있고… '그러면 차라리 '우리 집에서 시켜 먹을까?' 제가 그래요. '제발 확실하게 얘기하라고' 짜증을 내요. 남편이나 애들이나… 그러면 그걸 내가 주저리, 주저리 얘기할 수 없고… 이게 굉장히 갈등이 되요. 이제는 좀 나를 이해 할 상황인데, 그게 안 되니까. 내 딴에는 많이 서운한 거고….

〔P〕

한편 장애여성 E는 비장애인인 남편과 살면서 그녀가 장애인이라는 인식을 거의 하지 않고 살아왔다. E는 한 집안의 며느리, 아내, 자식들의 어머니로서 자신에게 주어진 역할을 최선을 다해서 잘 해내려고 하였다. 그 과정에서 그녀는 장애가 있다고 해서 자신이 해야 할 역할 규범을 소홀히 여겨 본 적이 없었기에, E의 장애가 가족들에게나 친인척들에게 걸림돌이 된다고 생각해 본 적이 없다. 하지만 그녀의 먼 친척들이나 동네 이웃들이 그녀의 행동이나 일 처리를 답답하게 여기면서, 오히려 그녀가 장애인이라는 것을 확인시켜 주는 상황이 발생하면 마음이 거북해진다.

E: 나는 결혼해서 '내가 장애인이다' 이런 생각 없이 살았어요. 처음부터 시누이 데리고 살면서 시집도 보냈고… 시부모한테도 잘하려고 노력을 많이 했고. 우리 남편, 애들, 시댁 식구들한테 내가 해야 할 역할은 다한 것 같아요. 우리 남편도 그것을 항상 고맙게 생각하지. 그래서 '내가 장애인이다' 이런 생각을 거의 안 하고 살았고 했는데… 사람들이 오히려 불편하게 생각을 하는 거지. 아무래도 내 다리가 불편하고 속도가 느린 게 있잖아. 자기네들 눈에 답답해 보이는 거지. 내가 장애인이라고 해도 남편은 나한테 서운하게 한 게 없어요. 다른 사람들이 자기들이 답답하고 안타까워하니까… '안 불편하냐', '힘들어서 어떡하냐' 이랬지.

해영: 주로 어떤 사람들이 그런 말들을 했나요?

E: 자주 안 보는 사람이 그렇지. 친척들… 내가 이 동네에 이사를 온지 2년 정도밖에 안 됐거든. 그런 사람들이지. 얼마 전에도 안면이 있는 사람인데… '다리가 불편한데 왜 스틱도 안 가지고 산에 가냐'고 그러는 거야. 그 사람 입장에서는 나를 배려하는 말이지만… 나는 또 좀 기분이 좀 별로인 거야. 근데 그것도 그 사람의 정이잖아. 정을 표현한 거니까, 호탕하게 받아들여야 하지 않겠어요. 그래도 내 속마음이 썩 좋은 건 아니야.

중도 장애인이 된 장애여성 F는 마치 그녀가 다른 남자와 외도를 한 것처럼, 명분을 만들어 결국 오랜 별거 생활을 거쳐 이혼까지 이르게 된 전남편에게 커다란 배신감과 분노를 드러냈다. 그녀가 우연히 길에서 만난 남성 친구가 자신의 부인도 그녀와 비슷한 상태가 되었다며 차 한잔 마시자고 제안했는데, 몸 한쪽에 마비 증상이 있던 그녀는 자신의 몸을 뒤에서 좀 잡아줄 것을 요구했고, 이 장면을 목격한 그녀의 남편이 두 사람 사이를 오해한 것이다. 그녀는 전남편에게 상황을 차근차근 설명하였다. 그러나 그녀의 전남편은 F의 말을 믿으려 하지 않았고, 결국 이 문제가 발단이 되어 두 사람의 갈등은 점점 커지게 되었고 별거까지 이르게 되었다.

F는 점차 시간이 흐르면서 전남편이 장애인이 된 자신을 버리기 위한 명분을 그렇게 쌓았다는 생각에 분노감이 컸다. 더욱이 별거 상황 속에서도 두 사람 사이에는 아들 둘이 있었기에, 전남편은 가끔 집에 들르곤 하였다. 그런데 둘째 아이가 야한 모습의 여성 사진이 전남편의 핸드폰 메시지로 전송되었다는 것을 그녀에게 말하면서, F는 전남편의 외도 정황을 포착하게 된다. F는 너무나 자존심이 상해 남편에게 그 상황을 제대로 따지지 못하였다. 그리고 그녀가 부인으로서 성관계 대상이 되지 못하고, 그것을 원하지도 않는 전남편에게 비참함이 느껴졌다. 그녀는 그 이유가 결국 전남편과 갈라서게 된 도화선이 되었다고 하였다.

어떻게 친구랑 길거리에서 우연히 만났는데… 애 와이프도 나랑 이런 쪽으로 비슷하게 됐다는 거야. 얘기 좀 듣고 싶어서 '어디 가서 차 한 잔 마시자 이렇게 된 거야.' 둘이 아무 것도 없었거든. 그냥 내가 한쪽 편마비 때문에 휘청했어요. 그 친구한테 '야! 나 뒤에서 잡아 봐. 좀 기대보게' 이런 거야. 남편이 그걸 본 거지. 길에서… 참 우연도 어쩜 그런 우연이 겹치는 줄 몰라… 솔직히 아무것도 없었고, 내가 전후 상황을 다 이야기 했거든. 근데 그거를 가지고 난리를 치는 거야. 내 말은 들어보지도 않고… 예를 들어서 뽀뽀를 하고 있었다거나… 그러면 오해할 수 있지. 길거리 가다가 만난 건데… 결국 그 건으로 오해를 해 가지고 이 인간이 집을 나간 거야. 아무튼 그렇게 시작이 된 게 별거까지 들어가고… 별거를 오래 했지… 몸에서 멀어지면 마음에서 멀어지니까. 결국은 이혼까지 하게 된 거지. 이게 시간이 한참 지나고 나서 보니까… 내가 마치 딴 놈이랑 놀아난 거처럼 명분을 만들어서… 겉으로야 내가 우리 엄마한테 '엄마 나 괜찮어. 차라리 잘 됐어. 능력도 없는 인간' 이랬단 말이에요. 근데… 솔직히 내가 지금도 힘들어요. 아직도 생각을 하면… 마음이 힘들어요. 사랑해서 결혼까지 하고 애를 둘씩이나 낳아서 10년 가까이 살았는데, 내가 딱 장애인이 되니까… 날 버린 거잖아. 이 인간이… 그게 벌써 별거까지 합치면 7~8년이 되는데… 화가 나고, 마음이 힘들어요…(중략)…남편이랑 오래 별거를 했어도 솔직히 관계가 좋아질 수도 있었는데… 그렇게 안 된 이유가 있어요. 처음에는 집을 나갔다,

들어왔다 했거든. 어느 날은 휴대폰을 하고 있는데… 우리 작은애가 애 아빠 옆에 있는데… 무슨 문자 같은 거를 봤대요. 여잔데 우리 아들 말로 O톡이 왔나 봐. 메시지로… 근데 여자가 막 샤워하고 나온 거 같은 야한 무슨 그런 거를 찍어서 보냈다는 거야. 그 얘기를 들으니까, 나도 정내미가 딱 떨어지는 거야. '그래 여자가 있었구나. 그렇지 나가서 니가 헛짓을 안 할 리가 없지.' 나도 자존심이 있으니까… '여자 생겼냐, 어쨌냐' 내가 일절 물어보질 않았어. 어차피 이렇게 되고 나서는 부부관계 이런 것도 안 했기 때문에… 그러니까 내가 더 자존심이 더 상한 거지. 인제 그런 것들이 상처가 되다 보니까… 결국은 갈라 선 거야.

(P)

더욱이 F는 혼자 아이를 양육하는 것이 너무 힘들어지면서, 큰아들을 전남편에게 보내겠다는 의사를 밝히게 된다. 하지만 그녀의 전 시누이는 '아이들은 엄마가 키워야 한다'는 명분을 내세우면서, 그녀가 아이를 키워야 한다고 밀어붙였다. F는 전 시누이의 이런 태도를 '뻔뻔하다'고 하였고, 장애인이 되었다고 그녀를 버린 남편이 결국 누나를 앞세워 자식도 맡지 않겠다는 뻔뻔한 태도를 보였다는 생각에, 전남편에 대한 분노도 감추지 않았다.

내가 애들 혼자 키우는 게 넘 힘이 드니까⋯ 우리 큰애를 애
아빠한테 보내겠다고 했어요. 근데 우리 시누나한테 전화해
서 뭐라고 한 줄 아세요? '꼭 애를 보내야겠네?' '애는 엄마
가 키워야지' 딱 이러는 거야. 미친년⋯ 그 집식구들이 얼마
나 뻔뻔스러운지⋯ 이놈이 누나한테 시킨 거지. 마누라 장
애인 됐다고 내팽개치고⋯ 결국은 헌신짝 버리듯이 버리더
니⋯ 인제 '지 자식새끼도 안 맡는다' 이거지.

〔F〕

이처럼 장애여성들은 배우자와의 결혼생활 속에서 벌어지는 갈
등 상황과 어려움들을 이야기하고 있다. 그럼에도 불구하고 이들
은 그녀들의 결혼생활에 대한 긍정적 측면을 이야기하기도 하였
다. M은 그녀의 조현 증상을 누구보다 잘 이해해 주고 그것이 가
라앉을 때까지 차분하게 기다려 주는 남편의 지지적 태도를 결혼
생활의 긍정적 측면으로 이야기하였다. 그녀는 평상시 약물 복용
을 통해 조현병 증상을 관리하고 있지만, 여전히 잔존해 있는 강
박 증세가 갑작스럽게 발현될 때가 종종 있다. M은 보통 정신장애
의 다양한 증상들을 잘 이해하지 못하는 비장애인 배우자를 둘 경
우에, 그녀의 이러한 증상들은 결혼생활에 상당한 걸림돌이 될 수
있다고 하였다. 하지만 M은 동일한 장애를 가진 배우자 덕분에 그
녀의 장애 상황을 이해받을 수 있고, 그 상황에 놓인 그녀를 배려
해 주고 감싸주는 남편과의 결혼생활에 만족하였다.

저는 조현병이긴 한데… 아직도 강박증이 있어요. 강박증 같은 거 오면 자꾸 확인한 거 또 하고, 또 확인하고 그런 게 아직도 좀 남아있어요. 얼마 전에도 가스벨브를 잠갔는데 딱 잠그고 나서 어 내가 가스불을 잠갔나, 안 잠갔나 다시 보고, 또 가다가 다시 반복 한 5번 정도 계속 확인한 것 같아요. 문단속도 출입문을 잠갔는데, 잠갔는지 안 잠갔는지 모르겠네. 확인하고 또 확인하고. 요즘에는 한번에 (문 잠갔다고)성공할 때도 많아요. 옛날보다는 많이 고쳐지긴 했는데… 하나 걸리면 확인하고 계속 확인하고 그래요. 그런 게 다 생활에 영향을 미치잖아요. 사회생활도 그렇고. 저나 남편이나 똑같이 병을 가지고 있으니까…아무래도 서로 이해해주는 것이 많죠. 제가 이 증상이 와도 우리 오빠가 이해를 다 하니까… 그런 거는 기다려주고… 좀 편안해질 때까지 옆에 있어주고 해요. 일반 사람하고 결혼했으면, 저 같은 병을 잘 이해하지 못하죠

(M)

P는 상황에 따라 열 몇 시간이 넘게 휠체어 앉아서 직업생활을 할 수밖에 없다. 그녀는 자신의 남편이 그 상황과 장애 특성을 이해하고, 그녀의 배변 활동을 돕기 위해 한 시간씩 정성스럽게 마사지를 해줄 때면 그녀가 사랑받고 있다는 느낌을 받는다. 더욱이 그녀의 배우자가 P의 죽음과 장례까지 모두 정리하고 뒤따라가겠다

는 말을 할 때면, 그에게 그녀는 평생의 반려자이었다는 생각에 마음이 울컥해질 때가 있다. P는 그녀의 남편이 동반자로서 P의 죽음까지도 자신이 모두 책임져야 할 몫으로 이해하는 것 같다고 말하였다. P는 이것을 남편의 거룩한 부담감으로 표현하는데, 자신과 함께해온 평생의 동반자로서 그녀에게 도리와 책임을 다하려는 남편의 마음에 그녀는 새삼 고마움을 느끼는 듯하다.

  장애여성 E는 그녀가 장애인이라고 무시하는 태도를 보이는 세상 사람에게 남편이 거침없이 싸웠던 일화를 소개하면서 남편은 그녀가 기댈 수 있고, 지켜줄 수 있는 든든한 편이자 보호자라고 하였다. 그리고 E는 자신에게 우산과 같은 존재가 생겼다는 것을 결혼생활의 가장 긍정적 만족감으로 표현하였다. E가 언젠가 남편과 동행한 시장에서, 어떤 상인이 물건을 좀 깎아달라는 그녀를 향해 거칠고 모욕적 언사를 내뱉는 사건이 있었다. 그때 그녀의 남편은 상인에게 달려들어 멱살다짐을 하였다. 그녀는 당황스러웠지만, 한편으로는 그런 행동을 하는 남편을 통해, 자신을 든든하게 지켜주는 보호자가 생겼다는 생각에 묘한 감동을 느끼기도 하였다.

제가 하루 종일… 어떨 때는 열몇 시간씩 휠체어에 앉아서 생활을 하잖아요. 이게 배변 활동 이런데 분명히 문제가 와요. 최근에는 남편한테 사랑받고 있다는 느낌을 받긴 해요. 왜냐면 저 퇴근해서 오면 화장실 잘 가라고 한 시간씩 제 배 아래 쪽을 마사지 해줘요. 그런 모습 보면서 제가… '이 사람이 나를 사랑해주고 있구나' 그런 느낌을 받을 때가 있죠. 또 이 사람이 장애인활동지원사를 하면서, 저에 대한 이해도가 많이 높아졌어요. 본인 직업이 활동지원사로 바뀌고 나서… 저를 어떻게 대해야 하고, 보조해 주어야 하는지에 대한 이해도가 정말 많이 높아지긴 했어요. 나이 들면 이게(장애로 인한 문제) 더 심해지니까… '너 어떡하냐?' 걱정을 해 주거든요. 그런 걸 보면… 이 사람이 '나를 사랑하는구나' 느끼는 거죠. 또 요새는 남편이 '니가 나보다 며칠만 일찍 죽어. 내가 뒷정리 다하고 갈게…' 그런 말을 가끔 해요. 되게 함축된 의미가 있잖아요. 저희 남편한테는 제가 자기가 평생 안고 가야 하는 몫인 거예요. 이 사람이 나에게 가지고 있는 거룩한 부담감이기도 하구나…(이하 생략).

〔P〕

그때는 시장 같은 데 가면 아무래도 여자고 내가 장애인이고 하니까… 상인들 중에는 좀 무시하는 사람도 간혹 있어요. 우리 남편이랑 한 5~10년 그사이 살았을 거야. 둘다 결혼을 좀 늦게 했으니까 한 30대 중반, 후반 이 정도 됐을 것 같은데… 시장에서 내가 좀 깎아달라고 그랬거든. 근데 이 사람이 나한테 안 판다고 소리를 버럭 지르면서 '재수 없게 깎아달라고 한다고, 남는 것도 없는데' 이런 거지. 우리 남편이 뒤따라 왔는데, 그 장면을 본 거지. '지금 뭐라고 했냐고' 그러면서 그 남자 멱살을 딱 잡는 거야… 뒤에서 나는 말리고… 살면서 우리 남편이 나 때문에 다른 사람하고 싸운 게 2번이 있었는데… 내가 장애인이어서 무시당한다고 싶으니까 이 사람이 화를 내면서 싸우는데… 싸움 뜯어말리느라 힘들기도 했지만… 이 사람이 나를 지켜주는구나 싶어서 기분이 좀 이상하더라고… 감동이라고 해야 하나… 그때 참 많이 생각을 했고….

(E)

요약해보면 장애여성들에게 결혼은 신뢰와 존중에 기반한 사랑하는 사람과 법률혼이란 안정된 관계로 진입하는 것을 의미한다. 그 안정된 관계 안에서 어떤 장애여성들은 소통이 잘 되는 가족을 꿈꾸고, 어떤 장애여성들은 경제적 어려움이 없는 가족을 희망하였다. 하지만 어떤 장애여성들은 각자의 주어진 환경과 삶의 조건에 따라 결혼은 할 수도 있고, 하지 않을 수도 있는 선택의 문제라고 이해하였다. 게다가 일부의 지적장애 여성들은 결혼을 그녀들을 비극으로 빠뜨릴 수 있는 위험한 선택으로 인식하기도 하였다.

그렇지만 장애여성들 다수는 결혼을 선택하였고, 그 안에서 그녀들의 결혼을 반대하거나 부정하는 주변인들의 편견과 사회문화적 압력을 감내하는 일이기도 하였다. 게다가 장애여성들은 그녀들의 장애특성으로 인해 결혼생활 안에서 가사노동과 집안 살림을 전담 혹은 분담하는 행위가 결코 쉽지는 않은 일이다. 그렇지만 그녀들은 배우자로서, 어머니로서 자신에게 주어진 가사노동을 잘수행해 내기 위해 고군분투하는 모습이다. 하지만 그녀들은 자신의 장애특성을 충분히 배려하고, 이해해 주지 않는 배우자에게 실망감을 느끼며, 그녀의 결혼 선택을 후회할 때가 있다. 또한 장애여성들은 결혼생활에서 배우자나 가족에게 그녀의 장애 특성으로인해 소외되거나, 버려졌다는 느낌을 받을 때 서운함과 배신감을느끼기도 하였다. 그렇지만 장애여성들은 그녀들의 반쪽이 되어준배우자의 속 깊은 배려와 사랑을 느낄 때, 결혼생활의 만족감을 함께 드러내기도 하였다.

임신과 출산

여성이 자녀를 잉태하고 출산하는 과정을 통해, 한 생명의 어머니가 되는 것만큼 위대하고 아름다운 일이 있을까? 자녀를 원하는여성이라면 그녀가 어떠한 신체적, 정신적 특성을 가지고 있건, 이 아름답고 위대한 여정에 동참하길 희망할 것이다. 그래서 우리 사회에서 여성의 임신과 출산, 자녀 양육에 관한 권리를 통칭하는 모성권은 임신·피임의 자기결정, 출산 통제 및 선택권, 안전한 임신과 출산, 친권 육아권[96] 등의 다양한 측면에서 논의되고 있다. 이것은 임신과 피임이 자기결정에 의해 선택할 수 있다는 것이며, 합법적 환경 하에서 임신 중지를 주도적 판단 하에 선택할 수 있고, 산모가 안전한 환경에서 출산하며, 장애유형이나 정도에 합당한 산후관리를 보장받을 수 있는 권리[97] 등을 의미한다. 그렇다면 장애여성들은 위와 같은 모성으로서 권리를 충분히 보장받으면서, 임신과 출산이란 위대한 여정에 동참하고 있을까? 2019년 보건복지부에서 발간된 예비 부모를 위한 『40인의 우주』에서는 "장애인이 좋은 엄마, 아빠가 될 수 있나요?"라는 질문에는 "장애인도 엄마, 아빠가 되고 싶어 하나요?", "장애인은 돌봄이 필요한 사람인데, 다른 사람을 돌볼 수 있나요?, '장애인 부모를 둔 자녀도 다른 아이처럼 잘 자랄 수 있나요?"라는 여러 가지 염려가 내포되어 있다[98]고 언급하고 있다.

실제 우리 사회는 다양한 법적 형태로 장애인이 출생할 수 있는

---

96. 서해정·장명선, 2018, "여성장애인 모성권 보장방안", 『이화젠더 법학』제10권 제2호, pp. 188-189.

97. 위의 글, pp. 100-109..

98. 권하얀 외, 2019, 『40인의 우주: 장애인 부부를 위한 임신·출산 매뉴얼』, 보건복지부, p. 12.

가능성을 가로막고 있는 것이 사실이다. 일례로, 우리나라는 기형아 검사라고 하여, 임신 11~14주, 임신 15~20주 사이에 태아의 기형 여부를 확인하는 산전검사가 이루어진다. 여기서 진단되는 것이 다운증후군, 에드워드 증후군, 신경관 결손 등인데, 이것은 태어나기 전 장애를 가진 태아를 미리 제거하려는 시도라고 말할 수 있다. 그래서 최혜훈(2020)은 "산전검사에서 태아의 이상을 발견하여 임신 중지를 결정하건, 출산을 결정하건 양자택일이 이루어진 순간, 산모와 그 가족들은 '낙태죄'라는 사회적 낙인뿐만 아니라 비보험이라는 현실적 비용의 무게 혹은 장애에 대한 사회적 차별에 대한 방패막이 역할을 감당해야 한다"[99]고 주장하였다.

어디 그것뿐이겠는가? 낙태와 출산 그 어느 쪽을 선택하더라도 죄책감 예컨대 세상의 빛을 보게 하기 전에 한 생명을 임의로 사라지게 하였다는 죄책감, 자신들로 인해 장애를 가진 자녀가 평생 고통 속에서 살아가야 한다는 죄책감 등은 부모와 그 가족들을 평생 뒤 따라다니는 망령이 될 수 있는 것이다. 신유리·김정석(2020)은 장애여성의 재생산에 대한 주변인들의 거부적 태도를 임신한 아이를 지우라는 낙태에 대한 압박과 불임수술[100] 강요와 같은 부정적 의미로 언급한 바 있다. 그래서 권하얀 외(2019)는 "좋은 부모가 되

---

99. 최혜훈, 2020, "의료와 장애의 불화를 마주하기", 『장애, 성을 밝히고 재생산에 올라타다』, 비마이너, https://www.beminor.com/news/articleView.html?idxno(2022. 03. 14 검색).

100. 신유리·김정석, 2020, 앞의 글, pp. 65-66.

고자 하는 장애인 (예비)부모가 병원, 보육시설, 교육프로그램 등을 이용할 때, 어떤 어려움이 있나요?"로 우리 사회가 질문을 바꾸어 물어보길 권한다. 이것은 그만큼 우리 사회가 장애인, 장애여성의 임신과 출산에 대한 시선이 호의적이지 않기 때문에, 좀 더 따뜻하고 열린 태도로 바라봐 줄 것을 요청하는 듯하다. 그렇다면 장애여성들은 실제 그녀들의 임신과 출산을 어떻게 생각하고 있으며, 그것을 어떻게 경험하고 있는지를 질문해 보아야 할 것이다.

필자와 면담한 장애여성들은 그녀들의 신체적, 정신적 장애로 인해, 앞으로 태어날 수 있는 아이가 장애를 가지고 태어나는 것에 상당한 우려를 가지고 있었다. M이 대표적 경우인데, 그녀는 배우자와 결혼을 준비할 시기부터 자녀를 낳지 않고 부부생활을 유지하겠다고 서로 합의하였다. 그리고 계획한 대로 결혼생활 10년 넘게 무자녀로 생활을 하고 있다. 그녀는 결혼 초부터 부부가 모두 정신과 약을 오랜 기간 동안 복용하고 살아왔기 때문에, 자녀는 갖지 않는 것이 맞다고 하였다. M 부부의 이러한 결정은 가족인 언니와 형부, 시누이들의 우려도 한몫하였다. M은 자신과 배우자의 정신장애 문제로 인해 자신들처럼 아이가 장애인으로 태어나는 것을 가장 염려하였다. 또한 그녀는 국가의 생계급여에 의존해 살아가는 자신과 남편이 아이를 출산하고 양육을 한다는 것은 더 큰 경제적 부담으로 다가올 것이 강 건너 불 보듯 뻔하게 예상되었다.

그로 인해 결혼 초나 지금이나 무자녀로 살아야겠다는 M과 남편의 생각은 크게 달라진 것이 없다고 구술하였다.

M: 우리는 결혼할 때부터 둘 다 약을 오랫동안 먹었으니까 아이는 안 낳은 걸로 했어요. 언니랑 형부도 '애기는 안 낳는 게 좋겠다'했고. 오빠 누나들도 그 얘기를 젤 먼저 했거든요. 아예 애 낳을 생각은 안 했어요.

해영: 아이를 임신해서 낳는 것이 뭐가 걱정되셨어요?

M: 살기 힘든데… 혹시 기형아 생기면 어떻게 하나 그 걱정이 젤 많이 되고. 또 남편도, 저도 돈이 없는데, 아무래도 애가 있다 보면 돈도 많이 들고… 둘 다 아픈데 어떻게 키울지 이것저것 걱정이 많이 되는 거예요. 언니네 부부도 저랑 생각이 똑같아요. 기형아 낳을 수 있고, 또 우리는 수급잔데 이게 나라에서 도와준다고 해도 경제적으로 힘들다는 거죠. 애기 하나 낳으면 너무 살기 힘들다… (결혼한 지) 11년까지 왔는데… 지금도 애기는 별로 낳고 싶지 않고, 이건 둘 다 (생각이)똑같아요.

이와 달리 중도에 장애인이 된 시각장애 여성 N과 뇌병변 장애여성인 F는 장애여성의 임신과 출산에 대해 상당히 부정적 시선을 드러내고 있다. N은 장애인 출생이 몇 대에 걸쳐 내려올 수 있는 유전적 문제일 수 있고, 장애인으로 살기 힘든 세상에서, 장애인 부모가 비장애 자녀를 낳을 수 있다는 확실한 보장이 없는 한 아이를 낳지 않는 것이 모두에게 좋다는 생각을 드러냈다. F의 경우도 장애인에 대한 인식이 매우 부정적인 사회적 분위기에서, 자녀를 출산한다는 것은 신중하지 못한 사람들이 스스로 욕심과 만족을 위해, 아이를 출산해 양육하겠다는 무책임한 행동이라고 비난하였다.

나야 중간에 그렇게 되었지만, 그게(장애가) 내력일 수도 있고… 그렇잖아. 2세가 괜찮으면 다행이지만… 2세까지 그렇게 되면 보통 힘든 게 아니야. 어디 장애인이 취직이나 돼? 안되지… 2세가 장애인만 아니어도 괜찮아 낳아도… 근데 만약에 그게 선천적으로 지 엄마, 아빠처럼 그렇게 되면 애만 불쌍한 거야… 자기네가 좋다고 낳고서 괜찮으면 다행이야. 그래서 나는 애가 장애인이 아니라는 보장이 없으면 안 낳는 게 부모한테도 좋아….

[N]

아무리 세상이 좋아졌다, 어쨌다 그래도 장애인은 장애인인 거야. 안 그래요. 나는 복지관… 장애인 회원들 그 사람들하고 같이 있는 것도 싫어. 딱 싫어. 내가 일자리 그런 것 때문에 어쩔 수 없이 거기에 이름만 걸쳐놓고 있지… 뭐 내가 장애인 됐다고 해도 '장애인' 그러면 너무 싫단 말이야. 장애인 지나가 봐요. 사람들이 다 모자라게 보거나, 불쌍하게 보는 게 다란 말이야. 세상이 장애인을 사람 취급을 안 해주는데… '애를 임신해서 키운다고?' 그게 말이 돼. 그거는 그 부모들이 지들이 좋아서 자기만족 할라고… 남들이 애 낳고 키우니까 지들 욕심에 애 낳는다고 하는 거지. 그거는 무책임하고…(이하 생략).

(F)

이와 달리 S는 동거남과 지속적인 성관계를 맺으면서 임신 가능성을 그녀의 머릿속에 늘 염두에 두었다. 그녀는 혹시 피임에 실패해서 배 속에 생명이 잉태된다면 아기를 낳을 생각이다. 하지만 S의 임신과 출산을 원하지 않는 동거남이 그녀에게 아무렇지 않게 '낙태할 거지'라는 말을 쏟아낼 때, 그녀는 남자에 대한 서운함과 실망감을 감출 수 없다. 그렇지만 지적장애가 있는 S 자신도 그녀가 혹시 임신을 하게 된다면, 자신의 장애가 뱃속 아이에게도 전이될 수 있다는 걱정을 내비치기도 한다. 그녀는 앞으로 태어날 수 있는 자녀가 장애인이란 힘겨운 멍에로 인해, 사람들의 조롱거리

가 될 수 있다는 걱정이 자신의 임신 가능성을 주저하게 되는 요인
이 된다고 하였다.

S: 생리를 날짜에 안 하니까, 나는 혹시나 했어요. 그러다 또다시 생리
를 하는 거예요. 그래가지고 오빠한테 얘기를 했더니… '아! 다행히
임신이 아니네' 저한테 그랬거든요. '아가 낳을 꺼냐고, 안 낳을 꺼
지', 낙태하라고, '아가 지워야 된다'고. 제가 막 뭐라 그랬거든요.
'왜 생명을 죽이냐. 그거 불법이고, 낙태 불법이다. 오빠 처벌받는
다' 막 그랬거든요. 자기는 처벌받아도 상관없고… 이렇게 말하는데,
저는 생명을 죽이고 싶지 않았어요. 예전에는 형편이 안 좋으니까 낙
태 말을 하면 그냥 그럴 수 있겠지 했는데… 이제는 나를 사랑하지
않아서 그런 말을 쉽게 하는 것 같아요. 저가 오빠한테 마음의 문을
아예 닫았어요.

**해영: 많이 서운했나 보네요. ○○씨는 아기를 만약 임신한다면 어떨 것
같아요?**

S: 생각을 해 보면 솔직히 저도 장애가 있고, 아가를 낳으면 장애가 나
올 확률이 높거든요. 요즘은 일반 사람도 아가를 낳아서 잘 못 키우

잖아요. 장애인들은 맨 처음 아가가 태어났을 때는 장애가 있는지 없는지 모르니까. 근데 커가면은 다 드러나잖아요. 애가 장애가 있으면 초등학교나 그런 데서 막 애를 놀리잖아요. '니네 엄마 장애인이지! 너 장애 있지?' 이런 식으로 놀림당하고 하니까. 솔직히 저는 아가를 낳아서 키우고 싶은데… 막상 그렇게 하면 안 될 것 같고…

이와 달리 신혼생활을 하고 있는 Q의 경우는 당분간 임신이 되지 않기를 희망하였다. 그녀가 일정 기간 동안 임신을 원하지 않는 이유는 자신이 현재 일을 하는 직업인이고, 경력이 단절될 수 있다는 염려를 하고 있기 때문이다. 또한 장애인을 약자로 생각하는 비장애인 중심 사회에서 만약 그녀가 장애인 자녀를 출산할 경우, 사람들 사이에서 쏟아질 동성 어린 눈빛과 말들이 부담스럽기 때문이다. 그래서 Q는 세상에 태어날 자녀는 그 자체로 사람들의 축복을 받아야 할 존재임에도 불구하고, 아이가 비장애인지, 장애인지에 따라서 사람들의 태도가 달라지는 것이 불편하다고 하였다. 이처럼 Q는 시부모, 친정 부모의 임신에 대한 압력과 그녀 스스로 어머니가 될 수 있을까 하는 자신감의 문제는 제쳐두더라도, 그녀의 경력 단절과 태어날 아이를 아이 자체로 온전히 바라봐 주지 않는 세상 사람들에 대한 불편감이 임신을 미루고 싶은 이유라고 언급하고 있다.

아직은 제 일이 좋은데… 애기를 가져서 키워야 되면 경력 단절이 될 수 있잖아요. 그런 거, 저런 거 생각하니까… 애기가 생기면 생긴 대로 낳아서 키워야 되겠지만… 솔직히 지금 임신이 되지는 않았으면 좋겠어요. 장애인이 장애인 자녀를 출산을 하면… '그럴 줄 알았어… 아휴 안타까워 어떡해?' 이야기를 해요. 비장애인 자녀가 나오면 '아휴 그나마 다행이다' 이런 말들을 많이 하거든요. 솔직히 비장애인 들끼리는 그런 말은 안 하잖아요. 어차피 나를 약자로 생각하니까… 장애인을 약한 존재로 보니까, 그런 말들을 하는 거잖아요. 같은 위치에서 보지 않으니까… 장애인이 장애 자녀가 태어나거나, 비장애 자녀가 태어났을 때… 어떤 아이가 태어나는 것이 무슨 상관이에요. 아이는 그 자체로 축복인데… 저는 그렇게 똑같은 위치에서 보지 않는 게 솔직히 불편해요.

(Q)

한편 장애여성들은 그녀들이 장애인 혹은 비장애인 자녀를 임신하고 출산하는 것이 큰 문제가 되지 않는다고도 하였다. 장애여성 D는 시각장애는 유전적 영향도 존재하기 때문에, 장애 자녀를 출산할 가능성이 있다는 것을 언급하고 있다. 그러나 그녀는 태어날 자녀의 장애 유무에 상관없이 부모로서 그녀가 자녀를 어떻게 잘 키우냐가 중요하다고 하였다. 더욱이 D는 우리 사회가 여전히 비장애인 중심사회이지만, 장애인과 비장애인이 어떻게 노력하느냐에 따라 비장애인 중심사회도 장애인과 함께 하는 사회로 점차 바뀌어 나갈 것이란 낙관적 기대를 하였다. 그녀의 이런 기대의 밑바탕에는 D 자신의 어린 시절에 비해, 30대 초반이 된 현재 시점의 장애인복지 서비스가 훨씬 더 좋아졌다는 것을 체감하고 있기 때문이다.

해영: ○○씨는 남자 친구하고 결혼하면 장애아로 아기가 태어나는 것에 걱정은 없으세요?

D: 물론 비장애인으로 태어나면 좋겠죠. 그렇지만 두 사람이 시각장애인이고, 실제 장애아로 태어날 가능성도 있잖아요. 그건 어쩔 수 없는 일 아닌가요? 장애아가 태어나면 아무래도 힘들겠죠. 장애가 콤플렉스가 될 테니까… 아무래도 비장애인 중심 사회이다 보니까… 그래도 아이가 장애인으로 태어나건, 비장애인으로… 저는 상관없다고 생각해요. 어떻게 태어나건 잘 키우면 되는 거고. 또 비장애인 중심 사회는 앞으로 계속 바뀌어 가야 하는 거고요. 그건 결국 우리 장애인들과 비장애인들이 해결해야 할 몫이라고 생각해요.

해영: ○○씨는 비장애인 중심사회가 바뀔 거라고 기대하나요?

D: 제가 기대한 만큼 빠르게, 원하는 만큼 변할 거라고 기대는 안 해요. 그래도 조금씩 세상은 변해간다고 생각해요. 뭐… 저 어렸을 때랑 생각해보면 장애인복지 서비스가 확실히 좋아진 건 사실이거든요.

뇌병변 장애여성 L의 경우는 자녀의 장애 유무와 상관없이 잉태된 뱃속 자녀를 무조건 낳아 키워야겠다는 생각을 하였다. 그녀는 뱃속에 아기가 생겼다는 것만으로도 완전한 그녀의 편이 생겼다는 것으로 이해하였다. 그래서 L에게 뱃속 아기는 그 존재가 그녀에게 전적으로 기대고, 그녀 또한 아기에게 자신의 모든 마음을 내어줄 수 있는 대상이라고 생각하였다. 이로 인해 L은 뱃속 아기를 무조건 지켜서 무사히 출산까지 하고 싶었다. 하지만 뒤틀리고 강직이 심한 그녀는 자신의 뒤틀린 몸을 부드럽게 해주는 약물을 먹지 않고 버티기란 쉽지 않았다. 결국 그녀는 뱃속 아기를 아기 아빠의 설득에 못이겨 임신 3개월이 조금 넘은 시점에서 인공유산하였다.

L은 어떤 신체적 위협 요인에도 뱃속 아이를 낳아 키우겠다는 의지를 다졌지만, 그녀의 장애 특성이 주는 신체적 고통을 버티지

못하고, 결국 임신 중지를 선택한 것에 대한 상실감이 컸다. 또한 임신으로 인한 그녀의 고통을 걱정하는 아기 아빠의 설득에 넘어간 자신의 선택을 후회하기도 하였다. L은 뱃속 아기를 놓아버린 시간이 꽤 흘렀음에도 불구하고, 잃어버린 아기는 상실감 속에서 지금까지도 아프게 만나는 존재이기도 하다.

설령 아이가 장애인으로 태어나도 완전한 내 편이 생기는 거니까… 저는 낳고 싶었어요. 요즘은 세상이 좋아져서 사회가 장애인들한테 잘하잖아요. 그러니까 '장애인으로 태어나도 사회가 잘 도와줄 것이다' 생각을 했고. 옛날에 나는 전동휠체어도 없었고… 애는 더 좋은 세상에서 클 것이다… 그런 생각을 했었어요. 또 그때 제가 사회복지 공부를 하다 보니까… 3개월이면 눈도 생기고, 귀도 생기고… 이랬으니 낳아야 한다고 생각했어요. 한 달간 약을 계속 안 먹고 참았는데요. 몸이 뻗치고 뒤틀리고 하니까… 그 아저씨가 내가 힘든 것 더 이상 못 보겠다 계속 설득을 해서 유산을 하게 된 거예요.

〔L〕

해영: ○○씨는 뱃속 아이를 끝까지 지키고 싶었나 보네요.

L: 그때 약을 계속 안 먹으니까… 약을 먹어야 몸이 부드러워지는데 너무 뻗치고 뒤틀려서 활보(활동지원사) 선생님도 케어를 못할 정도였어요. 저는 약을 계속 안 먹겠다고 했어요. 내가 그분한테 눈도 생기고 다 생겼을텐데 없앨라고 그러냐… 그 분이 제가 너무 힘들어 하는 거 못 보겠다고… 도저히 못 보겠다고 저를 계속 설득을 했어요.

해영: 애기 지우고 나서 마음이 어떠셨어요?

L: 그때는 몸도 너무 안좋고, 얼마 안 있다가 제가 몸에 기계 같은 거를 심었어요. 그래서 잘 모르다가… 이게 시간이 지날수록 생각이 나는 거죠. 제가 계속 애기 이야기를 했어요. 1년 지났다, 돌 지나겠다, 애기 잃어버리고 한 5년 동안은 계속 이야기했어요. 한동안 못 잊고… 애기 생각하면 너무 우울해져요. 지금도 완전히 잊은 건 아니죠. 지금은 태어났으면 7살 정도 되었을 거예요.

5살 된 사내아이를 홀로 양육하고 있는 C는 남자친구와 성관계를 맺는 횟수가 길어질수록, 그녀는 아기의 임신 가능성을 염두 하기 시작하였다. 결혼을 전제로 아이 아빠와 사귀고 있었기 때문에, 만약 신이 그녀에게 생명을 선물해 준다면, 자신은 그 생명을 10달 동안 잘 품어 낳을 것이라고 생각하였다. 30여 년이 넘는 시간 동안 부모 집에서 갇혀서 살다시피 생활하던 그녀가 세상 밖으로 나와 남자 친구를 사귀고, 그 사이에서 아이까지 생기게 한 것은 하느님의 선물이 아니면 도저히 설명이 안 된다는 것이다. 그래서 만약 아이를 임신하게 된다면, 그 아이는 무조건 비장애인으로 태어날 것을 믿어 의심하지 않았다. 왜냐하면 누구의 도움 없이 아무것도 할 수 없고, 홀로 살아갈 수도 없는 그녀에게 하느님이 선물로 주신 아이가 자신과 같은 장애인으로 태어날 이유가 없다는 것이다.

C: 애 아빠한테 나는 만약 아이가 나를 찾아와 준다면, 무조건 낳을 꺼라고 했어요. 내 인생의 아이는 하느님의 선물이 아니면 설명이 안 되거든요. 내가 34살에 처음 독립을 했어요. 집에만 갇혀 살다가… 남자 친구를 35살에 만나서 걔 부모도 만났거든요. 결혼을 전제로 '사귀어 봐라' 그래서 둘이 만나기 시작했단 말이지. 집에 갇혀서 살던 사람이 갑자기 독립하고, 학교 공부도 시작하고, 남자도 만나고… 아이까지 생긴다. 진짜 내 인생에서 있을 수 없는 일이라는 거지. 이건 하느님이 나한테 축복을 주지 않으면 안 되는 일인 거죠.

해영: 보통 장애여성들은 장애아를 출산할까 봐 많이 걱정하던데, ○○ 씨는 어땠어요?

C: 저는 진짜 요만큼도 걱정을 안 했어요. 나는 아이가 생기면 무조건 비장애인이 태어난다고 생각을 했어요. '내가 아무것도 할 수 없고, 누가 도와주지 않으면 할 수 없는 사람인데… 나한테 장애아를 주실 리가 없다'… 나는 무조건 믿었어요. 하느님이 나한테 선물을 주시는 건데… 남처럼 살아보라고 나한테 엄마가 되라고 보내주신 건데… 나는 장애아를 가질 수가 없다고 생각했어요.

그녀의 바람이 너무 강력했던 것일까? C는 그토록 원하던 비장애인 아들을 출산하였다. 하지만 임신 기간 중 그녀는 아이 아빠인 남자친구와의 갈등과 결별, 어머니 암 수술로 인한 엄청난 스트레스를 감당해야 했고, 임신 8개월 만에 아기를 조산하였다. C는 그녀의 조산이 자신의 장애 문제 때문이라기보다, 그녀를 둘러싼 주변인과의 관계에서 오는 갈등과 심리적 압박 요인이 더 컸다고 하였다. 그래서 그녀는 장애여성이건, 비장애 여성이건 간에 임신한 여성에게는 심리적 안정이 매우 중요하며, 그것을 저해하는 요소들이 가장 위험하다고 하였다. 특히 C는 임신한 자신을 충분히 배려하지 않고, 그녀가 끝내 결별을 선택하도록 한 남자친구에 대한 원망이 컸다. 또한 그녀는 남자의 인성을 충분히 살피지 못하고, 성급하게 결혼까지 생각한 자신의 경솔함을 자책하였다.

C: 애 아빠가 같은 뇌성마비 장애인인데… 좀 겪어 보니까 애가 너무 감정 기복도 심하고… 말도 거칠고… 애가 아무 생각없이 말을 하는 거지. 내가 상처를 너무 받았어요. 여자가 임신을 했으면 더 챙겨줘야 하잖아. 임신 기간 동안에도 검정고시 공부를 하고 있었는데, 애는 ○○대학교를 이미 나왔거든. 나한테 '엄마가 저렇게 몰라서 애가 태어나도 뭐 가르칠 수나 있겠냐?'… 그때 우리 엄마가 암 3기여서 병원에서 수술을 받으려고 입원을 했는데요. '니네 엄마가 하느님한테 죄를 지어서… 벌을 받는 거라고' 하는 거예요. 더 열 받는 거지. 자기 애를 밴 거잖아요. 그때 내 활동보조를 걔가 짝사랑한 것 같어. 아무래도… 나는 발렌타인 선물을 진짜 정성스럽게 해서 줬는데, 임신한 나한테는 그냥 봉지에 사탕을 넣어서 준 거야. 그 활보샘한테 완전히 정성스럽게 포장을 해서 사탕을 선물을 한 거야. 그 선생님이 선물이 바뀐 것 같다고… 나한테 당황해가지고. 내가 얼마나 자존심이 상해요. 근데 얘가 '아니라고. 그거 활보샘꺼'라고 그러는데 완전히 마음이 상한 거지. 그런 일들이 몇 번 있어도 다 넘어 갔는데… 인제 '우리

엄마 벌 받아서 암 걸렸다'고 그렇게 말하는 거는 도저히 못 참아서…
내가 '나가라고', '나 다시 너 안 볼 거다', '애는 내가 낳아서 키운다'
고 쫓아 내버렸어요. 나중에 나한테 잘못했다고 여러 번 빌었는데…
더 이상은 안 보고 싶더라고요.

해영: 많이 힘드셨겠네요. 혼자 아이를 출산한 건가요?

C: 네. 애기 아빠랑 헤어지고 나서 엄마가 며칠 있다가 수술을 받는데
요. 병원 갔다와서 새벽에 보니까 이슬이 비친 거지. 아침에 산부인과
에 연락을 해서 가보니까… 자궁문이 열려서 입원해서 혼자서 애기
낳았어요.

해영: 자연분만하신 건가요?

C: 저는 자연분만 했고, 중간에 애기가 꺼구로 있다고 했는데… 낳을
때 보니까 애기가 자리를 잡았다고 그래서… 뇌성마비 있는 사람
들은 몸이 뻣뻣해지니까 약 먹고 그런 사람들도 있거든요. 나는 원
래 약도 안 먹었거든요. 2개월 빨리 애기가 나오니까 좀 걱정은 했는
데… 아무 탈 없이 잘 나온 거지.

해영: 다행이네요. 그런데 아이 아빠 없이 혼자 출산하는 게 심적으로 힘들지 않았어요?

C: 당연히 힘들죠. 애기 아빠 없이 혼자 애 낳아서 키우는 게 쉬운 일은 아닌 거죠. 근데 내가 그 남자를 잘못 고른 거잖아요. 내가 그런 이상한 사람을 만났고… 내 책임도 있으니까. 내가 잘 골랐으면 그런 남자를 만날 일이 없었겠지.

한편 두 딸의 임신과 출산을 경험했던 P는 자녀를 임신하고 출산한 시기가 30년이 다 되어가고 있기 때문에, 자신의 임신과 출산 경험은 최근의 장애여성의 경험과는 상당히 거리가 있을 수 있다는 것을 전제하였다. 그러나 P는 그녀가 임신과 출산을 경험했던 과거 그 시절과 현재의 시점에서 장애여성의 산부인과 진료 상황은 크게 달라진 것이 없다고 표현하였다. 50대 중반의 여성인 P는 꼭 임신과 출산이 아니더라도, 정기적으로 산부인과 진료를 필요로 한다. 하지만 그녀와 같은 최중증 지체 장애여성에게 산부인과 진료는 결코 쉬운 일이 아니라는 것을 언급하였다. 그녀는 하반신을 쓸 수 없고, 걸을 수도 없는 장애특성 상 산부인과 내 진료 의자에서는 진료를 받을 수 없다고 하였다. 이처럼 장애여성의 장애

특성과 조건을 충분히 고려한 국내 전담 산부인과는 거의 없다고 하였다. 또한 지체 장애인으로서 산부인과 진료를 보기 위해 옷을 벗거나 입는 행위도 쉽지 않고, 장애여성에 대한 이해도가 높지 않은 간호사들 앞에서 자신의 맨몸과 장애 상태를 그대로 노출시키는 것은 상당히 수치스러운 일이라고 하였다. 다행히 장애여성 P는 그녀의 장애 특성을 어느 정도 이해해 주는 산부인과 의사를 만나, 그 병원 의사에게 지속적으로 진료를 받는다고 하였다.

장애여성들을 위한 산부인과가 지금은 있느냐… 거의 없어요. 저는 제가 다니는 ○○산부인과 의원이 있는데요. 저는 여기만 다녀요. 왜냐하면 산부인과 진료를 하면 검사 받는 의자가 있잖아요. 그 의자에 저같은 사람은 올라가지를 못해요. 근데 이 병원 선생님이 제가 못 올라간다고 하니까… 그러면 '베드에서 하자' 그래서… 그때부터 이 병원만 다니거든요. 결국 이 말은 의사의 재량과 태도에 달려있는 거잖아요. 중증 장애여성이 산부인과 진료를 받으려면… 병원 설비나 시스템이… 장애여성의 산부인과 진료를 위해서는 존재하지 않는다는 거죠. 그래서 장애여성들이 산부인과 진료가 힘들어요. 물론 요즘에는 산부인과 진료를 하는 병원이 있다고는 들었어요. 그런데 별로 없는 거죠. 저희 같은 지체 장애인들은 산부인과에서 팬티 벗고 치마를 입고, 산부인과 진료의자 그런데 앉아야 하잖아요. 그니까 옷 벗고 치마 입고 그런 것들이 너무 힘들어요. 뭐 의자에 앉고 내리기가 너무 어렵잖아요. 이런 것들이 간호사들이 이해도가 높고, 서로 양해가 되면 도움을 요청하기가 쉬운데… 내 몸을 그것도 예쁘지 않은 몸을 그대로 노출시키는 것이 너무 수치스러운 거죠. 그러니 산부인과 진료를 되도록 안 보게 되는 거죠. 저도 애 낳고 나서는 거의 가지를 않았어요. 근데 최근이라도 크게 달라졌을까요? 특히 최중증 장애여성들은 더 갈 수가 없는 거죠. 요새 장애활동지원사들이 있어서 옛날보다 조금은 나아졌을 수 있는 있겠지만… 그래도 저는 크게 달라지지 않았다고 봐요.

(P)

이처럼 산부인과 진료의 어려움을 강조한 P는 그녀의 임신과 출산 경험이 상당히 과거의 경험이긴 하지만, 당시는 의사들이 장애에 대한 이해도가 떨어진 시절이었다고 구술하였다. 그녀는 허리에 힘이 없는 자신에게 비장애인처럼 자연분만을 권유하는 의사를 오히려 출산 경험이 있는 동료 장애인들의 조언을 들으면서 그녀가 설득한 일화를 소개하였다. 또한 출산 당시 목발을 짚고 걸을 수 있었던 그녀는 엘리베이터가 없는 2층 수술실에서 1층 입원실로 내려오기 위해 출산하자마자 젖을 말리는 약을 복용했다. 이러한 과거의 출산 경험이 그녀에게는 아직까지도 속상한 기억으로 남아있다고 하였다.

제가 임신을 했을 당시에는 장애를 아는 의사가 없었어요. 아마 제가 임신했을 때는 오래 되었으니까 지금은 많이 달라지긴 했을 거예요. 그런데 그때는 장애를 제대로 아는 의사가 정말 없었어요. 그때 저 담당했던 의사가 골반이 비장애인과 다르지 않다며… 자연분만하라고 의사가… 장애인 언니들이 그래요. 저보다 장애가 아주 경해요. 그러니까 저보다 허리힘이 훨씬 더 있을 거 아니에요. 그런데도 허리에 힘이 없으니까 애기를 밀어내지를 못해… 결국 제왕절개로 애는 낳았거든요. 근데 의사가 나 보러 '자연분만을 하래' 내가 '저는 안 된다고… 제 친구도 그러다 큰일 날 뻔했어서' 제왕절개 안 한다고 했거든요. 이러니까… 의사가 '이 정도면 자연분만할 것 같은데'… 결국 두 애 모두 제왕절개로 낳았잖아요. 이 말은 의사들이 임신한 장애여성에 대한 이해나 의식이 아주 부족했다는 거지. 그때만 해도 산부인과에 엘리베이터 이런게 없었어요. 다 계단이었어요. 2층이 수술실이라 어떻게 끌고 올라가서 수술은 했겠죠. 수술 끝나고 목발로 계단을 내려와야 하는데… 목발 짚는 데가 겨드랑이, 유선이랑 다 연결되어 있잖아요. 우리 애들 둘다 모유를 한 번도 물려보지를 못했어요. 바로 젖 말리는 약 먹고… 그런 것들이 장애인 엄마로서 아이들에게 미안함이 너무 컸죠. 우리 애들이야 이제 다 컸으니까, 뭐 그렇다고 해도… 임신한, 애 낳는 장애여성에 대한 병원이나 의사의 이해 부족이 컸다는 거죠. 뭐… 이런 것들이 많이 아쉬웠고요.

〔P〕

267

더욱이 두 딸을 출산한 P는 딸아이를 출산하여 '앞으로 아이들에게 그녀가 도움을 받을 수 있어 좋겠다'라는 언니의 말에 충격을 받았다. 그녀는 도움을 받기 위해 자식을 낳은 것이 아닌데도, 너무나 쉽게 자식의 도움이나 받는 존재로 자신을 전락시켜버리는 언니의 경솔한 언사에 심사가 뒤틀렸다. 그래서 P는 송곳처럼 날카로워진 그녀의 심사를 언니에게 퍼붓게 된다. 그러나 그녀의 언니는 좋은 의미로 이야기한 건데, 그렇게까지 화를 내는 P의 분노를 오랜 시간이 지나도록 이해하지 못하였다. 그래서 두 자매는 그때의 마음속 앙금을 풀지 못하였고, P는 수십 년이 지난 지금까지도 속상한 마음이 가시지 않는다고 하였다. 더욱이 P는 집안의 독자인 남편과 상의하여 셋째 아이를 낳을 생각이 있었다. 하지만 그녀의 아이를 보살펴주던 친정어머니의 강력한 반대에 못 이겨 불임수술을 받게 된다. 그래서 그녀는 가족계획과 불임수술에 대한 결정은 P 자신과 남편이 결정해야 함에도 불구하고, 그녀는 친정 부모의 압력에 못 이겨 불임수술이 이루어졌다는 것을 구술하고 있다.

제가 첫애를 딸을 낳으니까… 저희 언니가 '너 너무 잘했다, 얼마나 너를 잘 도와주겠냐고…' 근데 그때는 그냥 어찌 넘어갔어요. 둘째를 낳았는데, 또 딸을 낳은 거죠. 그때도 우리 언니가 '너 너무 잘했다. 딸이니까… 너 잘 도와줄 수 있어서 좋겠다고…' 지는 아들을 낳는데… 그때 제가 울고불고 난리를 쳤어요. 언니한테… '너 내가 나 시중들라고 애 낳는 줄 아냐?' 어떻게 그런 말을 할 수가 있어요. 언니는 제가 왜 그렇게 난리를 쳤는지, 왜 그렇게 화를 냈는지 지금도 이해를 못해요. 자기한테도 그게 상처가 됐나 봐요. 지금도 그 얘기를 해요. '너 왜 나한테 그랬어?' 그런 얘기를 가끔 해요. 근데 저는 그때 너무 비참했어요. 애를 나를 수발드는 사람으로 본다는 게… 그게 너무 비참해서… 지금도 그 생각을 하면 속상해요…(중략)…딸을 둘 낳으니까… 남편이 독자고 하니까 하나 더 낳고 싶었어요. 근데 친정엄마가 절대 못 키워준다고. 저한테 압력을 했어요. 그래서 28살에 영구적으로 하는 불임수술을 제가 했어요. 어떻게 보면 가족계획은 우리 부부가 해야 하는 거잖아요. 근데 가족계획을 친정 부모님이 한 거죠. 병원 의사선생님도 나중에 분명히 후회한다. 오히려 저희 부부를 설득을 하더라고요. 근데 제가 뭐라고 한지 아세요? '엄마가 하래요. 엄마가 애 더 못 키워 준대요.' 제가 그랬어요.

(P)

이글에 참여한 장애여성들에게 임신과 출산은 다양한 의미의 갈래로 나뉘고 있다. 장애에 대한 우리 사회의 부정적 통념들을 내재화한 장애여성들은 그것을 장애아를 임신·출산할 수 있다는 두려움으로, 포기해야 할 것으로 이해하였다. 또한 장애에 대한 부정적인 인식이 큰 사회에서 부모의 장애를 자녀에게 물려주는 행위는 무책임한 행위를 저지르는 사람들이라고 비난하기도 하였다. 그러나 위와 같은 부정적 태도 못지않게 아이의 임신과 출산을 그 자체로 축복하지 못하고 부정적 문제로 이해하거나, 동정적으로 시선으로 바라보는 사회적 인식이 문제라고 지적하기도 하였다.

또한 임신과 출산을 경험해 본 장애여성들은 축복 자체인 뱃속 생명을 어떤 상황에서도 출산하고자 하는 의지가 강하였다. 하지만 장애특성 상 뱃속 생명을 떠나보내야 하는 임신 중지는 커다란 상실감으로 이어졌다. 아이를 출산까지 한 장애여성은 비장애인 자녀 출산에 대한 그녀의 강력한 바람을 종교적 믿음이란 자기 최면으로 드러내기도 하였다. 그럼에도 불구하고 장애여성들은 그녀들의 임신과 출산을 장애 유형과 특성에 맞게 지원해 줄 수 있는 전문 병원과 의료 인력의 부족, 의료인의 인식 부족 등을 아쉬움으로 언급하기도 하였다.

자녀양육

근현대 사회에서 행복한 가정의 이상은 사랑스러운 아내와 자식들을 먹여 살리기 위해 고군분투하는 생계부양자 아버지, 집안 살림과 자녀 양육을 헌신적으로 수행하는 어머니, 부모의 기대에 부응하며 잘 성장해주는 자녀로 구성된 핵가족 속에서 실현되었다. 그래서 가족을 보살피고 자녀양육을 책임지도록 기대되는 어머니로서의 성역할은 유교적 가부장제가 견고하게 작동되어온 근현대 한국사회에서 '여성은 약하지만, 어머니는 강하다', '자식은 누가 뭐래도 어머니가 키워야 한다'와 같은 통념들 속에 잘 내포되어 있다. 이처럼 한국 사회 어머니들에게 자녀 양육은 책임과 희생이 요구되는 성역할 규범이다. 동시에 어머니들은 자녀에게 따뜻한 사랑과 안락을 제공해 주는 안식처와 같은 존재로 상징화된다. 더 나아가 우리 사회에서 어머니는 자식의 아픔과 고통에 공감하며, 그것을 보듬어 치유해 줄 수 있는 구원자[101] 같은 존재이기도 하다.

이와 반대로 어머니란 존재의 모성적 역할은 상당히 갈등적이기도 하고, 분열적 속성으로 드러나기도 한다. 일례로 그것은 한 인간으로서 개인적 욕구와 어머니로서의 자녀 양육 사이에서 갈등을 겪을 수 있고, 사회통념이 요구되는 어머니의 역할과 그것을 제대로 수행하지 못한다고 느끼는 어머니 개인 차원의 심리적 간극에서 발생하는 갈등을 들 수도 있다. 이처럼 어머니가 아이를 출산하고 양육하는 것은 한국 사회에서 어머니 역할을 하는 여성뿐만 아

101. 김미라, 2018 "모성 확장과 재미유 TV 드라마 〈미디〉를 중심으로-, '한국극예술연구, 제61권, pp. 345-359.

니라, 잠재적 어머니가 될 수 있는 모든 여성에게 요구되는 성역할 규범이기도 하다. 그렇다면 우리 사회에서 장애여성이 어머니로서 자녀를 양육한다는 것은 어떻게 의미 부여되고 있을까?

지체·뇌병변 장애여성의 자녀 양육 경험의 어려움을 언급한 최복천(2011)은 양육 노동을 수행하는 현실적 어려움, 아이의 위기 상황에 대한 적절한 대처의 어려움, 바깥 놀이 및 외출의 어려움, 자녀 양육을 둘러싼 주변 가족 간 갈등[102] 등을 제시하였다. 그리고 신유리·김정석(2020)은 장애여성에게 자녀양육을 통한 모성의 경험은 자신이 여성임을 확고히 하는 환희의 상태이자, 장애를 가진 자신의 외모와도 화해하는 과정[103]이라고 언급하였다. 그러나 장애 때문에 다른 부모처럼 해줄 것이 없는 상황이 좌절로 다가오거나 장애로 인해 자녀에게 외면당하기도 하는 당혹스러운 경험이라고도 하였다. 혹은 자녀가 자신의 장애에 대해서 물어볼 때, 어떻게 설명해야 할지 몰라 혼란스럽고 죄인이 되는 경험[104]이라고도 언급되고 있다.

---

102. 최복천, 2011, "여성장애인이 겪는 임신·출산·양육 어려움에 대한 질적 연구", 『지체·중복 건강장애 연구』, 제54권 제4호, pp. 323-347.

103. 신유리·김정석, 2020, 앞의 글, pp. 69-70.

104. 위의 글, pp. 69-70.

이처럼 장애여성들에게 자녀양육의 경험은 자녀를 위한 적극적인 학습의 과정이면서, 양육의 현실적 어려움, 자녀에 대한 양가감정, 장애에 대한 자기수용과 어머니인 자신의 장애로 인해 어쩌지 못하는 당혹스러움과 죄책감 등이 교차하는 양가적 경험의 장이다. 그렇다면 이 글에 참여한 장애여성들은 그녀들이 어머니가 된다는 것과 어머니가 된 자신의 자녀 양육을 어떻게 경험하고 있을까?

장애여성들 대부분은 자녀 양육에 따른 다양한 어려움을 구술하였다. 먼저 미혼인 장애여성들은 그녀들의 장애특성으로 인해 예견되는 자녀 양육의 어려움을 언급하고 있는데, 지적장애 여성(S. K)들은 그녀들의 인지적 기능의 한계로 야기될 수 있는 자녀 양육의 현실적 어려움과 자녀를 잘못 키울 것이란 세상 사람들의 부정적 시선에 대한 불편한 감정들을 표현하고 있다. K는 지적장애인이라고 해서 모두 동일한 특성을 가진 것이 아니라 서로 다른 특성과 조건을 가지고 있음에도 불구하고, 세상 사람들은 지적장애 여성이라고 하면, '어린아이를 낳아 키울 수 없다'는 부정적 편견이 있다고 하였다. K는 기회가 주어진다면 자신은 아이를 낳아 충분히 잘 키울 수 있겠지만, 모든 지적장애 여성을 동급으로 취급하는 사람들의 일반적 시선 속에서, 그녀 자신도 아이를 키울 수 없는 부정적 존재로 취급당하는 부정적 시각에 가두어지는 것이 싫다고 하였다.

> 사람마다 성격이 다르듯이 뭐 힘든 것도 다 다르잖아요. 장
> 애인도 다 달라요. 예를 들면… 지적 장애도 다 달라요. 무
> 조건 지적장애 그러면 다 똑같이 봐요. 저는 결혼을 하면 아
> 이를 낳아 잘 키울 수 있는데, 사람들이 그렇게 안 보는 거
> 예요. 음… '어떻게 장애가 있는데, 애를 낳아 키워. 못 키
> 워…' 이렇게 생각을 하는 거고. 그런 말이 기분 나빠요.
>
> 〔K〕

하지만 K는 그녀의 생각과 달리 현실에서 아이를 실제로 키운다
는 것은 경제적 상황을 고려하지 않을 수 없다고 하였다. 또한 태
어난 아이들의 전반적 발달이 빠른 만큼, 그녀와 같은 인지적 한계
가 있는 사람은 태어날 자녀의 지적 발달과 성장을 채워주기 어려
울 수도 있다고 하였다. K는 이러한 현실적 이유를 들어 그녀가 아
이를 낳아 키우는 것에 대한 회의적 생각을 드러내기도 하였다. K
와 유사하게 S도 그녀의 지적 기능의 문제가 자녀가 점차 커나가는
아이 학습에 지장을 줄 수 있다고 염려하였다. 특히 S는 아이가 고
학년이 될수록 자녀의 공부를 가르치고 도와주는 것은 어려울 것
으로 생각하였다. 게다가 그녀는 어린아이를 양육하는데 어머니의
양육 역량이 요구되지만, 그녀와 같은 장애여성은 자녀를 어떻게
키워야 할지를 제대로 배워보지 않은 상태에서 잘못하면 부족한
양육 기술이 아동학대로 이어질 수 있다고 걱정하였다. 이러한 염

려로 인해 K와 S는 자녀양육은 그녀들이 진심으로 원하는 것이지만, 이것이 현실에서 이루어진다면 상당히 쉽지 않을 수 있다는 회의적 생각을 함께 드러내기도 하였다.

돈도 없고, 돈도 못 버는데 아이 키우면 돈 많이 들어가는데… 분유 값이랑, 기저귀랑, 막 병원이랑 뭐 옷도 있을 거 아니에요? 그런 건 다 비싸드라구요. 애기들 꺼는… 돈 많이 들고. 또 애기들 초등학교, 유치원 그런 거 있잖아요. 그런 것도 돈이 더 많이 드니까…(중략)…저도 약간 부족한 부분이 있으니까… 요즘 애들은 더 똑똑하고 그러잖아요. 되게 호기심 많고 그런 걸 물어보잖아요. 그러면 답을 못할 거 같고… 그걸 생각하면 솔직히 또 결혼해서 애기를 낳아 키우는 것… 저 같은 사람은 좀 힘들 것 같고….

〔K〕

저 같은 장애인들은 수학, 국어, 역사, 사회 그런 걸 잘못해요. 한다고 해도 고등학교 수준? 그런 거는 잘 안되거든요. 초등학교 1,2학년 정도는 몰라도 초등학교 5,6학년 이런 거 힘들어요. 그러면 애 공부 가르치는 것도 문제가 좀 되고… 아이를 낳아 키우고는 싶은데, 현실적으로 생각해보면 좀 아닌 것 같고… 제 생각이긴 하지만 장애가 있는 사람들은 아가들 잘 못 키워요. 저처럼 지적 장애 이런 거 있는 사람은… 아가가 울고 그러면 '울지 마, 울지 마' 이렇게 달래야 하는데… 막 때릴 수도 있고 학대를 하면 안 되잖아요. 아가를 어떻게 키워야 할지도 모르고… 아무것도 배우지 않은 상태에서, 애가 계속 울고 그러면 모르니까 때릴 수 있고….

(S)

반면에 시각장애 여성인 D와 T는 그녀들이 장애여성으로서 자녀 출산과 양육을 독립적으로 잘 수행하기 위해서는 그것을 도와줄 수 있는 사람 즉 지원 인력의 문제가 중요하다고 피력하였다. 장애여성 D는 그녀의 어머니 혹은 예비 시어머니가 태어날 아이를 키워준다는 것은 자녀 양육의 책임을 가족에게 맡기는 것이 되고, 그럴 경우, 양육의 책임은 자신과 가족의 몫으로 떨어진다고 하였다. 그녀가 독립적으로 아이를 잘 양육하기 위해서는 함께 할 수 있는 전문적인 지원인력이 중요하다고 하였다. 하지만 D는 장애인들의 대표적 지원인력인 장애인활동지원사들의 인격적 특성과 자질을 신뢰하기 어렵다고 하였다. 때문에 그들에게 자녀 양육 지원을 맡기는 것은 고민되는 선택이라고 하였다. 특히 D는 장애인활동지원사들이 체계적이고 전문적인 훈련을 받지 않은 사람들이란 불신이 컸다. 그래서 그녀는 자신의 자녀를 출산하고 키울 수 있기 위해서는 그것을 함께하는 지원인력의 자질의 문제가 중요하다고 하였다.

일단은 누가 키워 줄 것인가… 출산도 출산이지만 육아에 대한 고민을 하면서, 누가 내 아이를 안전하게 키워 줄 것인가에 대한 고민이 제일 커요. 그게 엄마, 시어머니가 되어버리면 결국 저 같은 장애인이 아이를 낳아 키우는 것은 가족이 전적으로 책임을 져야 하는 구조가 되는 거잖아요. 아이를 함께 잘 키워주실 수 있는 사람이 중요하다는 거죠. 솔직히 저희는 활동지원사를 쓰잖아요. 언제나 '감사하다'라는 말을 공손하게 해야 할 준비가 되어 있어야 하고, 이 사람이 반감을 갖지 않게, 이 사람이 소화가 되게 이야기를 해야 하다 보니까… 육아는 더군다나 내가 제일 힘들어하는 부분을 해줄 수 있는 사람인데… 아이를 키우는 부담을 같이 짊어지는 사람일 수 있는데… 내가 도움을 받아야 하는데… '어떻게 하면 도움을 잘 받을 수 있을까?' 쉽지만은 않겠다… 이게 내 아이를 키울 때 가장 큰 걱정으로 다가올 수 있는 부분이에요. 사람이 바뀌지 않고 끝까지 잘 키워 줄 수 있는 사람을 찾아서 가야 하는데… 이게 쉽지 않겠다란 거죠. 그렇다 보니까 활동지원사들의 인성이 매우 중요할 것 같고… 그런데 활동지원사 제도 자체도 신뢰를 못 받고 시작한 제도이다 보니까, 그렇게 훈련된 분들을 뽑지 않아요. 오히려 치료받아야 할 사람이 '도와준다고 한다' 이런 말들도 많이 하거든요. 훈련되지 않은 사람들이 장애인을 돕는 일을 하거든요. 장애인 아이를 함께 키워준다는 건 정말 더 어려운 일이거든요. 그래서 더 훈련되고, 좋은 품성을 갖춘 사람들을 찾아서 함께 아이를 키우는 게 쉽지 않다는 거죠.

〔D〕

T도 장애여성이 출산과 자녀 양육을 잘하기 위해서는 국가나 지자체의 정책 서비스가 잘 마련되는 것이 필요하고, 이것을 담당하는 서비스 제공자의 질적인 측면이 중요한 요소라고 하였다. 그녀는 서울시의 정기적 안내 메일을 통해 장애여성 지원을 위한 정책적 서비스 내용을 가끔 확인한다. 그녀는 서울시의 여성장애인 지원사업을 예로 들면서, 장애여성을 위한 이러한 정책 서비스 대부분이 중증의 장애인 중심이고, 서비스를 이용할 수 있는 기준이 엄격해서 일반적인 장애여성들이 서비스를 제공 받는 것은 제약이 많다고 하였다. 또한 이러한 돌봄서비스를 제공하는 종사자의 전문적 태도, 역량이 중요하다고 강조하였다.

저희 같은 여성장애인들이 아이를 낳아 잘 키우려면 나라에서 이것을 얼마나 잘 도와주느냐가 중요하다고 생각해요. 얼마 전에 서울시 거기서 하는 홈헬퍼 사업을 제가 읽었거든요. 이게 대부분 중증 중심으로 받을 수 있게 되어 있더라고요. 저 같은 시각장애인들은 중증이든, 경증이든 아이를 일단 낳고 키우는 건 나라에서 도와주지 않으면, 정말 어렵거든요. 요즘은 대부분 맞벌이를 하고, 저희 부모님 같은 경우도 두 분 모두 일을 하신단 말이죠. 나라에서 체계적으로 도와주지 않으면 어려운 거죠. 홈헬퍼로 오신 분들의 인성도 중요하고요. TV인데 아이돌보미가 어린 아이를 학대하는 사건도 나오고 했잖아요. 이분들의 인성 그

리고 아무래도 아이들을 전문적으로 케어해 줄 수 있는 능
력 이런 것들이, 저는 많이 필요하다고 보죠.

〔T〕

한편 장애여성들은 세상과 타인의 시선을 의식하며 살아갈 수밖
에 없는 사람들이다. 이러한 사회적 눈길에 대한 그녀들의 의식적
신경 쓰임은 아이를 양육하는데 있어서도 크게 영향을 미치고 있
었다. 그래서 장애여성이 자신들을 바라보는 타인들의 시선을 신경
쓴다는 것은 자칫 그녀들을 바라보는 편견과 차별적 행위가 자녀에
게까지 영향을 미치지 않을까 하는 걱정과도 뒤섞이기도 한다.

Y는 어린이집에 다니는 어린 아들에게 발생할 수도 있는 응급상
황에 대비해 어린이집 원장에게 그녀의 장애 상황을 이야기하였
다. 그리고 함께 신앙생활을 하는 교회 사람들에게만 그녀의 정신
장애에 대해 고백하였다. 적어도 교회 사람들은 종교 생활을 하는
사람들이기 때문에, 그녀의 장애가 교회 안에서는 이해받을 수 있
는 것으로 생각하였다. 그리고 어린이집 원장에게는 자신의 장애
에 대해 미리 말해두는 것이 혹시 발생할지 모를 비상 상황을 대비
해 아이를 위해 필요하다고 판단하였다. 하지만 아이를 어린이집
에 함께 보내는 다른 엄마들이 그녀를 은근히 피하거나 대화에서
배제시키는 듯한 느낌을 받을 때, 자신의 정신장애를 동료 엄마들

이 눈치채서 그녀를 따돌리는가 하는 의심을 하였다. 또한 그녀의 장애특성을 자꾸 물어보는 교회 사람들의 불필요한 관심이 부담스럽기만 하다. 이로 인해 Y는 자신뿐만 아니라 그녀의 어린 아들까지도 사람들의 편견 어린 색안경 안에 발목이 잡히지 않을까 하는 걱정스러움을 드러내기도 한다.

애가 어린이집 다니는데… 저는 제가 장애가 있다는 걸 밝히지 않았어요. 어린이집 원장님하고 교회 사람들에게만 얘기를 했는데… 원장님한테는 솔직하게 이야기를 해야겠더라고요. 막 사람들한테 나 장애 있다 얘기를 먼저 하지는 않지만, 우리 ○○이가(4세 아들) 어리고, 제가 또 병이 있다 보니까 어떤 상황이 생길지 모르잖아요. 그러다보니 원장님한테는 이야기를 해야겠다는 생각이 들더라고요. 그래도 엄마들이 제 겉모습이나 그런 걸 보고 좀 특별하게 생각하는 것 같긴 해요. 저는 친해지고 싶은 마음이 있는데, (그 사람들이) 낯가림을 하는 게 느껴지거든요. 엄마들이 같이 공간에 있어도 별로 나와 대화를 하려고 하지도 않고, 다른 엄마들하고만 대화하고… 그런 거에 좀 눈치가 있잖아요. 그래서 저 사람들이 '내가 장애가 있는 것 알고 있나?' 괜히 혼자 그런 생각도 들고… 또 교회 사람들이 저 보고 대단하다고 해요. 장애가 있다고 하면 과거에 어떻게 살았는지? 내 병에 대해 자꾸 물어보려고 하거든요. 저는 색안경 끼고 저나 우리 ○○이를 보려는 게 좀 두렵기도 하고. 싫거든요.

나에 대해 너무 파고들려하지 않았으면 좋겠고… 그냥 현실
에서 나누는 대화 그런 것만 했으면 좋겠는데, 너무 파고들
려고 하면 머리 아프거든요. 사람들의 관심도 부담스럽고…
내 애도 약간 그렇게 보지 않을까… 두렵긴 해요.

〔Y〕

중증 지체 장애가 있는 P는 자신의 아이들이 다니는 초중고등학
교를 한 번도 가본 적이 없다. 담임교사 상담, 아이들의 입학식, 졸
업식은 모두 친정 부모가 대신하거나, 그녀의 남편이 참석하였다.
학년이 올라갈 때마다 아이들의 담임선생님과 전화 통화도 나누
고, 자신의 장애 상황에 대해서도 설명하였지만, 그녀가 직접 학교
를 방문해 본 적은 없다. 그녀는 장애인에 대한 부정적 편견의 벽
이 단단한 사회에서 혹여 그녀의 학교 방문이 아이들에게 피해가
갈 수 있다는 것을 걱정하였다. 더불어 중증 장애가 있는 그녀를
아이들이 창피한 존재로 여기는 것에 그녀 스스로 마음이 상할까
봐 두렵기도 하였다. P는 장애인 엄마가 비장애인 자녀를 양육하
는 차가운 현실은 세상 사람들의 삐딱한 시선과 그로 인해 인격적
으로 존중받지 못하는 가족의 초라한 처지라고 하였다. 그녀는 자
신의 아이들이 장애인 자식이란 멍에를 쓰는 것이 싫었기에, 사람
들 앞에서 일부러 스스로를 드러내고 싶지 않았다. 그것이 자식에
대해 그녀가 할 수 있는 최선의 배려라고 생각하였다.

보통 애들 학교 입학하고 학년이 바뀌면 부모들이 교사 상담도 하고, 부모들에게 개방하는 수업 행사에 많이들 가잖아요. 저는 한 번도 가본 적이 없어요. 겉으로야 일 핑계 대고, 다른 핑계를 대지만, 내가 학교에 감으로써 발생될 여러 가지 상황들이 싫었거든요. 장애인 그것도 휠체어를 타고 들어가 보세요. 일단 다 쳐다보잖아요. 시선이 집중이 되니까… 거기다 '누구 엄마다, 누구 엄마 장애인이다' 이걸로 뒷말이 끝나겠어요. 애들이 조롱당하는 건 자명한 거지. 그런 여러 가지들이 저는 싫어서 이런저런 핑계 대고 가지를 않았어요. 우리 엄마, 아빠가 대신 많이 갔어요. 그리고 왜 그런 것도 있잖아요. 내가 학교에 갔는데, 내 애들이 나를 피하거나 모른 척 하면 얼마나 속상해요. 그런 막연한 두려움도 있었던 것 같아요. 만약 그 상황이 생기면 어떡해야 하지? 내 자식이 나를 챙피하게 여기는 거니까….

(P)

더욱이 P는 자식들이 결혼을 생각할 20대 중후반이 되면서, 그녀의 장애가 자녀의 배우자감과 그 가족들에게 부정적 영향을 미칠 수 있다는 걱정을 드러내기도 하였다. 특히 그녀는 지인이 지병으로 인해 자녀의 결혼이 어그러지는 것을 직접 들어본 적이 있다. 그래서 그녀는 얼마 전 집에 놀러온 딸 남자친구에게 장모 될 사람이 장애인인 것에 대해, 어떻게 생각하느냐를 불쑥 물어보았다. 그녀는 딸아이의 결혼에 자신의 장애 상황이 걸림돌이 될 수 있다는 생각만 해도 자신도 모르게 위축되고 소심해진다고 하였다.

저랑 너무 친한 교회 집사님이 파킨스 그게 오셔 가지고…
고생을 하고 계세요. 그 집사님 아들이 몇 년 전 상견례를 했
는데, 그 상견례 끝나고 결혼이 깨졌어요. 그 사실을 제가 알
고 있으니까… 우리 큰애가 얼만 전에 남자 친구를 집에 데
리고 왔는데, 내가 대뜸 걔한테 '혹시 장애가 있는 장모는 어
떻게 생각해?' 불쑥 물어본 거죠. 우리 딸 남자친구가 얼마
나 당황을 했겠어요. 말은 '그게 뭐 상관이 있겠어요?' 하는
데… 나한테는 '내 장애가 혹시 장애가 되지 않을까?' 미리
걱정이 된 거지. 솔직히 우리 애들 결혼한다고 하면, 저도 모
르게 위축되고, 소심해지고 하는 게 분명히 있을 것 같아요.

(P)

P와 유사하게 E도 그녀의 장애가 딸 결혼에 불리하게 작동되고
있다는 것을 표현하였다. 그것은 E의 장애를 남자의 부모가 부정
적으로 여겨, 이것이 결혼의 방해 요인이 될 수 있다는 예비 사위의
심적 고민을 그녀가 알게 되었기 때문이다. 이 이야기를 했던 E의
표정이 필자에게도 또렷하게 기억에 남아있는데, 그녀는 자신의 장
애를 고민하는 예비 사윗감에 대해서도 어느 정도 이해하는 듯 보
였다. 그러나 E는 그녀의 장애가 불리한 조건이 되어 딸의 결혼이
란 커다란 행사에 방해가 될 수 있다는 것, 그로 인해 딸아이가 엄
청난 상처를 받을 수도 있었다는 것을 염려하는 듯 보였다. 그래서
E는 필자 앞에서 온화한 미소를 짓고 있지만, 그 안에 묘하게 묻어
나오는 씁쓸함과 마뜩찮음이 뒤엉겨 있는 모습이기도 하였다.

한 1년 전쯤에 우리 딸이 남자애를 데리고 왔어요. 집에 놀러 왔는데, 우리 딸이 함부로 행동하는 애가 아니거든. 걔가 집에 데리고 왔을 땐 결혼 생각이 있었던 거지. 이 남자애가 우리 집에 왔다 가서는 한 3주 안 만났대. '출장 간다, 일이 바쁘다'고⋯ 나는 한참 나중에야 알았지. 내가 물어봤거든. '걔랑 결혼할 생각이 있냐고?' 나한테 이런저런 말을 안 하고. 흐지부지 말을 흐려서⋯ '왜 저러나' 내심 걱정을 했어요. 얼마 있다가 우리 애가 걔랑 결혼하고 싶다고 그러는 거야. 그러면서 사위 될 애가 '자기는 괜찮은데, 부모들이 어떻게 생각을 할까?' 고민을 좀 했나 봐요. 아무래도 내가 다리를 절뚝거리니까⋯ 좋게 볼 부모가 누가 있겠어요. 아무래도 그게 많이 걸렸었나 봐요.

〔E〕

싱글맘인 C는 건강하게 잘 자라고 있는 어린 아들이 점차 커나가면서 그녀의 장애로 인해 놀림감이 될 수 있다는 것을 많이 염려하였다. 아이가 성장할수록 학교를 방문하는 일도 자주 생길 것이고, 학교 친구들이 모두 착한 아이라는 보장이 없는 상태에서, 일부의 나쁜 아이들이 그녀의 뒤틀린 몸을 놀리거나, 흉내 낼 때 아들이 받을 상처가 불을 보듯 뻔하게 예상되기 때문이다. 몇 달 전그녀는 아이 어린이집에 상담차 방문한 적이 있다. 거기서 같은 반친구가 '저 엄마는 왜 저래?'라고 묻자, C의 아들은 '우리 엄마는 원래 그래'라고 자연스럽게 대답하는 모습을 보면서 그녀는 마음이 놓였다. C는 평상시 아들에게 그녀와 아들의 신체적 차이를 자주 설명해 주고 있다. 나아가 아들과 함께하는 게임을 그녀는 발로, 아들은 손으로 하면서 아들이 그녀의 장애를 자연스럽게 받아들일 수 있도록 노력하고 있다. 그래서인지 5살 난 아들은 그녀의 장애를 아직까지는 부정적으로 생각하지는 않는 것 같다고 하였다.

C: 애가 한 살 한 살 더 커나가면 아무래도 친구들이나 선생님들을 많이 의식할 꺼잖아요. 학교에 다니게 되면 담임선생님을 만난다든지, 학교에 일 있을 때 가야 하잖아요. 이게 벌써부터 걱정이 되는 거예요. 학교에 좋은 애들만 있으란 법이 없잖아요. 나쁜 애들도 있을 텐데 내가 학교에 휠체어로 간다고 해보세요. 애들이 나보고 막 놀리고 욕할 수도 있잖아요. 우리 애가 그걸 당한다고 생각을 하면 너무 끔찍한 거지. 애한테 얼마나 상처가 되겠어요. 그렇다고 우리 엄마는 일을 하지, 아빠는 할아버지인데 어떻게 가요. 못가지. 이런 거를 생각하면 솔직히 걱정이 커요. 애가 더 클수록 장애인에 대한 안 좋은 인식들을 엄마를 통해서 다 겪을 텐데… 그게 많이 걱정이 되긴 해요. 지금은 어린이집에 다녀서 크게 걱정은 안 되는데, 앞으로가 걱정인 거죠.

해영: 아이 다니는 어린이집에는 방문해 보신 적이 있나요?

C: 그럼요 몇 번 갔어요. 몇 달 전에도 ○○이 어린이집에 갔었어요. 내가 전동휠체어를 타고 들어가서 있으니까… ○○이 반 친구가 '저 엄마 왜 그래?' 하니까… ○○이가 '(우리)엄마는 원래 그래?' 이렇게 말을 하더라고. 마음이 놓였어요. 제가 평상시 설명을 잘해주거든요. '엄마는 발이 손이야. 엄마는 손이 발이니까, 엄마는 발로하고, ○○이는 손으로 하는 거야' 이렇게 이야기를 해주거든요. 애랑 게임도 자주 해요. 나는 발로, 우리 애는 손으로 하고 이런 식으로… '○○이는 두 발로 걷고, 엄마는 휠체어로 걷는 거야' 이렇게 하다 보니까… 어느 정도 이해를 하는 것 같긴 해요. 애들이 어려서 그런가… 아직은 애들이 장애인에 대해 나쁘게 보는 것 같지는 않아서 마음이 놓이는데, 앞으로가 걱정이긴 해요.

이처럼 장애여성들은 자신의 장애가 세상 사람들의 부정적 시선과 편견들을 불러일으켜서, 그것이 자녀의 삶을 방해하거나 망가지게 하는 것을 무엇보다 우려하는 모습이다. 아마도 이러한 우려는 자식에게만큼은 그녀의 장애가 걸림돌이 되지 않기를 바라는 어머니로서의 간절한 마음의 발로일 것이다. 하지만 자식을 염려하고 걱정하는 장애여성들의 모성은 상당히 양가적으로 나타나기도 한다. 그래서 그녀들은 자녀, 자녀 양육을 둘러싼 주변인들과의 관계에서 갈등을 경험하기도 한다. 장애여성 P는 자신이 아주 어린 시절부터 부모와 떨어져 특수학교 내 재활원 기숙사에서 생활하며 독립적으로 성장해 왔고, 이 독립적인 생활방식과 삶의 태도는 자녀를 대하는 P의 생각에도 커다란 영향을 미쳤다. 그래서 P는 아이들의 행동을 이해하면서 대화를 통해 소통하기보다, 그녀 자신처럼 장애도 없는 멀쩡한 인간이 '왜 저렇게밖에 행동하지 못할까' 하는 비난조의 생각이 먼저 든다고 하였다. 그래서 P는 아이들과 소통하려고 하기보다, 오히려 그녀가 정한 기준에 맞지 않는 자녀의 행동을 자신도 모르게 질책과 비난으로 바라보는 엄마였다는 것을 고백하였다.

7살에 기숙사에 들어가서 21살에 나왔다는 것은 제가 얼마나 독립적으로 살았겠어요. 그렇다 보니 이런 독립적인 태도와 생활방식이 부부관계뿐만 아니라, 우리 애들하고의 관계에도 영향을 미쳤던 것 같아요. 그렇다 보니 애들과 어떻게 소통해야 할지, 어떻게 대화를 해야 할지 잘 몰랐던 것 같아요. 그냥 애들한테는 무기력한 엄마가 아니라 열심히 일하는 엄마, 열심히 사는 엄마… 그런 모습만 보여준 것 같아요. 예를 들면… 우리 애들을 보면서 왜 저런 것도 안 되지, 왜 안 되지… 항상 그냥 질책하고, 비난하고… 나는 이렇게 열심히 사는데… 왜 우리 애들은 이렇게 나약하지… 참 제가 미성숙한 사람이긴 한데… '왜 저렇게 멀쩡한 사지를 가지고 저 정도밖에 안 되지…?' 뭐 이런 생각만 했지. '무엇이 저 아이를 저렇게 힘들게 할까?' 이해를 해보려고 하질 않은 거죠.

(P)

또한 P는 자신이 큰딸과의 관계를 특히 잘 풀지 못하였다고 하였다. 그것은 P가 둘째 딸에 비해 큰 딸에게 좀 더 엄격하게 대하거나, 상처가 될 만한 말들을 가리지 않고 내뱉었던 엄마로서의 부족함을 반성하였다. 그 예로 P는 둘째 딸과 큰딸을 자신도 모르게 차별적으로 대했다는 것을 큰딸이 불만으로 털어놓으면서 비로소 알아차렸다는 것과, 직장생활 스트레스로 상담 치료를 받는 큰딸에게 비난조의 말들을 거칠게 내뱉었던 그녀의 언행이 딸에게 커다란 상처가 되었다는 것을 언급하였다.

언젠가 우리 둘째 ○○이가 학교 끝나고 친구들하고 오다가, 저랑 마주친 거예요. 저가 저쪽에서 ○! 하고 부르려고 딱 하니까… 우리 애가 손으로 이렇게 부르지 말라고… 표시를 하는 거야. 친구들 앞에서 아는 척하지 말라는 거지… 근데 저는 잘 기억은 안 나는데… 우리 큰애가 '엄마 챙피하다'고 언젠가 그래서… 내가 불같이 화를 냈어요. 그런데 우리 둘

째한테는 그냥 웃고 넘어갔다는 거지… 그때 제가 그냥 넘어간 것 같아요. 큰애는 '엄마가 그렇게 차별적인 사람'이라고… '엄마가 장애인이라고 챙피해' 막 이러면서 난리를 칠 상황인데… 둘째랑, 자기랑 차별을 그렇게 내가 한다는 거지… 큰애는 그래서 그런가… 저랑 좀 거리감이 있어요. 근데 하지 말아야지 하는데… 진짜 씀북씀북하게(불쑥) 센말을 우리 애들한테 저도 모르게 해요. 우리 큰애가 얼마 전 직장을 관두고… 상담을 한 6개월 정도 받았어요. 그런데 제가 딸래미한테 '참 잘한다. 엄마는 상담해서 돈 벌고… 딸년은 상담해서 돈쓰고' 애가 그 센말을 듣고 충격을 받은 거죠. 저도 이게 참 그러면 안 되는 걸 아는데… 그렇게 하지 말아야 할 말을 세게 해요.

〔P〕

장애여성 C는 다섯 날 난 아들이 점차 커나가면서 그녀의 말을 듣지 않거나 무시하는 듯한 언행을 할 때 속이 상하다고 하였다. 그래서 아이와의 관계를 어떻게 잘 형성할 수 있을 것인지가 고민이 된다고 하였다. 그녀는 활동지원사가 아들을 무척 예뻐해 주고, 이로 인해 아이와 활동지원사 모두 친밀하게 잘 지내면서, 거기서 발생하는 세 사람의 사이의 미묘한 관계 갈등을 언급하였다. 최근 그녀는 활동지원사하고만 어떤 활동을 하려고 하고, 그녀랑 하기 싫다고 대놓고 표현하는 아들에게 서운함을 느낄 때가 있다. 이처럼 그녀는 아들이 자신을 소외하는 듯한 행동을 할 때 그녀의 장애 때문인가 하는 생각에 서운한 생각이 든다. 급기야 C는 얼마 전 어린 아들이 한 말에 큰 상처를 받아 눈물까지 쏟아내고 말았다. 그녀는 잠자기 전 항상 '사랑한다'는 말과 '꿈속에서 우리 만나자'라는 말을 한다. 그날도 C는 아들에게 '꿈속에서 우리 만나자'라고 다정하게 말을 하였다. 그런데 그녀의 아들은 '아이! 지겨워. 엄마! 그 말 이제 하지 마'라고 투정을 부렸다. 그녀는 아무리 어린아이라도 어떻게 엄마한테 '지겹다'는 말을 할 수 있을까 싶어, 아들의 말이 너무 상처가 되었다. 그래서 그녀는 아들에게 '너 어떻게 그렇게 나쁜 말을 할 수 있냐'고 혼을 냈고, 그로 인해 아들도 울고, 그녀도 우는 사건이 발생하였다. 물론 엄마 '울지 말라고, 다시는 나쁜 말 하지 않겠다'고 그녀의 눈물을 닦아주는 아들에게 위로받기도 했지만, 어느새 부터인가 그녀 말과 요구를 아들이 무시할 때면 상처가 크다고 구술하였다.

활보선생님이 너무 (아들을) 이뻐하고 또 애가 인제 5살이 됐으니까… 눈치가 벌써 빨해지잖아요. 이 녀석이 요새 활보 선생님 말만 듣고, 내 말은 못 들은 척하고 무시할 때가 있어요. '엄마랑 숙제하기 싫다', '엄마랑 놀기 싫다'고 활보 선생님이랑만 한다고 벌써 나를 무시할 때가 있어요. 우리 애가 활보 선생님을 잘 따르거든요. 우리 ○○이를 키우는 데 그게 좀 힘든 점이긴 해요. 쟤가 엄마가 장애가 있으니까 벌써 그걸 생각을 하고 '나를 무시하고 내 말을 안 듣나‥' 그런 생각도 들고. 얼마 전에도 내가 속상해서 눈물 흘리고, ○○이한테 막 혼냈거든요. 이 녀석이 나보고 '아 지겨워' 이러는 거예요. 인제 잠자기 전에 내가 '엄마가 사랑해', '꿈속에서 우리 만나자' 항상 얘기를 해주거든요. 매일 해줘요. 근데 이 녀석이 나 보러 '아이 지겨워', '엄마 그 말 이제 하지 마' 이러는 거예요. 내가 너무 기가 막혀서. ○○이 '너 지금 엄마한테 뭐라 그랬어?' '너 어떻게 엄마한테 지겹다고 그런 나쁜 말을 할 수 있어?' 막 혼냈거든요. 애도 당황을 해서 막 우는 거야. 나도 속이 너무 상해서 울었거든요. 이 녀석이 나를 안아주면서 '엄마 울지 마세요', '나쁜 말 안 할게요' 이러면서 그 고사리 같은 손으로 내 등을 토닥토닥 해주는 거야. 마음이 금방 풀어지긴 했는데‥ 이제 나도 너무 상처가 되더라고요. 이 녀석이 좀 컸다고 벌써 엄마를 무시하는 이런 말들을 하나 생각을 하니까‥.

〔C〕

더욱이 C는 활동지원사와 아들, 자신의 삼자 관계에서 아들의 행동을 통제하는 그녀와 아들의 행동을 무조건 받아주는 활동지원사를 서로 비교하면서, 그녀의 말을 듣지 않으려는 어린 아들의 행동이 난감할 때가 있다. C는 이런 난감한 행동을 하는 아들을 볼 때면, 활동지원인과 대화를 나누어 아이 행동을 조절해 주는 것이 필요하다고 생각하고 있다. 하지만 그녀가 자칫 말을 잘못할 경우, 활동지원사가 불쾌해할 수 있고, 이것이 서로의 관계 악화로 이어질 수 있다는 걱정에 말도 못하는 답답함을 이야기하였다.

> 활보쌤이 애를 너무 감싸고 다 받아만 주니까… 애가 활보
> 쌤이랑 저랑 자꾸 비교를 해요. 활보쌤은 하라고 하는데, 엄
> 마는 못하게 한다고 애를 무조건 받아주면 안되잖아요. 이
> 걸 활보쌤이랑 잘 얘기를 해야 하는데… 말을 잘못하면 기
> 분 나빠할 수 있고… 이런 게 요새 좀 답답해요.
>
> 〔C〕

게다가 C는 아이 아빠, 친할머니와도 양육과 관련하여 갈등을
겪은 바 있다. 그녀는 아이의 돌쯤 아이아빠에게 한 달에 10만 원
씩 양육비를 지급해 주겠다는 제안을 받은 적이 있다. 그러나 C는
그 제안을 단박에 거절하였다. 아이 한 달 분유 값도 안 되는 비용
을 양육비로 받고, 아이 아빠에게 양육비를 지급 받았다는 말을 듣
고 싶지 않았기 때문이다. 그것은 아이 아빠에게 양육비를 받았다
는 빌미를 줄 뿐이었다. 그뿐만 아니라 아이의 친할머니는 아빠에
게 아이를 보여주거나 만나도록 허용하지 않는 C에게 불만이 컸
다. 그래서 그녀는 C에게 소송을 해서 아이를 데리고 갈 수도 있다
는 위협을 하기도 하였다. 더욱이 아이 친할머니가 아이 만나는 조
건을 아빠 집으로 데려가 하룻밤 재워서 보낼 수 있도록 그녀에게
일방적 요구를 하기도 하였다. C는 아이 친할머니의 위협과 요구

를 모두 거부하였다. 그녀는 아이 아빠가 큰 병에 걸린 그녀의 어머니에게 퍼부었던 막말을 진심으로 사과하지 않는 한, 자신의 아이를 그 사람들에게 보여주거나 만나게 해줄 의향이 결코 없다고 구술하고 있다.

애기 돌쯤 됐나?… 애 아빠가 전화가 왔어요. 한 달에 10만 원씩 양육비를 주겠대요. 참… 내가 기가 막혀 가지고. ○○이가 분유를 먹었는데, 그 분유 값도 안돼요. 거기다 애 낳고 내내 모른 척하고 있다가… '10만 원을 준다' 말이 안 되는 거지. 나는 그까짓 돈 10만 원 받고, 양육비를 받았다고 그런 말을 듣고 싶지를 않았어요. 그래서 내가 '됐다'고 '안 받는다'고… '그 돈을 가지고 양육비 준다'고 할 꺼냐고. 내가 바로 거절을 해버렸어요. (아이 아빠한테) 전화가 와도 끊어버리고 내가 애기도 안 보여주고, 아예 만나지도 못하게 했거든. 왜? '애기 보고 싶으면 우리 엄마한테 했던 말을 사과를 해라. 엄마한테 잘못했다고 진심으로 사과를 해라…', '그러면 애기를 만나게 해주겠다'고 했거든요. 이 사람들이 사과를 안 해…(중략)…그런 말을 사람이라면 못하죠… 인제 내가 애기를 안 보여주니까… 그 집 엄마가 나한테 전화를 해서 '애기 자기 집 보내서 하룻밤 자고 가게 해라', '너 그렇게 안하면 소송 걸어서 우리가 애기 데려갈 수 있다…' 이렇게 협박을 하는 거야. 내가 '하시라고, 할 수 있으면 해 보시라고' 딱 그렇게 말하고 끊어버리지…(이하 생략).

[C]

Y는 그녀의 장애로 인해 나중에 아들에게 발생할 수 있는 부정적 문제를 염려하였다. 그로 인해 그녀는 조현 증상을 관리해주는 약물의 잔여물이 혹시라도 어린 아들의 몸에 들어가 악영향을 미칠까 봐, 그녀가 마시던 물컵도 아들이 사용하지 못하게 하였다. 그럼에도 불구하고 그녀가 결코 원하지 않는 정신장애가 아들에게 대물림되거나, 그로 인해 아들이 사회생활을 하지 못하는 결과가 나타나게 되면 어떻게 해야 할지 걱정되는 예기불안이 덮쳐 오기도 하였다. Y는 이러한 여러 가지 걱정들이 그녀의 머리를 복잡하게 만든다고 하였다.

아무래도 제가 병이 있다 보니까… 우리 애한테 조금이라도 안 좋은 영향을 미칠까봐 늘 조심스러워요. 지금은 애가 잘 먹고 놀 때니까 괜찮은데… 혹시라도 내가 먹었던 물컵, 약 먹었던 물컵으로 못 먹게 해요. 왜냐면 내 병이 애한테 안 좋은 영향을 미칠까 봐서요. 또 지금은 행복하지만… '아이도 나처럼 병이 나면 어떡하지', '사회생활을 잘해 나갈 수 있을까' 이런 잡생각이 들 때가 있어요. 혹시 병이 생기면 사회생활을 못 할텐데….

〔Y〕

또한 N은 중도 시각장애인이 된 이후, 그녀로 인해 고등학교 시절부터 그녀를 돌봐온 아들에게 짐 덩어리가 되어버린 그녀가 점점 나이 들수록 자식에게 더 큰 짐으로 다가올 미래를 걱정하였다.
그래서 그녀의 장애는 자식들에 대한 미안함으로 드러나는 부담감
이라고 하였다.

> 남들은 새끼들이 속 썩이는데, 우리는 엄마가 이 모냥이
> 니… 엄마가 (애들) 속 썩여서 큰애는 머리가 하얗게 샜다
> 니까… 머리가 왜 흰지 알어? 눈이 안보이니, 애들이 나 때
> 문에 고생을 엄청 많이 했어. 지금까지 걔들이 다 사다줄려
> 고 그러고… 뭐든지 필요한 거 없냐고… 한참 놀 땐데… 아
> 들 둘이 엄마 뒷치닥꺼리 하느라… 학교 다닐 때부터…내가
> 자식을 키운 게 아니라, 자식들이 나를 키운 거나 마찬가지
> 야. 더 나이 들면 인제 애들이 더 힘들 텐데 지금이야 그래
> 도 덜 혹덩이가 되는 편이긴 한데… 나중에는 말 그대로 혹
> 이지. 그게 나한테는 큰 부담이야
>
> [N]

장애여성 C는 아이의 초등학교 입학 이후 발생할지도 모르는 학
교 내 급식 봉사나 아이 하교를 섬세하게 챙겨주기 어려운 그녀의
장애 현실이 아이 양육에 있어, 걸림돌이 될 수 있다는 것을 걱정
하였다. 또한 언어장애가 있는 그녀의 말을 교사나 다른 학부모들
이 잘 알아듣지 못하거나 혹은 학교 내에 엘리베이터가 설치되어
있지 않을 경우, 이 모든 것들이 아이 양육의 커다란 저해 요인이
될 수 있다는 것을 우려하였다.

지금 우리 애 어린이집에 가보면 입구가 좁아요. 제 휠체어가 큰 편이잖아요. 이게 자꾸 부딪치고, 여기저기 걸린단 말이에요. 지금도 상황이 이런데 애가 학교에 가보세요. 6년을 다녀야 하는데… 학년 올라갈 때마다 선생님 만나고 하려면 벌써 몇 명이에요? 내가 말도 잘못하고, 언어장애가 있는데 사람들이 알아듣는 것도 힘들어 한단 말이에요. 어린이집에서도 저는 원장님하고만 말을 해요. 내 말을 잘 못 알아들으니까… 이게 한두 가지가 불편한 게 아니란 말이에요. 그럼 애가 초등학교에 가면 문제가 더 심해지는 거지. 솔직히… 애 키우면서 걱정되는 건 한두 가지가 아니에요.

[C]

장애여성들은 자녀양육의 현실적 어려움 중 하나로 경제적 문제가 크다고 하였다. 장애여성 F는 한창 커나가는 고등학생 자녀 앞으로 들어가는 비용 부담이 상당히 크다는 것과 그녀의 경우 몸 한쪽 마비가 심해 양육비를 벌기 위한 일자리를 구하기도 어렵다고 하였다. 거기다 한창 먹을 나이인 아들이 원하는 음식을 배달시켜주지 않거나, 아이가 원하는 바를 들어주질 않을 경우, 짜증부터 내는 큰아들의 행동이 점점 감당하기가 어렵다고 하였다.

애들이 고등학생이고 하다 보니까… 돈이 너무 딸리거든. 뭐 애 아빠가 양육비라고 줘도… 쥐꼬리만 하게 주는 돈 그게 얼마 되나요. 애들 먹이고 입히고 학원도 많이도 안 보내요. 항상 돈이 딸리지. 그래서 일을 하고 싶은데 지금 몇 달 동안 알아보고 있는데, 일자리가 없어요. 손이 자유롭지 못하니까 더 일자리 구하기가 힘들다는 거야. 손을 쓸 수 있는 장애인은 할 게 얼마나 많은데요. 근데 나처럼 손을 못 쓰는 장애인은 일자리 구하기가 너무 힘들어. 이게 또 한참 먹을 때니까, 치킨도 먹고 싶고, 피자도 먹고 싶고, 햄버거도 먹고 싶겠지… 그것도 일주일에 한두 번이지. 돈만 생기면 무조건 배달음식만 시켜 먹으려고 그래요. 한두 푼도 아니고… 감당이 안 되는 거야. 내가 몸만 성해도 무슨 일이든 할 수 있으니까… 괜찮은데, 당장 벌리는 돈은 없는데, 요런 데 나가는 돈이 너무 많은 거야…(중략)…지가 원하는 대로 안 해주면 짜증부터 내 버리니까… 내가 감당이 안 된다는 거지.

(F)

거기다 F는 편측마비로 인해 집안 살림을 하는 것도 쉽지 않다. 그런데 코로나19 상황에서 학교에 가지 않는 아이들의 뒷수발을 감당하기란 그녀에게 상당히 버거운 돌봄 노동이기도 하였다. 특히 코로나19 상황에서 비장애인 엄마들의 자녀 돌봄의 고충은 대중매체에서 많이 부각되었지만, 훨씬 더 힘들 수 있는 장애인 엄마들의 고충은 전혀 알려지지 않는다는 점을 아쉬워하였다.

요새 코로나 시국이잖아. 애들도 학교에 안 가고… 교대로 가고 그러니까… 애들하고 맨날 붙어 있어야 하잖아. 이게 비장애인 엄마들 힘들다, 어젠다 TV에 막 나오잖아. 장애인 엄마들 힘든 거는 아예 안 나오잖아. 솔직히 말해서 비장애인 엄마들보다, 몇 배 힘든데… 나는 한쪽을 못 쓰는 사람인데, 끼니때 되면 이건 애들 밥해줘야지, 뒷수발이 나는 몇 배로 힘든 거야. 어휴 이놈의 코로나 언제쯤 끝날까? 너무 힘들어요.

(F)

장애여성 C도 아이 양육에 필요한 현실적 비용부담과 이것을 국가에서 받은 수급비로 모두 해결할 수 없는 현실적 한계를 언급하였다. 이로 인해 그녀는 아이를 키우는 데 필요한 비용의 일부를 어머니로부터 도움 받는다고 하였다. 특히 그녀는 국가의 지원 비용 이외에 부대비용이 소요되는 어린이집 생활에 자신의 아이만 비용을 못 낼 경우, 아들이 다른 아이들과 다르게 취급당하지 않을까 하는 걱정이 컸다. 그래서 그녀는 어린이집에 들어갈 부대비용을 생활비에서 가장 먼저 챙긴다고 하였다.

애기 어린이집에 들어가는 돈이 나라에서 지원을 한다고 해도, 간식비, 또 다른 프로그램 하는 거는 따로 돈을 내야 되요. 너무 부담이 되는 거야. 엄마가 도와주긴 하는데… 생각보다 돈이 너무 많이 드는 거야. 앞으로는 돈이 더 많이 들어갈 텐데… 걱정이긴 해요. 간식비, 프로그램비 뭐 이런 돈들이 생각보다 많이 들어요. 저번 달에도 13만 원을 냈어요. 내년부터 태권도 배우게 해준다고 했는데, 그게 20만 원씩이나 하더라고요. (친정)엄마는 그것까지는 도와줄 수 있다고 하는데… 진짜 이런 게 현실적으로 고민이 많이 되고… 돈이 없어서 우리 애만 뭘 못 해봐요. 선생님들도 벌써 눈치가 다를 꺼 아니에요. 지금이야 그러저럭 해나가는데, 앞으로가 큰 걱정이에요.

〔C〕

이처럼 장애여성들에게 자녀 양육의 현실적 어려움은 경제적 한계에서 가장 크게 나타나고 있다. 또한 장애여성들은 그녀의 자녀 양육을 최근접에서 지원해주는 활동지원사와의 장기적인 관계 지속에서도 어려움을 드러내고 있다. C는 지인인 다른 뇌병변 장애여성의 아이를 돌봐주는 활동지원사가 여러 번 바뀌면서, 아이의 심리적 문제가 생긴 것을 직접 목격한 바 있다. 그래서 C는 활동지원사가 바뀌지 않고 아이를 그 사람과 함께 잘 키우는 것이 중요하다고 하였다. C는 그녀의 지인처럼 자신도 활동지원사가 바뀌어서 아이를 키우는 데 어려움이 발생하지 않을까 하는 것을 내심 걱정하기도 하였다.

장애인활동지원사가 애를 키워줘야 하는데요. 엄마, 아빠가 장애가 있으면 아주 디테일한 부분까지 신경을 쓰기 어려워요. 예를 들어 엄마가 언어장애가 있으면 저 아는 사람이 뇌병변(장애여성)인데… 애가 초등학교 1학년이에요. 그 집 애가 심리치료를 받아요. 활동지원사가 계속 바뀌어가지고. 아이 성장에 활보샘 영향도 너무 커요. 돌봐주는 선생님이 너무 자주 바뀌는 환경이다 보니… 아이도 너무 힘든 거지. 아이가 아주 냉소적으로 변하면서, 문제행동이 나타나니까… 지금 계속 심리치료를 받고 있는 거지. 내가 그 말을 듣고 얼마나 걱정이 되던지. 우리 애도 활보샘이 키워주잖아요. 근데 여기서 문제가 터져버리면 심각한 거예요. 이게 중증(장애인) 엄마들이 애 키우는 데 사실 큰 어려움이기도 해요.

(C)

위와 같은 지원인력의 문제 외에도, 5살 난 아들을 양육하고 있는 C는 다른 장애여성들과 달리, 자녀를 키우면서 겪었던 또 다른 어려움을 이야기하고 있다. 그녀는 아들이 태어난 지 몇 달 안 되어, 아이의 청각에 문제가 있는 것 같다는 청천벽력 같은 의사의 말을 듣게 된다. '당분간 지켜보자'는 의사의 말을 뒤로하고, 병원을 나오는 그녀의 심정은 마치 지옥에 떨어지는 기분 같았다. 혼자서는 아무것도 하기 어려운 중증 장애인인 자신에게 아이의 청각

장애 문제가 생긴다면, 그녀는 홀로 아이를 어떻게 키워야 할지 막막하였다. 그래서 그녀는 얼마간의 기간에 온 촉각을 세워 아이의 청각 상태를 확인하고자 노력하였던 경험을 언급하고 있다.

애기 정기검진을 갔는데, 우리 애가 그때 몇 개월 안 되었을 때에요. 왜 병원에 정기적으로 가잖아요. 애기 때는 애기 수첩도 주고… 의사가 '애기 귀가 잘 안 들리는 것 같대요. 좀 지켜보자고' 그러는 거야. 내가 그때를 생각하면 날벼락을 맞은 것 같았어요. 나도 몸이 이 모양인데, 애가 귀가 안 들린다고 해버리니까 눈앞이 캄캄하더라고요. 와우 나 혼자 어떻게 애를 키워야 하나. 이게 내가 아무것도 못 하는 사람이잖아요. 활보가 도와주지 않으면 솔직히 아무것도 못 하는 사람인데… 청각장애가 있다… 하늘이 노랗고… 집에 와서 '하느님 왜 이렇게 저한테 가혹하게 하세요…' 진짜 펑펑 울고 싶은 심정이더라고요. 그때부터 애 귀에만 온 신경이 가는 거예요. 그러다가 병원을 갔는데… 너무 잘 들린대(웃음)… 와 그때 내가 천당과 지옥을 왔다 갔다 했어요. 저는 정말 우리 ○○이한테 장애가 있다고 하면 못 견딜 것 같아요.

〔C〕

한편 장애여성들은 자녀 양육이 그녀들에게 주는 삶의 의미도 함께 부여하였다. C는 "아이는 하느님이 자신에게 준 유일한 보물"이라고 하였고, E는 "엄마가 되면 두려울 게 없다"고 하였다.

이처럼 장애여성들은 보물과 같은 자식을 지키고 책임지는 주 양육자로서 그녀들의 위치에 대해 구술하였다. 먼저 E는 자신이 장애가 있다고 해서 아이들의 양육 문제에 뒤로 물러서지 않았다고 하였다. 그녀는 아이들 두 명이 모두 반장을 하였고, 아이들을 위해 학교 활동에도 적극적으로 참여하였다. E는 엄마인 자신이 스스로에게 당당하지 못할 때 그녀의 자식들도 엄마의 장애를 편하게 받아들일 수 없고, 자식들 스스로도 당당해질 수 없다고 하였다. 그래서 E는 자신의 장애를 탓하며 자녀의 양육 문제에 적극적으로 뛰어들지 못하는 장애인어머니들은, 스스로의 두려움 때문에 나서지 못하는 사람들이라고 하였다.

> 나는 애들 키우면서 장애가 있다고 애들 학교 안 가고 이런 거 없었어요. 둘다 반장을 했으니까 내가 학교를 안 갈 수가 없는 거지. 또 내가 다리가 좀 이래(절뚝거려)도 웬만큼 걷는 편이라 학교를 쫓아다니면서 뒷바라지를 다 했어요. 애들이 반장을 하는데 엄마가 뒤에서 도와주지 않으면은 어떻게 반장을 하겠어요. 나는 우리 애들 유치원, 초등학교 선생님들 도시락 다 준비해 주고… 행사 있다고 그러면 일일이 다 챙겼어요. 엄마가 다른 사람들이 어떻게 나를 생각할까 신경 쓰면서 어떻게 애들 뒷바라지를 해요. 못하지… 엄마가 당당

해야 애들도 편해지고, 당당해지는 거지. 나는 엄마들이 장애가 있으니까 학교에 안 간다 그러는 거는 자기가 두려운 거지. 엄마가 두려워서 뭘 못하는데, 자식들이 엄마가 장애인인 것을 편하게 받아들이겠어요. 못 받아들이지….

(E)

장애여성 C도 그녀의 아들은 하늘이 그녀에게 준 무엇과도 바꿀 수 없는 보석 같은 존재라고 하였다. 그래서 그녀는 아이를 키우는 것이 커다란 걱정을 불러일으키는 일이긴 하지만, 그녀가 무슨 일이 있어도 헤쳐 나가야 할 그녀 인생의 최대 목적이라고 하였다.

보석이죠. 우리 ○○이는 하느님이 나한테 준 유일한 보석이에요. 애가 있어서 내가 살 이유가 생기고, 애를 잘 키우는 것이 내가 삶의 목표가 된 거죠. 제가 사이버 대학에 들어간 것도 ○○이를 더 잘 키우고 싶은 이유도 있어요. 엄마가 못 배워서 너무 무식하면 안 되잖아요. 앞으로 무슨 일이 일어날지는 아무도 모르죠. 그래도 나는 ○○이 잘 키우는 것이 내 인생의 목표인거니까… 우리 ○○이 없는 내 인생은 생각할 수가 없는 거죠. 그니까 걱정이 되고, 혼자 키우는 게 쉬운 일이 아니어도, 그래도 씩씩하게 키워야죠. 내가 애 엄마니까.

(C)

또한 Y는 어린 아들이 어떤 사람으로 성장하기를 그녀가 바라는 지를 이야기하면서 아이의 건강한 성장을 위해 자신이 어머니로서 어떻게 대하는 것이 중요한지를 언급하고 있다. Y는 자신의 아들이 좀 더 강인하고 남자다운 아이로 자라기를 원하였다. 그래서 그녀는 아이를 항상 관대하게만 대하지 않고, 훈육이 필요할 때 엄격한 훈육도 하는 엄마라고 언급하고 있다.

> 저는 혼자 자랐잖아요. 강하게 자라지를 못했어요. 너무 여리다 보니까… 조현병이 생기지 않았나 생각하거든요. 저는 우리 ○○이가 나처럼 여리게 자라는 게 아니라, 강하게 자랐으면 좋겠어요. 우리 ○○이를 너무 좋아하지만 아이를 혼낼 때는 혼내고, 내칠 때는 내치고 오냐, 오냐만 해주지는 않거든요. 좀 남자답게 강하게 컸으면 좋겠어요. 남자답게 강하게 자라서 사회에 잘 적응하고 사는 아이로 크면 더 바랄게 없을 것 같아요.
>
> (Y)

이와 달리 P는 그녀가 누구보다 직업인으로서, 한 집안의 가장으로서 열심히 살아가는 모습을 자식들에게 보여주면, 그 자체가 자식들의 삶에 모범이 되어 줄 것이라고 생각하였다. 하지만 최선을 다해서 살아온 자신을 인생을 버겁게 살아가는 존재로 바라보는 자식들에게, 왜 자신이 그러한 존재로 이해되고 있을지에 대한 반

성적 질문도 제기하였다. 이것을 통해 P는 자식들과 의사소통을 잘
하지 못하는 엄마로서의 그녀의 모습에 대해 되돌아보기도 하였다.

> 제가 돈을 벌어야 했잖아요. 우리 애들은 엄마, 아빠를 나이
> 많은 언니, 오빠 정도로 생각한 것 같아요. 할머니, 할아버지
> 가 다 키워 주시니까… 나는 너무 열심히 살았는데… 아이
> 들한테 내 모습은 정말 버겁게 사는 존재로 바라보고 있더라
> 고요. 그게 많이 속상하더라고요. 나는 내 인생에 최선을 다
> 해 살았는데… 우리 애들은 왜 나를 그런 존재로만 바라봤
> 을까? 저는 그냥 애들한테 말이 안 통하는 엄마였던 거예요.
> 그게 많이 저를 되돌아보게 해요.
>
> [P]

　요약해보면 미혼인 장애여성들은 그녀들의 장애특성으로 인해
결혼과 출산이후 발생할 수 있는 양육의 현실적 어려움을 언급하
였다. 이중 지적장애가 있는 미혼여성들은 인지적 기능의 한계가
주는 어려움을, 시각장애 미혼여성들은 출산 이후 아이를 양육해
줄 수 있는 지원인력의 품성과 자질의 중요성을 언급하였다. 그리
고 기혼의 장애여성들은 주변인들의 그녀들에 대한 과도한 관심을
부담스러워하거나, 자신의 장애가 자녀에게 어떤 식으로든 피해를
줄 수 있다는 생각에 주변인들에게 그녀를 드러내지 않거나 혹은
신중하게 드러내는 양육방식을 취하기도 하였다. 더욱이 성장한

자녀를 둔 장애여성들은 자신의 장애가 자녀들의 결혼에 방해물이 될 수 있다는 염려를 하기도 하였다.

한편 장애여성들은 자녀 혹은 자녀 양육을 둘러싼 주변인과의 관계 갈등을 경험하였으며, 장애가 자녀에게 안 좋은 영향을 미칠까 봐서 매사 조심하거나, 자식에게 짐이 될 수 있다는 부담을 느끼기도 하였다. 거기다 자녀양육에 따른 경제적 어려움, 가사노동의 버거움, 아이를 함께 양육하는 활동지원사의 지속성 및 좋은 관계 유지, 자녀의 장애문제 등에 대한 걱정을 드러내고 있었다. 그럼에도 불구하고 장애여성들은 자녀를 무엇과도 바꿀 수 없는 소중한 보물이라고 하였으며, 그 보물과 같은 소중한 존재를 양육하기 위해 요구되는 태도를 어머니로서의 당당한 자세, 훈육자로서의 역할 필요, 자녀양육에 대한 반성적 성찰 등을 이야기하였다.

8장   폭력이라는 이름의 성

성매매

성매매란 일정한 대가를 주고받기로 약속하고 불특정인과 성관
계 혹은 유사성행위를 제공하거나, 제공받는 거래 행위라고 할 수
있다. 과거에는 성을 판매하는 여성들을 윤락여성, 매춘여성이라
고도 호칭하였다. 우리나라는 성을 사거나, 판매한 사람, 이것을
알선하는 매개자, 성매매를 목적으로 한 인신매매 행위자 모두 법
적 처벌을 받는 금지주의를 채택하고 있다. 그렇지만 최근 우리사
회는 퇴폐 마사지, 키스방, 립카페, 랜덤채팅, 조건만남, 오피스텔
성매매 등의 확산을 통해 신종, 변종의 성매매 산업[105]은 더욱 진화
하고 있다. 또한 적지 않은 남성들이 성을 구매하고 있지만, 아이
러니하게도 우리 사회는 성을 사는 남성에 대한 사회적 비난보다
는 그 비난의 화살이 성을 파는 여성들에게 겨누어지는 경향이 있
다. 그래서 전통적으로 성을 판매한 여성들에 대해 덧씌워진 오명
은 '타락한 여성들의 성적 일탈', '성병을 마구잡이로 퍼트릴 수 있
는 위험한 집단'[106]이라는 것이었다.

---

105. 민기연, 2019, "성매매를 통한 친밀힘의 로빙. 성매매와 성매매 아닌 것의 경계를 허무는 작취", 『한국여성학』, 제35권 제1호, pp. 121-150.

106. 이나영, 2005, "성매매: 여성주의 성정치학을 위한 시론", 『한국여성학』, 제21권 제1호, p. 47.

물론, 2004년 『성매매방지법』이 제정되면서, '성매매된 여성', '성매매피해여성'이라는 용어에서 알 수 있듯, 성매매 여성들이 사회적 비난의 대상에서, 연민화된 대상으로 위치가 전환되기도 하였다.[107] 이러한 사회적 변화에 힘입어 성매매 여성은 남성들의 무분별한 성적 배설 욕망을 부추기는 거대 성산업 사회에서 인권 유린의 희생자 집단으로 의미부여 되기도 하였다. 더 나아가 여성의 자발적 선택을 강조하여, 성매매를 하나의 직업노동으로 인정할 것과 이 여성들이 안전한 환경 속에서 노동할 권리를 강조하는 입장[108]이 존재하기도 하였다.

그렇다면 우리 사회는 장애여성들의 성매매에 대해서는 어떤 입장을 취하고 있을까? 아마도 장애여성들은 우리 사회 내 가장 취약한 집단 중 하나로 이들은 아동청소년과 마찬가지로 성적 착취나 인권 유린의 표적이 되기 쉽다는 사회적 인식이 일반적으로 통용되고 있는 듯하다. 2013년 여성가족부에서는 청소년·장애인 대상 성 구매자의 법 집행을 강화하겠다고 보도한 바 있다.[109] 이처럼 장애인을 대상으로 한 성매매 특히 장애여성, 미성년의 장애아동·청소년을 대상으로 한 성매매는 이들이 성매매를 강요당하기

---

107. 김애령, 2008, "지구화 시대의 성매매와 한국의 성매매방지법", 『경제와 사회』, 제79권, p. 255.

108. 이나영, 2005, 앞의 글, p. 52-53.

109. 여성가족부, 2013, "청소년·장애인 대상 성구매자 법집행 강화 및 해외 성매매 사범 여권발급 제한 확대", 〈여성가족부·외교부·법무부 보도자료〉.

쉽고, 사물을 변별하거나 의사를 결정할 능력이 미약한 사람, 중대한 장애가 있는 사람 혹은 청소년이라는 점[110] 등을 고려하여 그 법적 처벌을 무겁게 하고 있다. 또한 이들은 성매매 목적의 인신매매를 당할 가능성을 배제하기 어렵다는 점 등을 감안하여, 장애여성 및 장애아동·청소년은 중대한 성매매 피해자, 희생자 위치에 놓여있다고 할 수 있다. 그러나 이들이 '피해자', '희생자'로 상징화된다고 하더라도, 그것은 보통 사람, 보통의 여성들로 편입되기 어려운 이탈된 존재, 막연한 남의 일쯤으로 치부되거나 언론 매체에서나 접할 수 있는 타자화된 존재가 되기 쉽다.

필자가 면담한 장애여성들도 성매매에 대해 부정적이면서 동시에 막연한 인식들을 드러내고 있었는데, 이들은 성매매를 "장애인 남자들이나 여자를 돈으로 사는 거지. 여자들은 할 수 없는 일(B)", "술집 여자, 몸 파는 여자들이 호스트바 같은 곳에서 할 수 있는 일이지, 보통의 여자들은 생각조차 하지 못하는 일(F)", "정신적으로 장애가 있는 여성들이 잡혀가거나 강요당해서 어쩔 수 없이 하는 일(Q)"쯤으로 생각하였다. 그래서 필자와의 만남에 참여한 대다수의 장애여성들은 여성도 남성처럼 성을 구매할 수 있다는 것에 상당히 부정적 생각을 드러냈으며, 이것은 유흥업에 종사하는 일부

---

110. 법제서, 2022, 「성매매 알선 등 행위의 처벌에 관한 법률」제6조, 제1항.
https://www.law.go.kr/LSW/lsInfoP.do?efYd(2022. 09. 02. 검색).

의 여성 혹은 성매매 종사 여성이나 할 수 있는 매우 예외적인 일로 이해하였다. 이로 인해 장애여성들은 성을 판매한 여성들에 대해 '경제적으로 빈곤한 여성들이 먹고살기 위해 하는 일(N)', '성적으로 문란하거나 쉽게 돈을 벌려고 하는 여성(F, L)'으로 의미화하거나, '폭압적 상황에서 어쩔 수 없이 성매매를 강요당하는 불쌍한 사람(Q, D)' 등으로 이해하였다.

먼저 장애여성 N은 성을 살 수 있는 대상을 장애인 남성으로 국한하면서, 장애가 있는 남성들은 성욕을 해소해야 하는 존재이고, 이것을 제대로 풀지 못할 경우, 성범죄를 저지를 수 있다고 이해하였다. N은 성범죄를 사전에 방지하기 위해서라도 장애인이 돈을 주고 성을 살 수만 있다면, 그것을 사는 것도 하나의 해결 방법이 될 수 있으며, 자신의 성을 판매하는 여성도 성매매 행위를 통해 먹고 사는 문제를 해결할 수 있다고 하였다.

> 장애인이라고 해서 몸이 장애지 그게 장애는 아니잖아. 그러니까 그게 성인이 되면은 하고 싶고. 뭐 나이가 늙으면 그게(성욕이) 또 서서히 죽어가지만 한참 젊을 때는 똑같잖아. 장애만 있을 뿐이지. 그것까지는 장애는 아니잖아. 그러니까 하고 싶은데, 못하면은 자꾸 딴 데 가서 딴사람 성폭력 이런 거 하니까… 그 뭐냐 범죄가 되잖아. 돈 주고 할 수만 있으면

푸는 게 괜찮지. 돈만 있으면 나는 그렇다고 봐… 왜 옛날부터 남자들은 밖에서 그 짓을 많이 하잖아. 우리 여자들은 못해도… 몸 파는 여자들 보면 다 먹고살려고 몸도 파는 거지. 나는 법은 잘 모르겠고….

(N)

장애여성 L은 그녀가 알고 있는 장애인 남성의 성매매 업소 이용 경험의 이야기를 필자에게 들려주었다. 그녀는 지인인 남성이 동네 유흥주점에서 60대 정도의 여성에게 성을 사본 적이 있고, 이것을 친한 몇몇 장애인과 이야기 나눈 적이 있다고 하였다. 그 남성의 경우, 얼마나 자주 그 업소를 이용하는지 잘 모르지만, 나이 든 60대 여성이 상대해 주며, 남성은 그곳에서 가끔 자신의 성적 욕구를 해소하고 온 이야기를 L을 포함한 지인들과 나누곤 한다는 것이다. L 또한 장애인 남성을 상대하는 성매매 여성은 상대적으로 저렴한 비용을 받으면서, 장애인 남성에 대한 거부감이 없는 관계로, 장애인 남성 입장에서도 이용 부담이 덜할 것이라고 하였다. 하지만 L은 몸을 파는 여성에 대한 양가적 태도를 드러내기도 하였다. 그녀는 나이 든 여성이 돈을 벌수 있는 방법이 제한적인 것은 어느 정도 이해가 가지만, 그럼에도 불구하고 먹고 살기 위한 방식은 여러 가지가 있다고 에둘러 성매매 여성을 비난하였다. L은 자신의 몸을 팔아서 그 대가로 살아가는 여성이 그녀의 눈에는 썩 바람직해 보이지 않다는 것이다.

ㄴ: 저랑 친한데 그 남자 장애인도 동네 가다 보면 남자들 가는 좀 으슥하고 맥주장, 양주장이랑 그런 간판이 있고… 아줌마들 있고 그런데요.

해영: 술 시중드는 사람이 있는 유흥주점 같은 곳을 말하는 건가요?

ㄴ: 네 맞아요. 거기를 간데요. 단골로 가끔 가는데 자기를 상대하는 아줌가가 있대요. 60이 넘은(웃음)… 그 아줌마한테 가면 잘 해준데요. 그 사람은 하반신을 잘 못 쓰는데, 아줌마가 몇 번 해봤으니까 이 사람이 원하는 대로 잘 해주나 봐요. 돈도 싸고… 있는 데서 얘기들을 해서, 저도 알고 있거든요. 남자(장애인)들끼리는 더 찐한 얘기도 하겠죠. 남자들은 여자들보다 그게(성 욕구가) 더 있잖아요. 그런 곳이라도 풀 수밖에 없는 거지. 여자들은 갈 데도 없고. 솔직히 성매매는 장애인 남자들이나 여자를 사는 거지. 여자들은 할 수 없는 거잖아요. 나는 여자들이 나이 먹고 돈 벌 데가 없으니까 그렇게라도 살려고 하는 거는 어느 정도 이해를 하는데요. 다니다 보면 청소일도 하고, 식당 일도 하고, 어떤 할머니들은 종이박스라도 주워서 먹고 살잖아요. 솔직히 몸 파는 여자들은 쉽게 돈도 벌고, 재미도 보려고 하는 사람들이잖아. 그러면은 마음에 안 들지. 세상을 쉽게 사는 여자잖아요. 열심히 일을 해서 살아야 하는데…(이하 생략).

이처럼 장애여성 N과 L은 여성의 성을 구매하는 행위를 남성들만이 할 수 있는 특수한 문화로 이해하였다. 반면에 F는 성매매 여성을 도덕적으로 비난하는 낙인감이 컸는데, 그녀는 여성이 몸을 성적으로 파는 문란한 여성들 때문에, 자신처럼 꾸미기 좋아하고 남자친구들과 거리감 없이 술 마시기 좋아하는 여성들이 동급 취급을 받는 것이 불쾌하다고 하였다. 또한 F는 성을 파는 여성들이야말로 음란하게 벌어들인 돈으로 남성의 성을 사면서, 자신이 성매수 남성들에게 당했던 무시와 모멸을 성을 파는 젊은 남성들에게 되갚아 주는 잘못된 행위를 한다고 비난하였다.

몸 파는 여자들이 정신머리가 똑 박힌 사람들이 있겠어요. 젊었을 때 남자들 숱하게 만나봤지만, 연애하고 남자들이 얼마나 공주님처럼 대해줘요. 결혼해서 자기 여자만 되면 그때부터 잡아놓은 물고기지… 돈 받고 여자 몸을 사봐요. 완전 똥갈보 취급을 하지. 인간 이하 취급을 받는 그런 짓거리를 왜 하냐고요. 나는 진짜 이해가 안 돼요. 나 처녀 적에 어떻게 해 볼라고 엄청 남자들이 따라다녔거든. 근데 이게 그중에 꼭 여자를 함부로 하는 애들이 꼭 있잖아. 그런 남자들은 여자가 야하게 하고 다닌다 그러면 그런 (술집)여자들이랑 같은 취급을 하고 어떻게 한번 자빠뜨려 보려고 한단 말이야. 술 마시고 놀 때 화끈하게 놀고, 깨끗하게 헤어지고…
(중략)…화류계 여자들 때문에 나 같은 사람두 그런 취급을

받은 적이 있었어요. 나는 그래서 몸 파는 여자들은 똥갈보 라고 생각을 해. 이런 여자들이 지 몸 팔아서 추접스럽게 돈 을 벌잖아. 얼마나 남자들한테 개무시 당하겠어. 호스트바 쫓아가서 젊은 애들한테 당한 것처럼 똑같이 하는 거지…(이 하 생략).

(F)

장애여성 F는 남성 지배적인 남성 중심의 사회에서 가장 밑바닥 의 사회적 위치에 존재할 수밖에 없는 성매매 여성이 성 매수 남성 들의 비인간적인 대우를 받아가면서 성을 파는 것은 그 여성들이 도덕적 수렁에 빠진 여성들이기 때문이라고 생각하였다. N, L, F 는 40~50대 연령의 장애여성으로서 이들은 남성의 성을 사는 행 위에 대해서는 남성중심 사회에서 남성들만이 하는 남성의 전유물 로 이해하는 듯 보인다. 이에 반해 20~30대 장애여성 Q와 D는 주로 랜덤 채팅 등의 온라인 매체를 매개한 성매매 행위는 가출청 소년이나, 지적장애를 가진 여성들이 납치되거나 혹은 그녀들을 강제적으로 통제하는 포주의 강압에 못 이겨 마지못해 할 수밖에 없는 비자발적 강제 행위로 생각하였다.

먼저 Q는 자신이 성을 파는 여성을 직접 만나거나 경험하지는 못하였다고 하였다. 하지만 그녀는 장애여성과 관련된 성매매, 성 폭력 피해는 TV 프로그램이나 뉴스 보도 등을 통해 접할 수 있다고 하였다. 특히 Q는 그녀가 시청했던 TV 프로그램에서 다루어진 지적장애 여성 암매장 사건을 언급하면서, 장애 유형이 많이 달라서 지적장애 여성의 장애 특성에 대해 잘 모르지만, 지적 장애여성들의 취약한 판단 능력과 의사소통 능력이 성매매를 강요하는 범죄 집단의 속임수에 넘어가 그 속으로 흘러 들어갔고, 결국은 살해까지 당하는 참변으로 이어진 것 같다고 하였다. Q는 성매매는 사회적 비난이 큰 행위이기 때문에 대부분의 장애여성들은 그러한 위험 행위를 하지 않지만, 지적장애를 가진 여성들의 취약한 인지능력을 이용하는 나쁜 범죄자들에 의해 도구화된다고도 구술하였다.

장애인들은 같은 장애를 가진 사람들끼리 학교도 같이 다니고 어울리기 때문에, 다른 장애 유형은 잘 몰라요. 장애인이라고 해서 다 장애를 아는 건 아니구요. 오히려 더 모르는 경우도 많아요. 저도 마찬가지구요. 그래서 성매매 하는 장애여성들은 제가 직접 들어보거나 경험해 본 적은 없어요. 제가 맹학교에서 만난 중복(장애) 친구들 중에서는 지적장애가 있긴 해도 그 친구들은 워낙 잘 생활하는 친구이었던지라… 성매매 이런 거 하고는 관계가 전혀 없었구요…(중략)…언젠가 지적장애가 있는 여자인데… 데려다가 성매매 시키려고 하다가 이 여자가 뚱뚱하고 못생겼다고 집에서 잡일 시킨다고 하다가… 뭐 이 사람들 마음에 안 든다고 죽여서 암매장한 사건이 있었어요. 그 프로그램에서 보니까 성매매를 할 수 있는 여자는 조건만남 그런 걸 시키고… 제가 봤을 때 지적장애인들은 판단 능력이 부족하잖아요. 말도 잘 안 통하고… 그래서 그 사람들이 범죄자들한테 속아서 따라가거나 잡아가 가지고 성매매를 시키는 게 아닐까 싶어요.

(Q)

장애여성 D도 Q와 마찬가지로 지적장애를 가진 여성들이 성매매 이용 대상이 되기 쉬우며, 대다수의 장애여성들은 온라인상 랜덤 채팅의 위험성을 잘 알고 있기 때문에, 채팅으로 남성을 만나지 않는다고 하였다. 사이버 채팅에서 남성을 만나 조건 만남을 시도하는 주요 집단은 돈이 필요한 가출청소년이거나 혹은 인지능력이 떨어지는 지적장애 여성일 가능성이 높다고 하였다.

요즘은 채팅으로 해서 가출청소년들이 조건만남 많이 하잖아요. 이 친구들은 돈이 필요하니까… 조건만남을 하면 일단 모르는 사람들을 상대해야 하니까 위험하죠. 요즘은 워낙 이상한 사람도 많고, 폭력적인 사람도 많잖아요. 그러니까 정말 돈이 필요한 (가출)청소년 친구들이나 이런 일들을 하지 일반적인 사람들은 하지 않죠. 여성장애인들도 마찬가지에요. 그 일에 대한 윤리성 이런 거 다 떠나서… 누가 위험한 일을 자초하려고 하겠어요. 하지 않죠. 그런데 지적장애 여성분은 저희 교회에도 몇 분 있는데, 사람을 잘 따르고 좀 잘 해주면 금방 믿고… 아무래도 말이나 행동하는 거 보면, 이

분이 어떤 장애인지 다 알잖아요. 그래서 채팅에서 어떤 사
람이 잘해주고… 용돈 준다고 그러면 그런 일을 하지 않을까
생각을 해요.

〔D〕

그렇지만 정작 지적장애 여성 당사자인 K는 성매매를 시도하는
것이 좋지 않은 방식이라고 하였다. 그녀는 과거 조건만남 형태의
성매매 생활을 해본 경험이 있다. 그녀는 자신의 경험상 성매매는
불특정의 남자를 만나 돈을 받고 성관계를 맺는 일이고, 성을 파는
여성이 위험에 빠질 수도 있다고 하였다. 또한 그녀는 성매매를 지
속하다 보면 여성의 건강을 위협하는 성병에 걸릴 수 있기 때문에,
그것을 하지 않는 것이 바람직하다고 하였다. 그러나 지적장애 여
성의 경우, 회사생활을 통해 정기적인 급여를 받기 어렵고 이성을
만나 로맨틱한 연애 관계로 진입하기 어렵기 때문에, 경제적 목적
과 이성에 대한 관계 욕망을 위해 성매매를 할 수 있다고 언급하였
다. K는 성을 판매하고 사는 행위가 범죄행위가 될 수 있다는 것을
인식하지는 못하였다. 그래서 그녀는 성을 구매하는 남성이 성 판
매 여성을 위협하거나, 폭력을 행사할 경우에만 그것이 범죄행위
가 된다고 하였다.

K: 조건만남은 위험한 거잖아요. 또 어떤 일을 당할지 모르니까… 저도 예전에 그걸 해봐서 알지만, 좀 별로죠. 사람 대 사람으로 만나면 좋은데… 막 이렇게 돈 받고 성적으로 하는 거니까… 그냥 대화나 그런 거 있잖아요. 서로 드라이브도 하고, 놀러도 가고, 그렇게 만나야 하는데, 이건 딱 돈이 목적이잖아요. 남자는 (성)관계가 목적이고…

해영: ○○씨는 조건만남이 위험하기도 하고, 돈을 목적으로만 성관계를 하는 거라, 좋지 않은 만남이라는 거네요.

K: 그쵸. 돈 보고 몸을 파는 거고. 그거 하다가 성병도 걸리고 그랬거든요. 안 하는 게 좋아요.

해영: 지적장애 여성들 중에는 조건만남을 하는 분들도 가끔 있거든요. ○○씨가 생각하기에 왜 조건만남을 하는 것 같아요?

K: 돈벌이가 어렵잖아요. 아마 그래서 그럴 것 같아요. 이게 어떻게 보면 쉽게 돈을 벌 수 있으니까… 저 같은 장애인은 ○○ 선생님(사회복지사를 지칭)처럼 돈을 벌기 어려워요.

해영: ○○씨는 얼마 정도 벌고 싶은데요?

K: 많이(웃음)… 한 200, 300만 원…

해영: 돈을 벌 기회가 없어서, 조건만남을 한다는 거네요. 그럼 다른 이유
는 없을까요?

K: 아무래도 외롭잖아요. 가족도 없고, 그러면 더 외로울 것 같고. 그러
다 보니… 자꾸 하려고 하지 않을까요?

해영: 그러면 조건만남 하는 것은 범죄행위일까요? 아닐까요?

K: 어떻게 보면… 아닐 것 같은데요. 이게 일자리가 없어서 하는 거잖아
요. 장애인 여자들이… 근데 위험한 남자를 만나면 (그 남성이)때리
고 죽인다고 그러고… 범죄행위인 거죠.

해영: 아! ○○씨는 위험한 남자가 여자를 때리고 죽인다고 위협하면 범
죄행위가 된다고 보는 거네요. 그러면 지적장애 여성분이 남자에게
돈을 받고 자신의 성을 파는 건 범죄행위가 아닌가요?

K: 그쵸. 그건 어떻게 보면 이 사람들이 일이 없는 거잖아요. 먹고 사는
데… 이걸로 그 일(성매매)을 하는 것일 수 있고… 근데 일단 조건을
한나고 하면 부소선 '설레다', 쓰레기다' 이렇게 보는 건 있어요. 이렇
게만 안 보면 좋을 것 같기는 한데…

한편 이 글에 참여한 대부분의 장애여성들은 성매매를 시도하거나 해본 경험은 없다고 하였다. 지적장애 여성인 S와 K는 성매매를 해본 경험이 있었는데, S의 경우 동거하는 남성과의 관계가 소원해지면서, 다른 남자를 사귀고 싶었다고 한다. 그녀는 새로운 남자를 만나야 현재 함께 살고 있는 동거남과도 자연스럽게 헤어질 수 있다고 생각하였다. 그래서 그녀는 평상시 알고 지내던 남자와 채팅을 하던 중 서로 사귀자는 말이 오고 갔고, 그녀는 이 남자와 만나 새로운 연애 관계에 돌입하고 싶은 마음이 컸다. 게다가 당시에 S는 일을 하지 않아서 돈이 궁한 상태였고, 밥 사 먹으라고 미리 돈을 보내준 남성이 그녀와 사귈 마음에 호의를 베풀어 준 것이라고 생각하였다. 하지만 그 남자는 그녀와 성관계를 맺을 요량으로 S에게 미리 돈을 보냈다는 것을 성관계 후 남자의 돌변한 태도를 통해 알게 되었다. 이후 그녀의 미심쩍은 태도를 이상하게 여긴 동거남의 추궁에 S는 자신이 한 일을 털어놓을 수밖에 없었다. S는 자신이 의도했던 것과 달리, 그녀가 돈을 받고 성을 거래한 조건만남을 한 것이 되어버렸고, 그 조건 만남을 한 자신을 '쓰레기'라며 맹비난하는 동거남에게 계속 빌면서 사과를 했던 일화로 자신의 성매매 경험을 구술하였다.

S는 남성들에게 돈을 받고 자신의 성을 파는 행위가 조건 만남이

란 성매매인 것은 어느 정도 인지하고 있었다. 그러나 인터넷에서 워낙 많이 보이는 조건만남 광고에 돈을 벌 생각에 해보고 싶은 유혹은 있었지만, 그것이 법적 처벌의 대상이 된다는 것을 미처 알지 못하였다고 표현하였다.

S: 뭐지 채팅으로 만나서 조건만남처럼 돈 받고 하고… 제가 아는 애들 (동거하는 남자) 몰래 연락을 해서 만나자 이런 식으로 만나고… 5만원 받고 사귀기로 하고 관계도 맺고 했어요. 근데 저는 솔직히 그 남자애가 사귀자고 해서 같이 잔 거거든요. 오빠랑 계속 사는(동거하는) 것도 아닌 것 같고, 이 오빠랑 헤어지면 옛날에 놀던 일진 애들한테 제가 연락을 할 것 같은 거예요. 일단 딴 남자를 사귀어 놔야 오빠랑 헤어지는 것도 할 수 있고 해서… 그 남자애가 (직접 만나기 전) 돈은 먼저 밥 사 먹으라고 준다고 그랬어요. 나는 사귀는 줄 알고 같이 잔 건데… '내가 우리 또 언제 만나?' 그랬더니 '아니 나 너 안 만나! 나 너 만나기 싫어' 이러면서 가버리는 거예요. 그러고 나서 제가 다시 ○○(채팅앱) 그걸로 '우리 또 언제 만날래?' 이렇게 말했더니… 아예 (문자를) 안 봐여. '아! 차단당했구나. 난 그냥 걔한테 몸 준 거뿐이구나' 뭐 … 근데 그걸 어떻게 오빠가 알아가지고 그랬죠.

해영: 오빠가 어떻게 알게 된 거예요?

S: 제가 그런 걸 하면 아무래도 표정이랑 행동이 이상하니까… 막 캐묻는 거예요. '너 요즘 왜 그래? 왜 사고칠려고 그래?'이런 식으로… 계속 캐물으니까 솔직하게 얘기하길 원해가지고… 사실대로 얘기를 했어요. 저한테 헤어지자고 하더라고요. '너 같은 쓰레기는 진짜 인간도 아니라고. 그러니까 저리 꺼지라고' 이야기를 하더라고요. 계속 붙잡았죠. 잘못했다고… 다음부턴 안 그러겠다고… 이 오빠랑 헤어지면 또 옛날 그 일진(질이 좋지 않은 옛날 친구들) 애들 만나거든요. 그래가지고 계속 붙잡았어요. 잘못했다고…(이하 생략).

해영: 함께 사는 오빠가 있는데, ○○씨는 조건만남을 왜 한 거예요?

S: 그때는 제가 일을 안 했거든요. 먹고 싶은 것도 있고, 사고 싶은 것도 있는데… 알던 애랑 채팅을 했는데 오만 원 줄 테니까… 그거로 밥 사 먹으라고 주는 거라고 하더라고요. '알겠어' 하고 만나자 해서 만나고… 사귀자 하다가 같이 잔건데… 오빠가 '너 (성)관계 맺고 돈을 받으면 무조건 조건만남이라고. 너 처벌받을 수 있다고…' 성매매 쪽으로 관련된 거라서, 교도소 가서 못 나올 수 있다고. 오빠가 그 말하기 전까지는 잘 몰랐어요. '걔가 나 좋아해서 돈을 줬구나' 생각

을 했으니…

해영: 그럼 오빠가 말해주기 전까지는 정말 몰랐던 거예요?

S: 인터넷에 막 올라오잖아요. 조건만남 이런 거 인터넷 찾아보면 돈 받고 하는 거… 이런 거 올라와요. 돈 주니까 한번 해보고 싶다는 생각은 들죠. 처벌받고 그런 거는 잘 몰랐죠.

K의 경우 과거 그녀가 했던 조건 만남의 '조건'에 대해 필자가 궁금해하자, 그것에 대해 상세하게 알려주었다. 그녀는 성관계 조건의 방식에 따라 금액이 달라지며, 이 조건에 합의가 이루어지면 대가를 지불받고 성관계를 맺게 된다고 하였다. 하지만 성매매의 경우, 불특정한 낯선 남성을 모텔 등의 숙박업소에서 여성 혼자 일대일로 상대해야 하는 일이기도 하기에, 필자는 그 일의 위험성에 대해 K에게 물었다. 그녀는 몇 번 상대했던 남성이 비용을 지불하기 싫어 그녀의 목을 조르는 행동을 했고, 그 상황에서 입으로 남자를 물어서 간신히 위험한 상황을 모면하였다. 또한 그녀는 성매매 비용을 주기 싫어 남자에게 송곳으로 위협당한 일도 언급하였다. 하지만 K는 이러한 위험 상황이 발생하였지만, 당시 동거했던

남자친구와 함께 살던 무리로 인해 분위기상 어쩔 수 없이 성매매
를 지속할 수밖에 없었다고 한다.

해영: 조건만남 예전에 하셨다고 그랬잖아요. 조건은 뭘 조건으로 하
나요?

K: 어(웃음)… 좀 많았었는데. 일단 무조건 선불이고… 안에다 싸는 건
안 되고… 그런 거 있잖아요. (웃음) 후장은 안 되고…

해영: 후장이 뭐에요?

K: 남자들 그런 거 있잖아요. 항문에 하는 거… 조건은 질싸 되고, 안 되
고, 노콤 되고, 안 되고… 뭐 그 조건에 따라 금액도 달라지고. 얘기
가 다 되면 이제 만나는 거죠.

해영: 위험하지는 않았나요?

K: 가끔 있죠. 조건을 딱 나갔는데, 어떤 사람이 목 졸라 죽일 뻔했어요.
저 그래서 그 남자 확 물고 도망갔어요.

해영: 진짜로요. 그 상황 좀 자세히 얘기해주세요. 그 사람이 무엇 때문에 목을 졸랐나요?

K: 이게 돈 받고 하는 거잖아요. 이제 돈 주기 싫으니까… 돈 안 주려고. 그때는 걍 제 체격이 되게 말랐거든요. 남자는 힘이 있으니까 저를 만만하게 본 거죠.

해영: 처음 보는 남자였는데, 그런 거예요?

K: 아니요. 몇 번 만났어요. 몇 번 만나니까 돈을 안 주려고 한 거고. 조건 나가면 무서운 사람들이 있어요. 그전에는 돈 안 주려고 송곳 같은 걸로 위협하고 그랬어요. 내가 너무 무서워서 '알았다고 그냥 가시라', '돈 안 받는다'하고 그 아저씨한테 그렇게 이야기해서 보낸 적도 있어요. 그때는 진짜 무서워서 진짜 며칠은 못 하겠어요.

해영: 그렇게 위험한 일인데 그 일이 있은 후에도 계속 한 거예요?

K: 그때는 전 남자 친구랑 남자 친구의 친구들이랑 여러 명이 살다 보니까… 상황이 안 할 수도 없었던 거고…(이하 생략).

결론적으로 이글에 참여한 장애여성들은 타인의 성을 돈으로 소비할 수 있는 사람은 그 사람이 장애인이건, 비장애인이건 남성들에게만 국한되는 것으로 이해하였다. 그리고 남성들로 국한되는 이러한 성구매 행위는 여성보다는 성욕이 높은 남성들에게서나 통용되는 문화이며, 여성들 사이에서는 통용되지 않는다고 하였다. 그로 인해 돈을 지불하고 성을 구매하는 여성들은 성을 파는 성매매 여성이거나, 성적으로 타락한 여성이라는 도덕적 비난과 혐오의 시선으로 바라보았다. 더욱이 대다수의 장애여성들은 스스로 위험을 자초하는 성매매에 참여하지 않으며, 지적장애와 같은 인지적 판단 능력이 떨어지는 일부의 장애여성들이 나쁜 사람들에 의해 반강제적으로 성매매에 참여할 수 있는 일이라고 이해하였다.

하지만 조건만남 형태의 성매매를 경험해 본 소수의 장애여성들은 지적장애 여성들로서, 이들은 조건만남이 범죄행위라는 것에 대한 인식 능력이 취약하였다. 한 지적장애 여성의 경우, 새로운 연애 대상을 찾기 위한 관계망으로서 채팅앱을 활용하던 중 조건만남이란 성매매에 의도하지 않게 참여하기도 하였다. 또한 지적장애 여성들이 성매매 행위를 위험스러운 일이지만 돈을 벌 수 있는 일종의 노동행위로 보는 인식, 낭만적 연애 대상을 찾는 관계망의 도구로 활용하고 있다는 점은 주목해 볼 만한 지점이다.

성폭력

여성에 대한 성폭력은 강간, 준강간, 유사 강간, 강제추행, 통신 매체를 이용한 음란행위, 카메라들을 이용한 잡힘 행위, 성희롱 등[111]을 포함하며, 이것은 개인, 가족, 국가조직 등 전방위적 영역에서 다차원적으로 발생된다고 할 수 있다. 성폭력 피해 여성들은 이 것을 참사 수준에서 극단적으로 경험하기도 하고, 너무나 관습적이고 일상적으로 이루어져 자신이 피해를 입히고 있다는 것조차 인식하지 못하는 상태에서 피해를 당하기도 한다.[112] 뿐만 아니라 이러한 1차적 피해는 피해자에 대한 낙인찍기, 의심하기, 피해 사소화하기[113] 등으로 사회적 배제를 강화하기도 한다. 나아가 이러한 사회적 배제는 성폭력에 대한 사회적 통념을 더욱 견고하게 하면서, 여성에 대한 성폭력을 구조화시킨다고 할 수 있다.

우리 사회에 존재하는 성폭력에 대한 통념은 '성폭력을 당한 여자의 몸은 더럽혀진 것이다', '성폭력을 당했다는 것은 평생 씻을 수 없는 상처이다', '성폭력을 당한 사람은 수치심과 자책감에 시

---

111. 장미혜 외, 2019, 『2019년 성폭력 안전 실태조사』, 여성가족부, p. 13.

112. 김보화·추자현·이미경, 2017, "성폭력 피해 특성에 따른 피해자 성폭력 통념 경험", 『피해자학연구』 제 25권 제2호, p. 97.

113. 윤시엉, 2016, "현실의 문늉원리로서의 여성혐오: 남성 공포에서 통감과 분노의 정치학으로", 『철학연구』 제115집, p. 205.

달린다' 등의 피해자에 대한 낙인찍기, '끝까지 저항하면 성폭력은 불가능하다', '성폭력은 당한 사람이 자초한 면이 있다', '평소 성적으로 문란하거나 난잡한 여자가 성폭력을 당한다'[114] 등의 피해자 비난하기로 이루어진다. 피해자 의심하기의 통념은 '완벽한 성폭력이란 있을 수 없기에 피해자도 당시에는 즐겼을 수 있다', '상대는 그런 의도가 아니었는데, 가해자의 진심을 오해했을 수 있다', '여자들은 보복이나 개인적 이득을 취하기 위해 거짓 신고를 하기도 한다' 등으로 나타나며, 피해 사소화하기는 '남자가 성욕을 통제하지 못해 한 실수이다', '너무 예민해서 피해를 심각하게 받아들이는 것이다', '피해 사실을 주변에 알리는 것은 이로울 것이 없다'[115]는 것으로 나타난다.

위와 같은 사회적 통념으로 존재하는 성폭력에 대한 신화들은 장애여성들에게도 예외 없이 적용되며, 여기에 부가하여 장애여성들은 '성적으로 순진하다거나, 무성적 존재이어서 성폭력으로만 성을 경험할 수 있다'거나, '성적으로 과잉되거나 예측하기 어려운 성행동들로 인해 성폭력 피해의 표적이 되기 쉽다'[116]는 등의 견고한 통념들이 덧씌워지기도 한다. 이로 인해 장애여성들이 마주하

<hr/>

114. 김보화 · 추자현 · 이미경, 2017, 앞의 글, p. 97.

115. 위의 글, p. 97.

116. 임해영 · 강선경, 2019, "20대 지적장애인 여성의 성매매 경험에 관한 연구— Medard Boss의 현존재 분석 접근 —", 『생명연구』, 제51권, pp. 120-128.

는 성폭력에 대한 사회적 통념과 피해 경험은 더욱 가혹할 수도 있다. 그렇다면 장애여성 당사자들은 그녀들이 살아가는 일상적 세계 안에서 성폭력에 대한 어떤 통념들과 마주하고 있으며, 어떻게 성폭력적 사건들을 경험하고 있을까?

성폭력에 대해 장애여성들이 드러내는 생각들은 그녀들 역시 성폭력에 대한 사회적 통념들을 내면화한 존재이며, 그 내면화 속에서 자신들의 성적 삶을 검열하는 존재이기도 하였다. 그로 인해 장애여성들은 성폭력에 대한 사회적 통념이란 잣대 안에서 다른 장애여성들의 성폭력 피해를 이해하였다. 시각장애 여성인 N은 만약 그녀 자신이 성폭력 피해를 당한다면 그 피해 사실을 침묵할 것이라고 하였다. 그녀는 비장애인 여성들도 성폭력 피해를 입 밖으로 말할 경우, 피해자의 옷차림새나 행동에서 성폭력의 원인을 찾는 피해자 비난이나 의심으로 이어질 수 있고, 그러한 비난이나 의심은 장애여성일 경우 더욱 부정적으로 강화될 수 있기 때문에, 침묵이 최선책이라고 말하고 있다. N은 장애여성 집단이 사회 내에서 비장애인 여성보다 더 주변화되고 배제되는 존재이기에, 성폭력 피해자로서 장애여성은 비장애인 여성보다 사회적 비난이나 의심을 더 많이 받을 수 있는 존재로 이해하는 듯하다.

나부터도 성폭행을 당했다 그러면 누구한테도 말을 안 해.
왜 안 하냐! 우습게 보고 그럴까 봐 말을 안 하는 거야. 사람
들이 겉으로는 위하는 척, 생각을 해주는 척해도, '그 여자
가 남자를 홀렸다느니… 남자를 꼬셨다'느니… 이렇게 뒷말
이 날 수 있거든. 근데 장애가 있다고 해봐. 장애가 있으니까
'당했다! 불쌍하다! 어떡하냐?' 이렇게만 보질 않는다는 거
야. 눈도 안 보이는 여자가 남자한테 '뭔가 빌미를 줬나? 굴
뚝에 연기가 그냥 날 일이 없다' 뭐 이런 말들이 날 수 있다
는 거지…나처럼 장애가 있는 여자들이 성폭행을 당하면 말
을 더 못해.

(N)

하지만 N은 발달장애인과 같은 다른 정신적 장애 유형에 속하는
여성들에게는 우리 사회의 성폭력에 대한 잘못된 신념을 견고하게
하는데 그녀 스스로 일조하는 무의식적 생각들을 드러내기도 하였
다. 그것은 정신적 판단 능력이 취약한 정신적 장애여성들은 그녀
들의 부족한 인지기능으로 인해 성폭력을 많이 당하며, 의사소통
능력이 부족해 피해 사실을 표현하기 어렵고, 성폭력에 대한 두려
움 등으로 제대로 표현하지 못하고 침묵하게 된다고 구술하였다.

개들을 뭐라고 하죠? 장애 있는 여자들이 다 그런 건 아닌
데, 정신이 좀 모자란(인지기능이 떨어지는) 이런 장애인 여

자… 걔네들이 성폭행 그런 걸 많이 당하잖아. 걔네들은 말을 제대로 못 하니까… 내가 당했다고 누구한테 그러면은 표현을 잘못하니까 쉬쉬하는 경우가 더 많고, 식구들한테도 말도 못 하고… 무서워서 말을 못 하고….

(N)

장애여성 P와 D는 성폭력 피해를 입은 장애여성이 피해자답지 않는 행동에 대한 괴리감, 성추행을 당한 자신이 그 가해행위에 대해 양가적 감정을 동시에 느끼는 혼란스러움을 구술하고 있다. 먼저 P는 그녀가 상담한 지적장애 여성이 상담 당시 성폭행 피해 상황을 너무나 고통스럽고 공포스러운 경험으로 이야기하였다. 때문에, 그녀는 그 지적장애 여성에 대한 걱정을 많이 하였다. 왜냐하면 P는 성폭력 피해가 해당 여성에게 평생 벗어나기 어려운 충격적 상처로 다가왔을 것으로 생각하였기 때문이다.

하지만 성폭력에 피해 사건이 일어난 지 오랜 기간이 지나지 않았을 뿐더러, P와 상담을 진행한 지 얼마 지나지 않아 그 지적장애 여성은 새로운 남자친구를 만나고 있었다. 또한 성폭력 사건이 일어나지도 않았던 것처럼 밝게 생활하는 것을 보고, P는 혼란스러움을 느꼈다고 한다. P 그녀가 이해하는 한 그 지적장애 여성은 성폭력 피해자답지 못한 모습이었고, P는 이 피해자답지 않은 모습에서 지적장애인과 같은 발달장애인들에게 성폭력 피해는 브라우나적인 외상적 고통의 사건이 아닐 수 있겠다는 의구심을 갖기도 하였다.

> 그 사건(성폭력 피해) 이후에도 시간이 오래 지나지 않았는데, 남자친구를 만나고 있고⋯ 그 사건을 저한테 핑징히 고민을 하면서 상담을 했는데⋯이게 제 입장에서는 혼란스러운 거죠. '자기가 너무 힘들었고, 무서웠고' 등등⋯ 뭐 이러면 '이게 굉장한 트라우마적 경험이겠구나' 생각을 하고⋯ '이게 오래 갈텐데⋯ 어떡하냐' 이런 걱정을 많이 했거든요. 이 친구한테는 어느 순간 보니까⋯ 그냥 한때 잠시 겪은 어떤 사건일 뿐이야. 너무 밝고 생활을 잘 하는 거야. 참 내⋯ 그때 제가 생각을 한 게, 우리처럼 비발달장애인들은 이 트라우마가 평생 갈 꺼라고 생각하지만⋯ 그게 아닐 수도 있겠다. 물론 이건 제 생각이지만⋯ 이게 폭력적 경험일 텐데⋯ 그걸 폭력으로만 생각하지 않을 수 있다는 거지. 그래서 저도 많이 헷갈리는 거예요. 이 친구가 이거를 정말 고통스럽게 받아들이지 않나?(⋯이하 생략).

[P]

장애여성 D는 학창 시절 여러 명의 친구들과 가마타기 놀이를 한 적이 있다. 그 시절 그녀는 처음으로 자기 사타구니를 손등으로 받치는 남학생의 성추행에 순간적으로 당황하며, 당시에는 그 누구에게도 그 피해 경험을 말할 수 없었다. 오히려 그녀는 마치 아무 일도 없었던 것처럼 행동하였다. 하지만 D는 성추행을 당한 자신이 느끼는 복잡한 감정으로 인해 당혹스러움을 느끼기도 하였다. 그것은 누군가에 의해 일방적으로 이루어지는 성적 만짐 행위는 D 자신이 아는 한 커다란 불쾌감을 유발하는 폭력이며, 이로 인해 성적 폭력을 경험한 여성 당사자는 반사적으로 그 행동을 제지하거나 혹은 거부해야 한다고 학습해 왔다. 그러나 D는 오히려 그 남학생의 일방적 성추행 행위에 놀라 당황하였음에도 불구하고, 그 남학생에 의해 이루어진 일방적 만짐 행위에 알 수 없는 야릇한 기분을 느끼는 자신의 양가적 감정에 대해서 지금까지도 잊을 수 없는 혼란스러움이었다. D는 이러한 복잡한 기분을 느끼는 자신이 무언가 잘못된 비정상적인 사람이 아닌가 하는 의문이 든다고도 하였다.

예전에 가마 태워주기를 여러 명이 했는데… 같은 맹인 남학생인데… 아래 사타구니 부분을 손등으로 지지를 하는 거예요. 저는 순간 돌처럼 굳어져서… 아무 일 없었던 듯이 그냥 마무리되었던 것 같아요. 그때 당황을 엄청 했어요. 근데 이게 이상한 게 이게 추행이긴 한데…'어 쟤가 나를 여자로 보나', '나를 여자로 생각하나' 그런 생각과 느낌이 들었어요. 그때 성적으로 한참 관심이 올라오고 할 때이긴 한데… 이게 분명 얘한테 당하긴 한 건데… 묘한 느낌을 받기도 했거든요. 그게 좀 많이 혼란스럽더라고요. 보통 그런 일을 당하면 불쾌감을 느끼는 것이 당연한데, 저는 기분이 야릇해진 거니까… 이게 내가 비정상인가 싶기도 했고요.

(D)

이처럼 장애여성 P와 D에게는 성폭력 피해를 입은 여성 당사자가 지녀야 할 '피해자다움'에 대한 통념이 작동된 것으로 보인다. 때문에, 위 통념에 부합하지 않는 피해자의 태도나 자신에 대해서 의구심을 보내는 것이다. 예컨대 성폭력 피해를 입은 여성은 신체적, 심리적 후유증이 너무 커서 제대로 일상생활을 할 수 없거나, 감정적으로 슬픔, 우울, 분노 등과 같은 감정에 휩싸여 절망스러운 나날을 보낼 것이란 통념이 그것이다. 또한 피해 여성 당사자가 성폭력 피해를 입은 것에 대해 거부 의사나 저항하지 않는 것 그리고 피해 당시 자신의 기분이나 감정을 명확하게 인식하지 못하고, 오히려 혼란스러움이나 알 수 없는 묘한 기분을 경험하는 것이 비정상일 수 있다는 자기 불신이 그것이다. 어찌 보면 장애여성들은 우리 사회 내 만연되어 있는 성폭력에 대한 통념, 이로 인해 문화적 규범처럼 작동되는 '성폭력 신화'에 강하게 영향받는 존재가 아닐까? 그래서 그녀들은 성폭력 피해를 입더라도 그것을 침묵으로 일관하고자 하며, 발달장애 등과 같은 인지능력이 취약한 장애여성이 성폭력 피해에 더 높게 노출될 것이라는 통념, 성폭력 피해란 극악한 사건의 경험 속에서 피해당사자는 상처와 분노, 두려움 등으로 허우적대는 연민의 대상이라는 위치에서 존재해야 하는 것이다.

한편 지적장애 여성인 K는 자신과 같은 지적장애 여성들이 성폭력 피해에 노출되는 이유를 그녀의 외로움에서 찾기도 하였다. 지적장애 여성들도 누군가를 만나 사랑에 빠지고, 연애생활 속에서 삶을 만끽해야 할 청춘임에도 불구하고, 그럴 수 있는 기회의 부족과 그것을 악용하는 나쁜 남자들에게 지적장애 여성들이 성폭력의 먹잇감이 된다는 것이다. K는 그녀와 함께 장애인공동생활가정에서 생활했던 동료 지적장애인 여성이 성폭력 피해를 당한 것도, 외롭고 쓸쓸한 존재이기 때문에 평상시 알고 있는 남성들과 어울리면서, 결국에는 몹쓸 일을 당하였다고 언급하였다. 또한 그녀는 한번 폭력적 성을 경험한 장애여성들은 두렵기 때문에 자신에게 위해를 가한 남성의 겁박이나 일방적 요구를 들어줄 수밖에 없다고 하였다.

K: 아무리 동생들이랑 같은 그룹홈에 있다고 해도, 동생은 동생이니까… 남자친구와 동생은 좀 입장이 다르잖아요. 이제 언니도 쓸쓸한 거죠. 그래서 이렇게 남자들이랑 연락하면서 만나는 거 같아요. 제가 봤을 때는… 언니가 좀 걱정돼요. ○○언니가 너무 착하다 보니까,

남자들한테 그런 일도 당하고 오니까… 마음이 안됐다고 해야 하나… 마음이 아프더라고요.

해영: ○○언니한테 안 좋은 일이 있었나 봐요?

K: 네. 남자들이 불러내서 노래방 같은 데서 옷 벗고, 사진 찍고 그래서 난리가 났었어요.

해영: 노래방에서 성폭력 피해를 입은 건가요?

K: 네. 당했대요. 그것도 다 아는 사람들한테. 안 만났어야 하는데…

해영: 그럼, ○○씨는 그 언니가 왜 그 남자들을 계속 만난 거 같아요?

K: 잘 모르지만… 어떻게 보면 여자니까, 남자가 협박하고… 또 당하면 무서우니까 계속 끌려 다니잖아요. 아예 저는 몰랐어요. 좀 눈치가 이상해서… ○○이(함께 생활하는 다른 지적장애 여성)가 언니 핸드폰 잠깐 본다고 해놓고 봤는데, 막 이상한 게 있었나 봐요. 그러다 보니까, 선생님한테 ○○이랑 저랑 얘기를 한 거고요.

이와 함께 K는 자신과 같은 지적장애 여성은 반복적인 성교육을 통해 성폭력이 발생할 수 있는 위험 상황과 대처 방법을 학습하지만, 막상 현실에서 그러한 성폭력 피해 사건이 자신에게 일어난다면 잘 대처하지 못할 것이란 회의적 생각을 드러내기도 하였다. 그녀의 경우, 성폭력 피해 사건이 발생하게 되면, 그 자체가 자신에게 공포이자, 신고를 하려고 하거나, 한 자신에게 가해자가 어떤 보복을 해 올 수 있다는 두려움이 크다고 하였다. 그래서 K는 자신의 생각과 실제 현실적 대처 사이에는 상당한 간극이 있을 수 있다는 것을 언급하고 있다.

K: 저한테 막 추행 그런 거 하려고 하면, 어차피 길거리였으면 CCTV가 있으니까 그걸로 어떻게 하든 경찰서 넘기든가… 녹음을 해야죠(웃음)… 바로 이제 해야죠.

해영: ○○씨한테 성적으로 안 좋은 행동을 하는 사람이 있으면, 말씀하신 것처럼 행동하겠다는 의미지요?

K: 네. 이게 생각은 그렇게 하거든요… 일이 벌어지면 잘 안 돼요. 막상 잘 안 돼요.

해영: 왜 그럴까요?

K: 음… 일단 무서운 거죠. 나한테 이상한 짓을 한 사람이… 뭐 내가 신고를 한다 그러면 보복이 올지 모르니까… 나쁜 짓 한사람한테 내가 더 당할 수도 있고… 저 같은 지적(장애) 여자들이 그런 일(성폭력 피해)이 많이 생기는 것 같아요. 성교육을 다 받고 하니까… 몇 번씩 계속 받아요. 이게 머리로는 다 알거든요. 음… 막상 일이 터지면 (대처를)잘못해요. 어떻게 할지를 몰라요.

해영: 어떻게 하면 지적장애인 여성들이 그런 상황에서 대처를 잘할 수 있을까요?

K: 잘 모르겠는데… 음… 못 대처해요. 제 생각인데… 아예 따라가지를 말아야죠. 아는 사람이건, 모르는 사람이건 따라가지만 않으면 될 것 같아요. 근데 알면… 또 뭐라고 하면 따라간다고 봐요. 안 따라가야 일이 안 생기는데.

이와 더불어 장애여성들은 자신을 누구보다 안전하게 보호해 주어야 할 경찰관에게 당했던 성추행 경험, 피해자인 장애여성의 인권을 보호하고, 진술 확보도 신중히 처리해야 할 일선 경찰관이 위중한 폭력 피해의 당사자를 배려하지 않고 함부로 말하는 태도에 괴로움을 느끼기도 하였다. Y는 20대 후반 심각해진 조현 증상으로 인해 거리에서 이상행동을 보이는 자신을 파출소로 데려온 경찰관이 그녀에게 가했던 성추행 피해 경험을 구술하였다. Y는 자신을 데려온 경찰관들이 그녀가 술에 취했는지를 확인하는 과정에서 그녀의 엉덩이를 때렸던 것을 기억하였다. 당시 그녀는 환청과 환시 현상으로 인해, 판단과 의사소통 능력이 제대로 작동할 수 없었고, 정신 상태가 온전하지 못하였기에 자신의 의사를 제대로 표현하기도 어려웠다. Y는 결코 경험하지 말았어야 할 성추행을 그녀를 보호하고 지원해 주어야 할 경찰관이 순식간에 저질렀다는 점에서 당혹스러움을 감추기 어려웠던 것으로 보인다.

> 그때는 환청도 들리고 환시도 보이고… 막 그랬거든요. 거리에서 이상한 행동하고 했으니까… 그때 경찰 아저씨들이 술 먹었는지, 안 먹었는지 보려고 내 엉덩이를 때리고 그랬어요. 그때 정신이 번쩍 들어서 왜 그러냐고 하니까? 술은 안 먹었구나 그러고… 솔직히 술 먹었나, 안 먹었나 확인하려면 뭐 어깨라든지 이렇게 흔들어 볼 수 있잖아요. 근데 엉덩이를 왜 이렇게 하는지… 그 사람이 인격이 그 정도인지 잘 모르겠지만… 그때는 정신이 들었다고 해도, 내 상황이 워낙

안 좋다 보니까. 정신이 들었다고 해도 정신을 차려서 말을
할 수가 없는 상황이잖아요. 어어! 이러다가… 그냥 넘어가
고 그런 거죠.

(Y)

장애여성 P는 그녀가 상담했던 지적장애 여성의 성폭력 피해 사
건에서, 그 피해 여성이 자신에게 털어놓았던 구술 내용을 중심으
로, 장애여성의 성폭력 피해를 조사하는 경찰관들의 언행과 태도
가 피해당사자의 인권적 측면을 충분히 고려하지 않는다고 하였
다. 예컨대 수사를 담당하는 경찰관은 지적장애 여성을 마치 아동
을 대하듯 반말로 조사를 하거나, 성폭력 피해의 내용과 방식 그리
고 이 여성이 지적장애란 장애 특성을 가진 여성이라는 점을 고려
하지 않는 듯한 경솔한 언행을 함부로 한다고 언급하였다. 이러한
측면에서 P는 경찰관과 같은 공권력이 장애여성을 대하는 태도가
상당히 거칠다는 것은 또 다른 형태의 폭력이 될 수 있다고 자신의
생각을 피력하였다.

지적장애가 있는 여자 친구인데… 이 친구가 아는 지인이 도
와달라고 호출을 하니까… 선생님도 아시다시피 발달장애인
들은 상대방이 호의를 베풀면 그걸 그대로 믿잖아요. 이 친
구가 '상대방이 자기가 괴로우니까 좀 도와달라고 하니까…'

그 사람이 있는 곳으로 간 거예요. 그러다 성폭행을 당한 거죠. 뭐… 그 경험에 대해 막 이야기를 하다가… 제가 "너무 어렵겠지만, 너가 제일 싫었던 건 뭐야?" 물어보니까…'경찰이 싫었어요.' 여자 경찰이 아니라… 남자 경찰이 들어와서, '너한테 무슨 짓을 했니?…그래서 어디까지 갔니?' 막 이러고 물어보는데… 자기가 너무 죽고 싶었대요. 몸이 아픈 것보다, 그게 더 힘들었대요. 제가 그 얘길 들으면서 아직도 경찰 이런 사람들이 (지적)발달장애인 인권적인 부분들을 고려하지 않는 것 같아요. 아니 잘 모르는 것 같다는 거죠.

〔P〕

성폭력을 경험한 장애여성들은 주로 언어적, 신체적 차원에서 자신들이 당했던 치욕적 사건들을 이야기하고 있다. 장애여성들이 경험한 언어적 성폭력은 사회통념 상 성적 굴욕감을 야기하는 음란한 말을 듣거나, 손으로 신체를 훑어 내려가는 불쾌한 신체적 접촉 등으로 나타난다. 먼저 장애여성 P는 그녀가 탔던 지하철 안에서 한 남성 노인이 그녀의 몸을 갑작스럽게 툭 치면서 내뱉었던 음탕한 언사에서 느낀 성적 굴욕감을 잊을 수가 없다. 그녀는 지하철 안이라는 공공장소에서 감히 할 수 없는 천박하기 짝이 없는 말을 자신이 들었다는 것에 분개하였다. 또한 그녀는 만약 자신이 비장애인이었다면 함부로 하지 못했을 성비하적인 모욕을 당했다는 것이 장애여성에 대한 남성의 폭력적 차별이 그대로 투영된 경험이라고 하였다.

○○역에서 ○○역으로 가려고 4호선 갈아타고 가려고 하고
있는데… 어르신 배려석과 장애인 배려석이 서로 마주 보
고 있잖아요. 제가 장애인 배려석 옆에 내리려고 서 있었어
요. 한 60대 초반 정도 되는 남자예요. 술을 먹었는지, 술 냄
새가 폴폴 나요. 나를 힐끔 쳐다보더니 나를 툭 쳐요. 툭치는
것도 기분이 나쁜데… 갑자기 '밤일은 할 수 있나?' 이래요.
'이 새끼가 미쳤나…' 시비 붙기 싫어서, 가만히 있는데…
'다리가 튼실하게 생긴 거 보니까… 잘하게 생겼는데…' 이
러는 거예요. 나름 지성인인 제가 술 취한 인간이랑 시비가
붙어봤자… 나만 손해일 것 같아서 꾹 참았는데… 상식적으
로 생각해 보면… 아무리 제가 나이가 어려 보여도, 딱 봐도
40이 넘어 보이는데… 그런 천박한 이야기를 비장애인 여성
이라면 과연 했을 수 있었을까? 장애여성에 대해서는 굉장
히 쉽게, 아무렇지 않게 그런 폭력적인 언사를 내뱉는다는
거죠. 그런 말들을 너무 쉽게 내뱉어 버리는 세상이다 보니,
장애여성들이 위축이 되어 살아갈 수밖에 없지 않을까….

[P]

　L은 그녀의 친구인 뇌병변장애 여성이 어느 때인가 지하철에서
당했던 급작스런 성적 봉변을 이야기해 주었다. L의 친구는 어느
날 지하철을 타고 가던 중 그녀의 몸을 어깨부터 허리 옆쪽까지 손
으로 쭉 훑으면서, '열심히 살아'라는 말과 함께 능글맞게 웃는 남
성 노인을 경험한 적이 있다. 그녀는 이 남성에게 당한 성적 봉변
의 충격이 너무나 컸다. 하지만 언어장애가 있는 당사자가 그 상황

을 제대로 따질 수도 없어 너무 싫었지만 제대로 된 대처를 하지 못하고 참을 수밖에 없었다. L은 그녀처럼 몸을 자유롭게 다루기 어려운 뇌병변 장애인이나 지체장애 여성들은 부지불식간에 일어나는 일방적인 신체 접촉이나 만지는 행위를 막아내기 쉽지 않으며, 이러한 이유로 성폭력 피해에 상대적으로 더 빈번하게 노출될 수밖에 없다고 하였다.

제 친구 뇌병변장애인데, 이 친구는 지하철 웬만하면 안 타요. 항상 장애인콜택시만 타요. 그러면 애가 왜 지하철을 안 타냐? 언젠가 지하철을 타고 가고 있는데… 어떤 할아버지가 애 보고 '열심히 살아' 그러면서, 어깨부터 허리 옆으로 엉덩이까지 쭉 훑어 내려가더니… 근데 애가 언어장애가 있으니까 따지지도 못하고… 그 상황에서 소리를 좀 지르긴 지른다고… 그 상황이 너무 싫었던 거지. 진짜 이런 성(폭력)적 말들이 장애여성들한테 너무 쉽게 일어나요. 장애여성들은 이런 일상적 폭력을 너무 쉽게 경험한다는 거예요. 뭐 지나다가 쓱 만지고, 저 아는 또 다른 장애인은 어떤 남자가 옆으로 지나치면서 여기 가슴(유방을 가리키며)을 이렇게(잡는 듯한 흉내를 내며) 만지고 지나가더래요. 장애인 인권이 좋아졌다, 어쨌다 해도… 이런 일들이 참 많이 일어나는 거죠.

(L)

또한 지적장애 여성인 J는 그녀가 중학생이던 시절 그것을 성폭력이라는 것을 잘 알지 못했기 때문에 동료 남학생이 그녀에게 기습적으로 했던 일방적 키스와 가슴을 더듬는 행위 등을 성폭력 피해라고 인식하지 못하였다. 오히려 그녀가 성인이 되고 나서야 그 남학생이 자신에게 성추행을 한 것이라는 것을 알게 되었다. 또한 J는 동네 시장에서 그녀의 어머니와 함께 걸어가던 중 낯선 남성 노인이 그녀의 엉덩이를 만지는 성추행을 당한 적이 있다. 그녀는 당시 남자의 행동이 매우 불쾌하고 기분은 나빴지만, 어떠한 대항을 하지 못하고 가만히 있었다고 한다. 왜냐하면 그녀는 자신이 소리를 지르거나 피해 사실을 옆에 있던 어머니에게 말했을 때, 그녀의 어머니가 화를 낸다면, 지나가던 사람들의 시선이 모두 자신에게 쏠리는 것이 싫었기 때문이다. J는 그녀가 사람들에게 주목받는 것이 싫었기 때문에, 상대의 성폭력적 행동을 알면서도 가만히 있을 수밖에 없었다고 하였다.

J: 수업 다 끝나고요. 그 남자하고 같이 눈이 마주쳐 가지고 그랬었던 거 같아요. (남자가) 뽀뽀도 하고요. 여기(가슴 부분을 가리키며)도 만지고 그랬어요. 그게 성추행을 몰랐어. 제가 그래가지고⋯ 그때는 모르고 그랬는데요. 지금 와보니까요. 안 거죠. 마음이 별로⋯ 당했잖아요.

344

해영: ○○씨랑 같은 중학교에 다닌 남자였어요?

J: 네. 그때는 잘 모르니까… 웃고 그랬는데요. 지금 보니까요. 그 남자가 나쁜 것 같아요.

해영: 혹시 최근에도 ○○씨한테 성추행한 사람은 없었나요?

J: 있었어요. 길을 지나다가 어떤 사람이요. 엉덩이를 만지고 그랬던 거 같아요. 시장에서… 완전히 불쾌하더라고요.

해영: 그래서 어떻게 했어요?

J: 엄마! 할아버지가 엉덩이 만지는데… (말을 해야 하는데) … 아우! 아무 말도 못하고 가만히 지나갔어요.

해영: 그때 왜 아무 말도 못 했을까요?

J: 엄마가 있기 때문에… 옆에 있어서… 못했어요.

해영: 엄마가 알면 어떻게 되었을 것 같아요?

J: 글쎄요. 잘 모르겠는데… 막 화내고 (했을 것 같아요).

해영: 엄마가 화내는 게 불편하나요?

J: 꼭 그건 아닌데… (엄마가 화를 내면) 사람들이 쳐다보잖아요. 의식이 다 나한테 쏠리니까… 챙피하잖아요. 사람들이 막 쳐다보면…

해영: 사람들이 ○○씨 쳐다보는 거 싫으세요?

J: 저는 눈(한쪽 눈 시각장애)이 이래서… 시선이 나를 쳐다보면 그게 싫어요. 시선이 두려워 가지고, 그런 거예요. 사람들은 내가 눈이 이상하고 장애자니까 다 나 쪽을 쳐다보거든요.

한편 일부 장애여성들은 강간 피해로 추정될 만한 중대한 성폭력 피해를 입은 경험을 말하기도 하였다. 이러한 이야기 중 하나는 S에게서 나왔다. 그녀는 어린 시절부터 보육원에서 성장하였고 이후 장애인 거주 시설로 옮겨진 20살 시기까지 성폭력이 반복적으로 발생했다고 말한다. 성폭력이 무엇인지 잘 몰랐던 10대 초반 시절에는 함께 생활하는 오빠들에 의해 성폭력이 발생하였다. 하지만

S는 폭력적 성이라도 피해를 통해 학습된 성에 눈을 뜨면서, 사춘기가 지난 시점부터는 그녀가 먼저 원하거나 혹은 상대방과의 동의하에서 성관계가 이루어졌다고 한다.

S: 저는 아주 어릴 때부터 보육원에 자라다, 나중에 장애인 시설로 옮겨 갔는데요. 거기서 오빠들이 저한테 시작을 했는데… 처음에는 성관계를 맺는 것이 뭔지도 몰랐고, 그게 성폭행이라는 것도 잘 몰랐어요. 오빠들이 저 데리고 가서… 해달라고 하는 대로 해 줬어요. 잘 모르니까… 시간이 지나니까 저도 익숙해지잖아요. 만져주면 또 좋고, 손으로 이렇게 쓰다듬어 주고, 귓볼도 만져주고, 뽀뽀도 해주고… 기분이 좋아지잖아요. 저는 그게 좋거든요. 장애가 너무 티나고 하는 오빠들하고는 안하고요. 제가 마음에 드는 오빠들한테는 먼저 하자고 말하고… 눈치로 하자고… (하고) 그랬어요.

해영: 그러니까 ○○씨가 아주 어린 시절에는 성폭력 피해를 당했지만, 좀 성장하고 나서는 ○○씨가 먼저 원하기도 해서 성관계를 맺었다는 거네요?

S: 그렇죠. 어렸을 때는 제가 (성)폭행을 당한 게 맞아요. 근데 좀 커서는 제가 하자고도 많이 했어요.

이처럼 성폭력 피해를 통해 성을 학습한 S는 점차 시간이 흐르면서 그녀가 먼저 성적인 관계를 원하거나, 상대방과의 합의에 의해 성관계를 맺기도 하였다. 이와 달리 J는 그녀가 다니고 있는 작업장에서 동료 남성에게 먼저 성추행을 당한 경험이 있다. 그녀는 상대에게 일방적으로 성적 피해를 입었다는 사실에 화가 나고, 불쾌감을 느꼈다. 그래서 J는 그 남성이 했던 것과 똑같은 성추행으로 되갚아 주었다. 하지만 마치 그녀가 그 남자에게 먼저 성추행한 것처럼 남자가 기관 종사자에게 일러바치면서 오히려 J가 성폭력 가해자로 오해를 받게 된다. 그녀는 제대로 확인도 하지 않고 자신을 몰아붙이며 혼을 내는 기관 종사자의 말에 억울하여 다니던 그곳을 그만두고 싶기도 하였다. 하지만 기관 종사자에게 그녀는 아무 말도 하지 못하였고, 가만히 있을 수밖에 없었던 억울한 경험이었다는 것을 언급하고 있다.

J: 한번은 내가 작업장에서 같이 일하는 남자인데 내 엉덩이를 만지드라고요. 저도 기분이 되게 나쁘더라고요. 그래가지고 저도 만졌어요. 그랬는데… 나중에 저만 선생님한테 되게 혼났어요. '왜 만지냐고…', '나도 그 남자가 먼저 만졌는데'… 나한테 작업장 못 나온다고. 엉덩이 만졌다고. 기분이 되게 나쁘고… 억울하고… 거기 관둘까 그랬어요.

해영: 왜 선생님이 ○○씨만 혼을 냈을까요?

J: 그 남자가 선생님한테 제가 만졌다고 말을 했나 봐요.

해영: 그럼 ○○씨도 그 남자가 엉덩이를 만졌다고 말을 하지 그랬어요?

J: 말을 못했어요. 선생님이 막 혼내고 하니까⋯ 말을 못했어요.

요약해보면 장애여성들은 성폭력 피해 여성에 대한 부정적인 사회통념이 큰 우리 사회에서 그러한 성폭력은 피해여성을 침묵하게 한다고 이해하였다. 하지만 성폭력에 대한 사회통념을 학습하고 내면화한 장애여성들 또한 특정 장애 유형을 가진 여성들이 성폭력을 더 많이 당한다거나, 성폭력 피해자다움에 대한 고정관념을 드러내고 있기도 하였다. 특히 지적장애를 가진 여성들은 그녀들이 호감 가는 이성을 만나거나 사귈 수 있는 기회가 제한되어 있다는 점에서, 남성과의 만남을 위한 시도가 성폭력 피해로 연결된다고 하였다. 또한 그녀들이 성폭력 피해에 대한 반복적인 교육을 받고 있지만, 교육받은 내용을 성폭력 피해의 위험 상황에서 적절한 대처로 연결되기 어렵다고도 하였다.

한편 성폭력 피해를 입은 장애여성들은 사람들이 많이 이용하는 지하철, 자주 왕래하는 시장, 거주시설과 같은 생활공간, 공공기관 등에서 낯선 사람 혹은 지인, 동료들로부터 성적 추행, 강간 등으로 짐작되는 성폭력 피해를 입었다. 게다가 폭력적 성을 학습한 장애여성 중에는 피해 이후 자신이 폭력 가해자와 동의하에 성관계를 맺기도 하고, 그녀가 당한 폭력의 피해를 가해자에게 동일하게 되갚아 주는 행위로 이어지기도 하였다.

새로운 가능성을 열며

장애여성 성과 사랑의
횡단적 시선 확보하기

『장자(莊子)』 덕충부(德充符)중에는 애타타(哀駘陀)에
관한 내용이 나온다. 그는 "나서서 주창하는 일이 없고,
언제나 사람들에게 동조할 뿐이다. 임금의 자리에 앉아
사람들을 죽음에서 구해준 일도 없고, 곡식을 쌓아 두고
사람들의 배를 채워준 일도 없다. 거기다 몹시 추하게 생
겨서 세상을 놀라게 할 정도이다. 동조할 뿐 주창하는 일
도 없고, 아는 것이라곤 자기 주변의 일상사를 넘지 못한
다. 그런데도 남자, 여자가 그 앞에 몰려드는 것은 그에
게 반드시 보통 사람과는 다른 무엇이 있기 때문이다‥
(이하 생략)."와 같은 문구가 나온다.[117]

이 애타타라는 사람은 자기주장이나 확신에 찬 관점을
제시하고 있지 않다. 그래서 그에게는 세상이 정해놓은
어떤 표준적 틀이나 기준을 찾기 어렵다. 사람들은 애타
타에게서 세상에 대한 표준적 틀과 강제된 기준을 찾을
수 없었기에, 오히려 그에게서 자유로움과 소통이 가능
한 '열려있음'을 발견했는지 모른다.
자유로운 소통이 가능하도록 열려있는 태도야말로 장애
인과 비장애인이 함께 물들어갈 수 있는 대화자로서 출
발이 가능한 지점이 아닐까? 거기서 일어나는 사회적 성
찰과 공감은 장애인과 비장애인이 함께할 수 있는 공동
체의 자발적 연대로 연결되지 않을까?

117. 상세한 내용은 다음 자료를 참고하기 바란다. 오강남 풀이, 1999, 앞
    의 글, pp. 241-242.

'동정이면 어떻고, 연민이 어떠냐' 기회만 있으면, 무조건 만나라. 그러면서 서서히 스며드는 거지. 오래 만나다 보면… 장애보다는 사람 그 자체가 보이게 되어 있거든요. 남녀 간의 사랑이 싹트면요. 그것이 장애인이든, 비장애인이든…

〔P〕

비장애인과 결혼하여 성년의 두 자녀를 둔 50대의 장애여성 P의 위 구술은 마치 여성으로서, 아내로서, 어머니로서, 삶의 몇 고비를 먼저 넘겨온 인생의 선배가 20·30대 젊은 청춘의 장애여성들에게 보내는 따뜻한 조언처럼 들리기도 하다. P는 그녀들을 여성이 아닌 장애인으로 먼저 바라보는 편향된 세상의 시선에 가두어진 사람도 그 시선을 한 꺼풀 벗겨내면 장애인이 아닌, 온전한 한 여성, 사람으로 장애여성을 바라볼 수 있게 된다고 강조하고 있다. 그리고 그때 비로소 사랑에 빠진 커플은 그들을 둘러싼 온갖 편협한 잣대로부터 자유로워져 사랑하는 두 남녀 자체가 보인다는 것을 말하는 듯하다. 그래서 P는 연민이건 동정이건 장애여성에 대한 불편한 생각과 감정들에 휘둘리지 말고, 일단 호감이 가는 사람을 만나서 그와의 상호작용 속에서, 상대와 함께 물들어 가보라고 조언하는 듯하다. 그래서일까? D의 농담 섞인 이 자조의 표현은 왠지 씁쓸하기까지 하다.

여사고, 장애인이면 성과 관련된 부분은 더 편견이 많고 커지는 것이 맞아요. 색안경을 낀다고 하잖아요. 저는 시각장애인이라 상관은 없지만(웃음)… 장애여성은 사람들의 편견의 대상이 되는 것은 분명히 맞아요.

[D]

우리 사회 내 장애여성의 몸과 여성성에 각인된 주홍 글씨는 그녀들이 신체적, 정신적 손상으로 인해, 무엇인가 할 수 없고 할 수 없게 된, 열등하고 불쌍한 몸을 가진 존재, 조롱과 혐오의 대상, 사회적 배제의 대상, 불필요한 관심과 연민의 대상이 되기 쉽다. 더욱이 이 여성들은 아름답고 성적인 욕망을 불러일으킬 만한 관능적인 몸매와는 거리가 먼 매력이 한참 떨어지는 초라한 모습이자, 건강한 자녀의 임신과 출산, 양육에서도 부족한 점이 많은 존재로 취급당하기 쉽다. 그로 인해 장애여성에게 새겨진 편견이란 부정적 각인들은 그녀들의 삶 전반에 단단히 박혀있다고 할 수 있다. 그래서 장애여성들은 인간다움, 여성스러움의 표준적 기준을 비장애인으로 삼는 비장애인 중심사회에서 주변화된 존재로 겉돌 수밖에 없는 것이다.

그래서일까? 장애여성들은 자신이 누구이고 어떻게 살아야 하는지를 스스로 선택하고 결정하며 살아가는 존재임에도 불구하고,

장애와 여성성에 새겨진 고정관념, 사회적 통념이란 부정적인 사회적 잣대에 옭아매져 스스로 할 수 없거나, 하기 어려운 존재로 바라보는 갈등적 가치들이 경합하기도 한다. 예컨대 장애여성들은 자신의 성적인 삶, 누군가를 사랑하는 삶을 스스로 선택하고 결정한 방식대로 살아갈 것인지, 아니면 사회가 부여하고 강요하는 삶을 순응하며 살아갈 것인지 즉 어떤 정체성으로 위치할 것인지에 대해 방황하는 듯하다. 이것은 장애여성 당사자들의 발화 속에서도 잘 드러나고 있다.

> 내가 당하더라도, 그것도 내 인생인데 선생님들은 무조건 남자 만난다고 그러면… 나쁘게만 봐요. 다 성폭행당하는 거… 짧은 반바지 입는다고 입지 말라고 그러고 내가 입고 싶은 거 입고, 내가 만나고 싶은 오빠 만나고… 그게 잘못된 건가요? 선생님 그게 잘못하는 거예요?
>
> [S]

S의 말은 그녀가 그동안 만나왔던 돌봄서비스 제공자들의 보호라는 이름의 간섭과 통제에 대한 생각을 드러내는 것이기도 하다. 장애여성 B는 장애를 가진 자신의 몸과 그녀의 언어적 표현을 스스로 못나고 부족한 것으로 받아들이면서 아래와 같이 표현하고 있다.

저가 지체장애인이지만 뇌성마비도 있잖아요. 보시다시피…
사람들 앞에서 무슨 이야기를 하게 되면 더 긴장하고 그러면
더 말도 못 하고, 몸도 굳어지고, 경직되는 게 저는 너무 싫
은 거예요. 다른 사람들은 다 잘나 보이고 예뻐 보이는데, 나
는 왜 못나고, 이것밖에 안 되는 사람일까! 다른 사람들은 다
잘생기고 말도 잘하는데… 꼴도 보기 싫어질 때가 있거든요.
나는 왜 이렇게 태어나서… 사람들 앞에서 내가 이렇게 모자
라게 보일까… 너무 속상할 때가 있거든요.

〔B〕

이처럼 장애여성에게 그녀들의 장애와 여성성은 성과 사랑의 주
체로서 무엇인가를 할 수 있는 주체이지만 동시에 할 수 없는 존재
로 이해되고 있다. 또한 할 수 없다고 생각하지만 할 수 있고, 하고
싶은 욕망을 드러내는 존재라는 점에서 장애와 여성성은 그녀들의
복잡한 내적 갈등이 역동하는 장이다. 그렇기에 그녀들은 다면적
이고 다차원적인 복잡계 그 자체이자, 쉽게 규정될 수 없고 되기도
어려운 이들이다. 우리 사회가 장애여성의 성과 사랑을 이해한다
는 것은 그녀들이 자신의 성적인 삶, 사랑이란 삶의 주제를 어떻게
마주하고 있고, 체험하고 있는지 물음을 던져보는 일일 것이다. 우
리 사회가 자기 목소리를 가진 그녀들의 이야기에 주의 깊게 귀 기
울이다 보면, 복잡계 그 자체인 그녀들의 삶이 혼란스러움이 아니

라 다채로움이란 새로운 이야기로 다양하게 피어오를 수 있다.

용비어천가의 '월인천강'은 '달은 하나이지만 그 달을 품은 강은 천개'라는 뜻이다. 장애여성의 성과 사랑이라는 달도 그와 같지 않을까? 강에 비친 달그림자가 천개가 되듯, 장애여성들 각자의 목소리로 들어내는 수많은 성과 사랑에 대한 각양각색의 이야기는 그것이 어떤 내용을 품고 있건 간에 그것을 듣는 사람들의 이해 대상이 되며, 반성적 성찰이 되기도 한다. 또한 그것은 새로운 궁금증과 의문을 유발하는 질문의 대상이 되기도 한다. 이글에서 표현된 필자의 글 또한 장애여성의 성과 사랑에 대한 수많은 달그림자처럼 각자의 목소리로 드러낸 그녀들의 이야기를 필자의 이해와 해석이란 하나의 달 속에서 소화해 낸 것일 수 있다. 물론 그녀들과의 상호소통 속에서 필자의 이해와 해석에 오류와 왜곡이 없었는지를 확인하는 노력을 하긴 하였지만, 필자의 사유의 렌즈 안에서 드러난 이해와 해석이라는 점에서, 여전히 이 글은 필자라는 달그림자 속에 머물러 있기도 하다.

필자가 만난 장애여성들은 하고 싶고 할 수 있는 성적 주체로서 그녀들의 성적 욕구에 대해 그것을 드러내고 함께 실현할 수 있는 파트너가 없다는 것, 그리고 그 파트너를 만날 기회의 현저한 부족이, 오히려 성적 욕망을 불러일으키지 않는다는 것, 장애여성 당사자들의 성적 욕망을 일상적 수준에서 가볍고 편하게 드러낼 수 있는 시공간은 같은 장애인 공동체에서만 가능하다는 것을 이야기하였다. 또한 그녀들은 성적 파트너가 있더라도 그녀 자신 성적으로 과잉된 여성이라는 불필요한 선입견을 불러일으키고 싶지 않기에, 먼저 상대방에게 그녀의 욕구를 드러내지 못하는 소극적인 차원의 경험이자, 이와는 반대로 좀 더 적극적으로 그녀 자신의 성적 욕망을 표출하면서, 그것을 추구하려는 적극적 모습으로 나타나기도 한다.

이글에서 만난 장애여성들은 모두 성과 사랑에 대한 그녀들의 정체성을 이성애에 위치시켰다. 그로 인해 그녀들의 생각과 태도는 동성애에 대한 분명한 반대와 비난하기에서부터, 동성애를 반대하기는 하지만 그것을 선택한 이들을 존중해주어야 한다는 의견, 이성애, 동성애에 상관없이 성적 선호의 서로 다른 방식을 존중해주어야 한다는 의견까지 다양한 스펙트럼 안에서 동성애를 이해하였다. 하지만 동성애를 인정하고 존중하자고 표현하는 장애여성들조차도, 이것을 타고난 천성이라는 생물학적 본성으로 이해하려는 경향이 강하였다.

장애여성들은 그녀들의 섹스행위에서도 그 상대가 누구이고 그와 어떤 관계인지가 중요하며, 그녀들과 깊은 성관계로 진입할 수 있는 사람은 적어도 호감으로 다가오거나 사랑을 전제할 수 있는 남성이라고 하였다. 그렇지만 장애여성들은 파트너와의 성관계에 있어 상대가 주도하는 일방적인 성적 경험으로 끝나버릴 때, 그녀 자신 섹스 파트너로서 충분한 배려와 존중의 대상이 되지 못한다고 하였다. 더욱이 어떤 여성들은 장애를 가진 자신의 몸을 두 사람과의 성관계에서 그대로 노출되는 것이 수치스럽다고 하였고, 어떤 여성은 두 사람의 성관계에서 그녀의 몸이 자유롭지 못한 것을 깨닫는 순간 비참해진 자신을 발견하는 초라한 경험으로 이해하기도 하였다.

게다가 장애여성들은 자위행위에 대해, 그것이 그 누구에게도 피해를 주거나 눈살을 찌푸리게 하는 일이 아니라는 점에서, 충분히 즐길 수 있는 성적 행위라고 하였다. 그리고 가능하다면 더 적극적으로 그것을 만끽할 수 있는 섹스 토이를 활용하는 것도 홀로 성욕을 해결할 수 있는 좋은 방법이라고 하였다. 하지만 활동지원인에게 모든 사생활이 노출되다시피 하거나, 손을 쓰는 것이 자유롭지 못한 장애여성들은 자위행위를 통해 성적 즐거움을 추구하는 것조차, 먼 나라 이야기라고 하였다. 거기다 그녀들이 성적 기구를 활용해 자위를 하는 것도 그녀를 둘러싼 외부의 시선에서 자유롭지 않다는 점에서, 장애여성은 홀로 성적 만족을 누리는 자위행위에서 조차도 사회문화적 시선을 의식해야 하는 일이 된다고 하였다. 이와 더불어 일부의 장애여성들은 그녀들이 성욕이 있더라도 그것이 기회로 연결되지 않는다는 점에서 그녀들의 성욕은 낮거나 소극적일 수밖에 없다고 하였다. 그리고 이것은 성적 경험이 전혀 없거나 자위행위를 통해 성욕을 해소하고자 하는 자기성애의 경험으로 연결되지 않는다고도 하였다.

한편, 낭만과 현실이 교차하는 장애여성들의 연애와 사랑의 대상은 그녀들의 건조한 인생에 활력을 불어넣어 줄 매혹적인 존재이다. 게다가 이 매혹적 존재는 그녀들의 장애의 한계를 메워줄 것만 같은 이상화된 존재로서 비장애인이자, 동시에 그녀의 장애를 적절하게 잘 보조해 줄 것 같은 현실적 기대가 반영된 존재이기도 하다. 하지만 그녀들은 이 매혹적인 존재와의 연애를 실제 현실에 실현하기 어려운 비현실적 경험이라고 하였으며, 설령 호감이 가는 남성일지라도 상대가 그녀를 연인으로 원하지 않을 수 있다는 두려움, 낭만으로 시작한 연인관계일지라도 거기에 이해타산이 개입되면, 그 관계도 이별이란 현실로 끝을 맺어야 하는 쓸쓸한 경험이 된다고 하였다.

결혼생활에 있어 장애여성들은 신뢰할 만하고 그녀들의 장애를 충분히 이해해 줄 수 있는 좋은 사람이 있다면 그 사람과 결혼까지도 시도해 보고 싶다고 하였다. 그렇지만 현실에서 그런 사람을 만나 결혼하기는 쉽지 않으며, 특히 지적장애 여성들은 자신들처럼 인지능력이나 경제 능력이 부족한 사람이 말 그대로 현실이 될 수밖에 없는 결혼생활을 잘 수행해 내기란 쉽지 않다고 하였다. 더욱이 장애여성의 결혼생활, 자녀 출산과 양육에 대한 수많은 편견, 현실적 제약이 존재하는 상황에서, 그녀들의 결혼생활은 모든 것을 견뎌야 하는 일이기도 하다. 동시에 자녀 출산과 양육의 현실에서도 주변인들의 관여와 도움 정도를 타협하고 조정하는 것이 쉽지 않은 일이라고도 하였다. 특히 기혼의 장애여성들은 자녀양육과 가사노동을 담당하는 데 장애가 걸림돌이 되며, 그녀들의 장애 특성을 이해하고 배려해 주지 않는 배우자, 가족으로 인해 소외감을 느낀다고도 하였다. 그로 인해 자신의 장애를 좀 더 잘 이해해 주는 장애인 배우자와의 결혼생활을 더 만족스럽게 표현하기도 하였다. 하지만 장애여성들은 배우자가 장애인이건, 비장애인이건 자신의 진정한 편이 되어주는 배우자에 대한 고마움과 깊은 사랑의 감정을 느끼기도 하였다.

임신과 출산에 있어 장애여성들은 장애 자녀를 출산할 수 있다는 두려움 내지 편견으로, 아이 임신을 포기하거나 임신한 장애여성을 비난하기도 하였다. 하지만 시각장애인 여성들은 자녀가 장애인이건 비장애인이건 태어났다는 것 자체가 축복임에도 불구하고, 장애인 자녀가 태어나는 것을 불행으로 바라보는 사회적 시선이 문제라고 하였다. 더욱이 임신과 출산 경험이 있는 장애여성들은 아이 자체가 그녀에게 온 선물이자 축복이기에, 무슨 일이 있어도 그 자녀를 잘 낳아서 키우는 것이 최우선이라고 하였다. 그러나 장애여성의 자녀 출산을 자신에게 도움을 줄 자식을 한 명 더 얻는 것으로 이해하는 비장애인 형제자매의 편협한 인식에 커다란 상처를 받기도 하였다.

이와 더불어 장애여성들은 자녀 양육에 있어 그녀들이 아이를 낳아 키우기 어려울 것이란 세인들의 편견에 불편한 심기로 드러내었다. 그로 인해 그녀들이 아이를 잘 키우기 위해서는 양육을 도와줄 수 있는 지원 인력의 질이 중요하다고도 하였다. 게다가 이 여성들은 자신의 장애가 자녀를 놀림의 대상으로 만들거나, 성장한 자녀의 결혼에 걸림돌이 될 수 있다는 것, 자녀의 일상에 피해를 주는 것을 무엇보다 염려하였다. 이와 더불어 갈등 관계에 놓여 있는 아이 아빠와 그 가족에게 그녀의 아이를 빼앗길 수도 있다는 두려움, 자녀 양육에 따른 경제적 곤궁, 양육에 수반되는 가사노동의 어려움 등을 토로하기도 하였다.

하지만 무엇과도 바꿀 수 없는 선물과도 같은 존재인 자녀의 양육은 그녀가 장애가 있다고 해서 위축되거나 뒤로 물러설 수 없는 일이자, 누구보다도 그녀들 스스로 당당해져야 하는 일로 이해하였다. 그뿐만 아니라 장애여성들은 아이가 자신보다는 좀 더 정신적으로 강한 존재로 성장했으면 하는 바람, 자식들에게 좋은 본보기가 되고 싶지만 그녀를 버거운 삶을 사는 사람으로 이해하는 자녀에 대한 반성적 성찰 등을 자녀양육의 경험 안에서 표현하였다.

이처럼 장애여성에게 어머니의 역할은 그녀들의 장애 특성으로 인해 자식에게 피해를 줄 수 있다는 두려움과 자녀 양육에 필요한 돌봄 노동의 과중함, 경제적 곤란 등을 모성 역할의 부담감으로 이해하였다. 그로 인해 장애여성들의 자녀 양육의 경험은 사회가 요구하는 모성 역할의 다양한 규범 속에서 그 역할을 수행해야 하는 쉽지 않은 경험이자, 동시에 장애로 인해 자녀가 짊어져야 할 상처란 짐을 최소화하기 위한 분투의 장이기도 하였다.

더 나아가 장애여성들은 성매매, 성폭력과 같은 폭력적 성에 대한 생각과 경험을 드러내기도 하였다. 성매매와 관련해서 장애여성들은 성욕을 억누르기 어려운 남성들에 의해 시도되는 것으로 바라보았으며, 남성에게 성을 판매하는 여성들도 다양한 직업이 존재함에도 불구하고, 자신의 몸을 경제적 교환 도구로 삼아 성을 파는 사람들이라는 점에서, 도덕적 잣대의 눈으로 그 여성들을 이해하였다. 게다가 장애여성들은 성관계를 맺기 위해 성 판매자인 남성을 찾는 사람은 거의 없으며 이것은 장애인 남성들에게나 시도되는 일쯤으로 이해하였다. 또한 성을 판매하는 여성도 판단 능력과 의사소통 능력이 취약한 지적발달 장애여성들이 범죄자들에 의해 강제적으로 도구화되는 일이라고 이해하였다. 그렇지만 한 지적장애 여성은 새로운 연인을 찾기 위한 시도인 방식으로써 채팅앱과 조건만남을 활용한 성매매에 노출되고 있었다는 점에서, 극소수이지만 친밀성에 대한 관계 욕구가 성매매로 이어진다는 것은 주목해 볼 지점이기도 하였다.

장애여성들 중 일부는 장애가 있다고 해서 성폭력 피해를 입은 장애여성에 대한 사회적 시선이 결코 호의적이지 않다는 점에서, 성폭력 피해에 대해 침묵이 최선이라는 입장을 드러내기도 하였다. 또한 성폭력 피해자다움의 통념으로부터 벗어나 있는 장애여성에 대한 괴리감, 성적 폭력을 입었음에도 불구하고, 자신이 학습해 온 것과는 다른 복잡 미묘한 기분에 휩싸인 장애여성 스스로의 내적 혼란으로 드러나기도 하였다. 반면에 장애여성들은 그녀의 일상 안에서 너무도 쉽게 성적 폭력을 당하게 되는 불쾌하기 짝이 없는 치욕적 경험을 이야기하기도 하였다. 그것은 장애여성을 보호해 주어야 할 경찰, 지하철·길거리를 지나는 익명의 행인, 학교 혹은 복지시설 등에서 함께 생활하는 동료 등에 의해 일순간 가격을 당하는 폭력적 경험으로 이해되기도 하였다.

이처럼 장애여성들은 세상이 그녀들에게 부여한 성과 사랑에 대한 문법 안에서 자신들의 성과 사랑에 대한 행위의 모범을 찾기도 하였고, 그 모범으로부터 어긋나 있거나 이탈되어 있는 그녀들의 선택과 행위에 대해서는 어떤 이유로 그렇게 할 수밖에 없었는지를 합리화하기도 하였다. 하지만 이 글에서 마주한 장애여성 대부분은 통념과 고정관념이라고 하는 세상의 틀에 순응하며 살아가거나, 때로는 그것을 비틀면서 저항의 몸짓을 드러내기도 하였다. 그러나 저항의 몸짓을 드러내는 장애여성 일지라도 여전히 그녀들은 우리 사회 내 문화적 규범이 구축한 성과 사랑에 대한 고정화된 잣대로부터, 자유롭지는 못하였다.

2022년 여름 〈이상한 변호사 우영우〉라는 드라마가 선풍적 인기를 끌었다. 사람들 사이에서는 이 드라마 내용을 모르면 대화에 낄 수 없다고 할 만큼 엄청난 인기를 얻기도 하였다. 이 드라마 말미에서 주인공인 우영우는 그녀의 삶에서 느끼는 가장 행복한 기분을 '뿌듯함'이라고 결론 내린다. 그리고 이 드라마는 아름다운 동화 같은 한 장면으로 대단원의 막을 내리게 된다. 우영우가 '뿌듯함'이라고 했던 이 마지막 대사는 필자의 뇌리에 꽤 오랫동안 잔상으로 머물러 있었다. 그 이유를 곰곰이 찾아보니 뿌듯함이란 단어는 필자가 과거에 읽었던 두 가지 동화와 묘하게 겹쳐있었기 때문이다.

하나는 『병하의 고민』이라는 동화였고, 다른 하나는 「팔 없는 원숭이」라는 우화였다. 전자에서 주인공 병하는 휠체어에 탄 아이를 가리키며, "할머니! 저 아이는 왜 이 세상에 온 거예요?"라고 묻는다. 할머니는 "응 그러니까 저 아이는 너와 함께 살기 위해 온 거란다. 이 땅에서 너와 함께 살기 위해!"[118]라고 대답한다. 나, 우리와 함께 살기 위해 온 아이, 그 아이를 장애인, 장애여성으로, 나, 우리를 비장애인, 비장애인 여성으로 바꾸어 보면, 해답은 간단해진다. 장애인, 장애여성은 비장애인들과 함께 살기 위해 이 세상에 온 것이다. 이 세상에 함께 살기 위해 온 장애여성 그리고 그녀들의 성적인 삶, 사랑의 삶이 그녀들만의 삶이 아닌 우리의 삶이 되는 세상은 어떤 세상일까? 그것은 아마도 소수의 특정한 장애여성

---

118. 조은수, 2017, 「병하의 고민」, 한울림스페셜, pp. 1-36.

만이 느끼고 누리는 뿌듯함의 세계가 아니라, 모든 장애여성들이 함께 느끼고 누릴 수 있는 뿌듯함의 세계일 것이다.

최규석(2011)의 「팔 없는 원숭이」란 우화에는 나무도 제대로 탈 수 없고 맛있는 과일도 따 먹을 수 없으며 무엇보다 팔이 없다고 놀림을 당하던 팔 없는 원숭이들에 대한 이야기가 나온다. 이 이야기는 팔 없는 원숭이 중 한 마리가 놀림을 참다못해, 몇 번이나 죽을 고비를 넘기면서도 나무타기 연습을 하였다. 그 원숭이는 평생 놀림과 괴롭힘을 당하며 사느니 차라리 나무를 타다 죽겠다는 심정으로 연습에 매진하였다. 결국 원숭이는 자신의 노력으로 좋은 먹이를 따먹을 수 있게 되었고, 팔 없는 동료 원숭이들에게 좋은 먹이를 따서 나누어 줄 수도 있게 되었다. 그래서 그 팔 없는 원숭이는 더할 수 없는 뿌듯함을 느끼며 행복해하였다. 하지만 팔 없는 다른 원숭이들은 팔이 없다는 놀림에 더하여 게으르다는 비난까지 들어야 했다.[119]

팔 없는 원숭이가 팔 있는 원숭이들이 살아가는 세상의 기준에 맞춰진 삶을 살아가려면 피나는 노력을 통해 팔이 없는 결함을 극복하거나, 아니면 엄청난 비용이 드는 보조공학의 힘을 빌려 고쳐

119. 최규석, 2011, 『지금은 없는 이야기』, 사계절 pp 184-193

써야 할 필요가 있다. 그리고 한계를 넘어서지 못한 원숭이들은 무능력하거나 나태하다는 사회적 비난과 낙인을 감수해야 한다. 그로 인해 장애여성들은 몸과 여성성에 대한 사회적 표준에 그녀들을 최대한 일치시키기 위해 죽을힘을 다해 자신의 손상된 몸, 건강성이 떨어지는 몸, 여성답지 못한 몸과 역할의 한계를 넘어서기 위해 쉴 새 없이 고투해야 한다. 그렇지 않으면 '니네가 무슨 여자야!', '섹스가 가능해요? 그 몸으로', '그렇게 이용당할 거. 남자는 왜 만나가지고', '자기 몸도 감당하지 못하면서 애는 왜 낳아서 키우겠다고', '몸도 제대로 건사하지 못하는 사람이 무슨 결혼을 한다고. 그냥 혼자 살어', '남편분이 되게 착하신가 봐요', '장애가 있는데도 아이들을 너무 훌륭하게 키우셨어요' 등 비장애인들이 뿜어내는 차별적 태도와 동정을 온몸으로 견뎌야 할지 모른다.

그래서일까? 장애여성 당사자 중에는 그녀들에 대한 사회의 냉소적 시선을 내면화하고 정상성이라고 하는 표준성을 이상화하면서 스스로를 결핍된 존재로, 비하적 존재로 가치 절하하기도 한다. 그것은 그녀들이 이상화된 존재로서 비장애인 남성과의 연애와 결혼의 선호, 그 남성이 그녀들의 장애특성도 잘 이해해 주고 보조해 줄 것이란 비현실적 기대 안에서 드러나고 있다. 그렇다면 장애여성과 비장애 여성, 장애인과 비장애인이 하고 싶고, 할 수 있는 성과 사랑의 주체로서, 함께 뿌듯함을 느끼고 누리는 삶은 어떤 세계일까?

필자는 '소통 가능성'에서 그 해답을 찾고자 한다. 소통은 정상성이라는 기준이 강할수록 그 기준으로부터 이탈되어 있는 차이는 대립과 부정의 대상이 된다. 정상성이라는 표준안으로 수렴되지 못하는 차이는 대립과 부정의 대상이 되기 때문에, 그것은 어느새 설득의 대상이 되거나, 교정의 대상이 된다. 그리고 설득되지 못한 사람은 곧 교정해야 할 존재가 되면서 차별과 혐오, 배제의 대상이 된다. 그래서 비트겐슈타인은 다음과 같은 예시를 들고 있다. [120]

"방 안에 있는 어떤 사람이 그 방을 나가기 위해서는 문손잡이를 자신 쪽으로 잡아당겨야만 한다. 그렇지만 만약 그 사람이 문밖으로 나가기 위해 문을 방 밖으로만 밀어낸다면, 그는 방 밖으로 나갈 수 없다. 이때 그가 방 밖으로 나갈 수 있는 다양한 방법을 고민하지 않는다면, 그는 결코 방 밖으로 나갈 수 없게 된다. 그런데 그가 문을 밀어내야만 방 밖으로 나갈 수 있다는 생각에 매여 있다면, 그는 방에 갇혀 있었다기보다, 자신의 생각 속에 갇혀 있었다고 해야 할 것이다."[121]

위 예시는 장애라는 차이가 차별이 아닌 차이로 온전히 드러나기 위해서는 일방적 설득이나 주장이 아닌 상호 소통 가능성에 초

---

120. 강신주, 2007, 「장자, 차이를 횡단하는 즐거운 모험」, 그린비, p. 177.
121. 위의 글. p. 217.

점을 맞출 필요가 있다는 것을 시사하고 있다. 왜냐하면 자신이 가진 생각이나 지식이 절대적 기준이 되었을 때, 그 기준으로는 타인과 함께 공명하기 어렵기 때문이다. 그렇다면 비장애인 중심 사회에서 요구하는 정상성이라는 표준적 기준을 자연스럽게 해체하면서 장애여성의 성과 사랑에 대한 다채로운 이야기들이 샘 솟아나고, 그 속에서 새로운 상상력으로 이동하기 위해서는 무엇에서부터 출발해야 할까?

이것은 장애여성의 성과 사랑에 대해 질문을 던지는 것부터 시작할 수 있을 것이다. 그리고 자기 목소리를 가진 장애여성 당사자의 알록달록하고 울퉁불퉁한 말들에 귀를 활짝 열어 경청해야 하며, 함께 소통할 수 있는 대화의 장으로 들어가야 한다. 예컨대 그녀들의 성적인 삶, 사랑의 삶에 대한 당사자들의 인식과 경험들이 당당하고 편안하게 말해질 수 있도록 해야 한다는 것이다. 이 속에서 존중을 기반으로 서로의 공통성과 차이성을 함께 대화 나누고 토론할 수 있다면, 그것은 허구적 대화가 아닌 진정한 대화의 장 속에서 서로가 연결될 수 있는 소통이 시작될 수 있다.

우리는 소통가능성 안에서 장애와 장애여성에 대한 잘못된 이해나 몰이해에서 오는 일방적이고 편협한 생각들을 알아차려 낼 수 있다. 이러한 알아차림은 잘 알지 못해, 잘못 알아서 발생했던 생각과 행위에 대해 부끄러워하거나 죄책감, 미안함을 느끼는 반성적 숙고가 포함된다. 그래서 장애여성의 성과 사랑을 이해한다는 것은 스스로 혹은 우리 사회 전반이 장애인과 장애여성에 대해 갖는 부정적 편견과 통념들에 대해 부끄러워하고, 그것들이 어떻게 장애여성을 지배하고 억압해 왔는지 깨닫는 사회적 성찰과 숙의가 포함된다.

이를 통해 우리는 그러한 것으로부터 벗어날 수 있는 과감한 용기와 결단을 선택할 수 있다. 이러한 소통 가능을 향한 노력이 비록 느리더라도 장애여성의 성과 사랑이란 삶의 주제를 좀 더 진정으로 이해할 수 있는 여정의 초입에 들어서는 것은 아닐까?

그런데 반성적 숙고를 포함한 사회적 성찰이 탁상공론에 머물지 않기 위해서는 장애여성들의 성과 사랑의 삶을 진실로 이해할 수 있는 공감의 영역으로 이동해야 한다. 이때의 공감은 개인 간 공감을 넘어선 사회적 공감을 의미한다. 사회적 공감이란 장애여성의 성과 사랑에 대한 집단적 공감이며, 이것이 사회 전반의 공감으로 함께 공명하는 것을 뜻한다. 따라서 그 공감적 이해에 우리 사회가 함께 반응하는 것, 이를 통해 서로가 서로에게 물들어가는 사회적 공명이야말로 장애여성의 성적인 삶, 사랑의 삶을 이야기하는 그녀들의 목소리에 우리가 함께 연결되어 있고, 자발적으로 연대하는 사회적 응답이 되지 않을까?

필자는 이 사회적 공명이 어떻게 가능할지에 대한 해답을 '상호문화에 대한 이해의 노력'과 '지혜를 체득할 수 있는 학습공동체'에서 찾고 싶다. 상호문화를 이해하고자 하는 노력은 장애와 장애여성이 갖는 특성과 삶의 조건들로부터 형성된 그녀들의 문화적 정체성을 이해하는 것을 의미한다. 그리고 이 문화적 정체성을 이해한다는 것은 장애 유형별 기능과 수준에 따라 다양하게 나타나는 그녀들의 각양각색의 문화를 좀 더 다차원적으로 이해하는 것을 뜻한다.

필자가 과거에 만났던 한 장애여성은 "자신과 같은 지체장애인은 시각장애인이나 발달장애인에 대해, 비장애인이 장애인을 모르는 것처럼 잘 모른다"고 하였다. 그래서 우리가 장애여성의 성과 사랑을 진정으로 이해하고 그녀들의 삶에 물들어가기 위해서는 이들의 다채로운 문화적 정체성을 깊이 있게 이해하고자 하는 노력에서부터 출발할 것이다. 이것이야말로 비장애인, 비장애인 여성에게 맞추어진 사회적 통념, 규범으로 존재하는 문화적 규율체계가 해체되면서, 서로의 공존이 가능한 새로운 상상력들이 시도되고, 이 상상력은 현실로 실현될 수 있는 또 다른 세계로 이동이 가능할 것이다.

필자는 또 다른 해답으로 좋은 지혜를 서로 주고받을 수 있는 다중지성의 힘을 발휘하는 좋은 학습공동체를 제안하는 바이다. 20세기를 대표하는 교육사상가인 파울루 프레이리(2020)는 "모든 것을 아는 사람도 없고, 아무것도 모르는 사람도 없다. 우리 모두는 알고 있는 것도 있지만, 모르는 것도 있기 마련이라는 것"[122]을 말하고 있다. 그것은 장애를 가진 몸, 여성성, 장애여성의 성과 사랑의 삶에 구축되어온 수많은 편견, 통념, 특정한 지식적 관념으로 환원되는 파편화된 지식들이 어떻게 장애인, 장애여성 모두를 고정화된 사고의 액자 속에 가두는지를 통찰하는데 기여할 수 있다. 또한 그 속에서 만들어지는 많은 고통을 집단적으로 성찰할 수 있는 기회와 장애여성의 성적인 삶, 사랑의 삶을 사회적으로 공감할 수 있는 일상적 접촉의 기회를 제공할 수 있다.

좋은 학습은 장애인과 비장애인, 장애여성과 비장애여성이 함께 물들어가는 사회적 공감의 장이자, 이 속에서 장애여성의 차이를

---

122. 파울루 프레이리 지음, 김한별 옮김, 2020, 『프레이리 교사론』, p.91.

어떻게 수용하고, 그 차이 속에서 장애인과 비장애인, 장애여성과 비장애여성이 같음이란 동일성들을 어떻게 만들어 갈 수 있을지를 찾아갈 수 있다. 그것을 통해 다른 것 같지만 다르지 않은 세상에서 오롯한 인간으로서 성과 사랑의 희로애락을 함께 느끼고 이야기하며, 어떤 문제들을 해결해 나가는 사회적 공명이 가능할 것이다.

감사의 글

2014년 2월 박사과정을 시작한 지 만 11년 만에 사회복지학 박사학위를 받았다. 너무 오래 달려왔던 탓일까? 상당한 우울감에 나만의 동굴 속에 질식할 것만 같았던 어려움의 시기가 있었다. 그 시기 스승인 이혁구 교수의 권유로 '발달장애인의 성과 사랑'이란 연구 주제와 처음 마주하게 되었다. 발달장애인 당사자와 부모를 만나기 시작하면서, 사회복지학 전공자이지만 내 자신 너무도 몰랐던 발달장애인들이 한 사람의 오롯한 한 인간으로 빛나기 시작하였다. 그리고 묘하게도 스스로 압도되어 버릴 것 같았던 몇 달간의 깊은 우울감에서도 점차 벗어날 수 있었다.

이 책을 쓰게 된 직접적 계기는 2015년 즘 만났던 한 지적장애인 여성으로부터 시작되었다. 그녀는 누구보다 자신의 성과 사랑에 있어 주인공이 되고 싶었지만, 그녀를 바라보는 주변인들의 편협한 시선과 그녀의 낮은 장애 수용으로 인해 매번 갈등하는 모습을 보였다. 필자는 그녀의 갈등적 삶을 목도하면서, 언제가 기회가 된다면 장애를 가진 여성들의 성과 사랑에 대한 주제를 집필해 보겠다는 결심을 하게 되었다. 그로부터 4~5년이 지난 2020년 5월 한국연구재단의 저술출판지원사업에 선정되어 이 주제로 책을 집필할 수 있는 기회가 생겼다. 하지만 성과 사랑이란 민감하고 내밀한 주제를 구술해야 한다는 부담감으로 인해, 장애여성들을 면담하는 것은 '하늘의 별 따기'처럼, 어려운 여정이었다. 그 여정을 거쳐 오면서 '이 저술을 세상 밖으로 내놓을 수 있을까? 그냥 포기해야 하지 않을까?'하는 스스로의 두려움과 갈등을 헤쳐 나오는 용기가 필요한 과정이기도 하였다.

어렵게 완성된 이 저술이 한국연구재단의 출판 적격 승인을 받으면서, 마치 '어사화'라도 쓴 것처럼 기뻐서 방방 뛰는 기쁨의 찰나가 존재하였다. 그러나 세상살이 쉽게 가는 법이 없어서일까? 아니면 내 자신 쉽게 가는 법을 몰라서일까? 엄격한 심사를 거쳐 출판 승인이 난 이 저술이 여러 출판사에서 출판 거절을 당하면서 필자는 다시 한번 '이게 뭐지'하는 어리둥절함과 묘한 자존심이 발동되던 심리적 우여곡절을 겪기도 하였다. 그리고 이제 이 책을 세상 밖으로 내놓게 되었다.

먼저 이 저술의 진정한 주인공인 장애여성들은 자신의 이야기가 세상 밖으로 나올 수 있도록 그녀들의 목소리를 기꺼이 내어 주었다. 그녀들에게 가장 먼저 깊은 감사의 인사를 고개 숙여 전하는 바이다. 이 저술을 통해 우리 사회가 장애여성의 성과 사랑이란 삶의 이야기에 귀를 기울이고, 이를 통해 함께 대화의 장으로 나갈 수 있는 따뜻한 접촉이 이루어지길 기대해 본다. 더불어 장애여성들과의 만남이 반복적으로 거절되면서, 이 저술을 포기하려고 할 즈음 말없이 다가와 도움을 아끼지 않았던 길동무 종숙, 복순 씨에게도 감사의 인사를 전하고 싶다. 또한 이 저술의 출판을 허락해준 한국학술정보(주) 출판사에도 감사의 인사를 전하는 바이다. 이 출판사 사람들은 이 저술이 세상의 빛을 볼 수 있도록 해준 '눈 밝은 이'가 되어준 이들이다. 그리고 2022년 초부터 시작한 마중물 학습동아리 동료와 그 길로 필자를 이끌어준 한국방송통신대학교 유범상 교수께도 감사 인사를 드리는 바이다. 유범상 교수와 마중물 학습동아리 토론하는 동료들과 함께 사회적 소통과 공감을 위한 학습공동체의 귀중한 역할을 몸소 체험하며 배울 수 있었다.

마지막으로 저 하늘의 별이 된 두 어머니, 아버지, 순덕, 귀례, 홍순, 동옥 씨에게도 감사의 인사를 드리고 싶다. 부족한 여식, 며느리 거친 세상 망둥이처럼 뛰어도 늘 그 자리에서 지켜봐 주었던 부모님들이 내 힘의 원천이 되었다. 그리고 사랑하는 남편 용수, 두 딸 성미, 성진에게도 감사의 인사를 전한다. 이들이 있었기에 뚜벅

이처럼 한발 한발 이 저술의 끝맺음과 만날 수 있었다.

2024년 1월

옥계리 어느 골짜기
아연우원에서 해영 쓰다.

참고문헌

1. 국내 문헌

감정기 · 임은애, 2005, "장애인차별 개념의 확장을 위한 양가적 장애인 차별(Ambivalent Disablism) 척도개발", 『사회복지연구』, 제26권, pp.5-34.

강신주, 2007, 『장자, 차이를 횡단하는 즐거운 모험』, 그린비.

권하얀 · 김영주 · 김혜영 · 백유진 · 안소영 · 안은미 · 최세경 · 한정열, 2019, 『40주의 우주: 장애인 부부를 위한 임신 · 출산 매뉴얼』, 보건복지부.

계정민, 2008, "근대 영국에서의 위계화된 남성 섹슈얼리티와 "홀로 저지르는 죄악"", 『영어영문학』, 제54권 제4호, pp.443-459.

김도현, 2007, 『당신은 장애를 아는가-장애 · 장애 문제 · 장애인 운동의 사회적 이해』, 메이데이.

김도현, 2019, 『장애학의 도전: 변방의 자리에서 다른 세계를 상상하다』, 오월의 봄.

김두식, 2010, 『불편해도 괜찮아-영화보다 재미있는 인권이야기』, 창비.

김미라, 2018, "모성의 확장과 재사유-TV드라마 〈마더〉를 중심으로-", 『한국극예술연구』 제61권, pp.333-336.

김보화 · 추지현 · 이미경, 2017, "성폭력 피해 특성에 따른 피해자 성폭력 통념 경험", 『피해자학연구』 제25권 제2호, pp.89-121.

김성희 · 신현기, 2017, "지적장애 어머니의 모성 인식 연구", 『특수교육저널: 이론과 실천』, 제18권 제1호, pp.183~213.

김영란, 2021, "결혼해야 가족인가요? 함께하는 삶, 가족 그리고 정책 이야기", 『2021년 가족정책포럼-비혼동거실태조사 결과와 정책적 함의』, 여성가족부 · 여성정책연구원.

김애령, 2008, "지구화 시대의 성매매와 한국의 성매매방지법", 『경제와 사회』제79권, pp.254~273.

김용득 편저, 2019, 『장애인복지: Inclusireve Society를 위한 상상』, EM커뮤니티.

김원영, 2018, 『실격당한 자들을 위한 변론』, 사계절.

김정희 · 김정배 · 김현지 · 김태용 · 이혜수, 2021, 『2020 장애인 삶 패널 조사』, 한국장애인개발원.

김효진 · 최해선 · 강다연 · 박현희 · 이호선, 2014, 『모든 몸은 평등하다-장애여성들의 몸으로 말하기-』, 삶의 창.

민가영, 2019, "성매매를 통한 친밀함의 모방: 성매매와 성매매 아닌 것의 경계를 허무는 착취", 『한국여성학』제35권 제1호, pp.121~150.

박미령, 2013, "작은 신의 아이들에 나타난 장애여성의 주체성과 시각적 쾌락", 『영미문학』제107권, pp.125~146.

서해정 · 배선희 · 이경민, 2016, 『여성장애인 모성권 증진을 위한 임신 · 출산 지원 정책연구』, 한국장애인개발원.

서해정 · 장명선, 2018, "여성장애인 모성권 보장방안", 『이화젠더법학』제10권 제2호, pp.177-211.

신유리 · 김정석, 2020, "장애여성들의 성과 사랑, 그리고 결혼:생애구술사자료를 통한 현상학적 연구", 『한국인구학』제43권 제3호, pp.55-76.

여성가족부, 2013, "청소년 · 장애인 대상 성구매자 법집행 강화 및 해외 성매매 사범 여권발급 제한 확대", 여성가족부 · 외교부 · 법무부.

여성가족부, 2018, 『일상 속 성차별 언어표현 현황 연구』, 여성가족부여성정책과.

여성가족부, 2019, 『2020년 가족실태조사 예비조사 연구』, 여성가족부가족정책과.

여성가족부, 2021, 『2020년도 성폭력 피해 상담소 · 보호시설 등 지원 실적 보고』, 여성가족부 권익지원과.

유진아, 2019, "장애여성이 다른 삶의 전략 말하기-친밀성, 통제의 관점에서 장애여성 피해경험 재구성", 『친밀성과 통제-장애여성 피해 재해석』, 장애여성공감 주최 토론회 자료집.

이나영, 2005, "성매매: 여성주의 성정치학을 위한 시론", 『한국여성학』 제21권 제1호, pp.41-85.

이송희 · 김혜인 · 강민희 · 이현민, 2019, 『여성장애인 자녀 양육실태 및 지원 방안 연구』, 서울복지재단.

이호선, 2018, "지적장애인 정책과 서비스에서의 위험과 안전의 균형-영국의 적극적인 위험(positive risk taking) 정책을 중심으로", 『한국장애인복지학』 제22권, pp.145-164.

임해영 · 강선경, 2019, "20대 지적장애인 여성의 성매매 경험에 관한 연구-Medard Boss의 현존재 분석 접근-", 『생명연구』, 제51권, pp.101-128.

임해영, 2019, "지적장애인 여성의 성적 욕구와 인식에 관한 연구", 『생명연구』제53집, pp.107-134.

장미혜 · 이미정 · 김동식 · 주재선 · 동제연 · 고현승 · 노성훈 · 이시림, 2019, 『2019년 성폭력 안전 실태조사』, 여성가족부.

장애여성공감, 2019, 『어쩌면 이상한 몸』, 오월의봄.

장애여성공감부설 장애여성독립생활센터, 2019, 『2030 장애여성 섹슈얼리티 모임 '레드 립' 기록집』, 장애여성 공감.

장은희, 2019, "장애여성 인권상담 현황 브리핑", 『친밀성과 통제-장애여성 피해 재해석』, 장애여성공감 주최 토론회 자료집.

정희진, 2013, 『페미니즘의 도전』, 교양인.

전지혜, 2011, "장애 정체감으로서 장애 자부심 그리고 장애 문화의 가능성에 대한 탐색", 『한국장애인복지학』, 제15호, pp.57-76.

정진호, 2014, 『위를 봐요』, 현암주니어.

정창권, 2011, 『역사 속 장애인은 어떻게 살았을까-사료와 함께 읽는 장애인사』, 글항아리.

정혜영, 2020, "장애인 혐오, '표현의 자유'아닌 '차별과 폭력'입니다", 『장애인정책리포트 월간 장총』, 제399호, 한국장애인단체총연맹.

조은수, 2017,『병하의 고민』, 한울림스페셜.

최규석, 2011,『지금은 없는 이야기』, 사계절.

최복천, 2011, "여성장애인이 겪는 임신·출산·양육 어려움에 대한 질적 연구",『지체·중복 건강장애연구』제54권 제4호, 2011. pp.323~347.

한국보건사회연구원, 2020,『2020년 장애인실태조사』, 보건복지부·한국보건사회연구원.

한국장애인고용공단고용개발원, 2021,『2021 장애인통계』, 고용노동부·한국장애인고용공단.

한상희, 2019, "혐오 표현 개념과 문제",『혐오 표현 진단과 대안 마련 토론회』, 국가인권위원회.

2. 국외 문헌

노자 지음, 오강남 풀이, 1999,『도덕경』, 현암사.

노라 엘렌 그로스 지음, 박승희 옮김, 2003_『마서즈 비니어드 섬 사람들은 수화로 말한다 장애수용의 사회학』, 한길사.

로즈메리 갈런드 톰슨 지음, 손홍일 옮김, 2018, 『보통이 아닌 몸: 미국 문화에서 장애는 어떻게 재현되었는가』, 그린비.

매리 더글라스 지음, 유제분 외 옮김, 1997, 『순수와 위험』, 현대미학사.

사울 D. 알란스키 지음, 정인경 옮김, 2016, 『레디컬:급진주의자여 일어 나라』, 생각의힘.

수잔 웬델 지음, 강진영 외 옮김, 2019, 『거부된 몸』, 그린비.

어맨다 레덕 지음, 김소정 옮김, 2021, 『휠체어 탄 소녀를 위한 동화는 없다-이야기를 통해 보는 장애에 대한 편견들』, 을유문화사.

앤소니 기든스 지음, 배은경 · 황정미 옮김, 2003, 『현대사회의 성, 사랑, 에로티시즘』, 새물결.

울리히 벡 · 엘리자베트 벡-게른샤임 지음, 강수영 외 옮김, 2002, 『사 랑은 지독한, 그러나 너무나 정상적인 혼란』, 새물결.

장자 지음, 오강남 풀이, 1999, 『장자』, 현암사.

조르쥬 바타유 지음, 조한경 옮김, 2009, 『에로티즘』, 민음사.

주디스 휴먼 · 크리스턴 조이너 지음, 김채원 · 문영민 옮김, 2022, 『나는, 휴먼』, 사계절.

줄리 스마트 지음, 윤삼호 옮김, 2015, 장애와 사회 그리고 개인』, 올벼.

컴 닐슨 지음, 김승섭 옮김, 2020, 『장애의 역사』, 동아시아.

파울루 프레이리 지음, 김한별 옮김, 2020, 『프레이리 교사론』, 오트르랩.

천자오루 지음, 강영희 옮김, 2020, 『사랑을 말할 때, 우리가 꺼내지 않았던 이야기들』, 사계절.

톰 셰익스피어 지음, 이지수 옮김, 2013, 『장애학의 쟁점』, 학지사.

C., Sellars., 2011, Risk Assessment in People with Learning Disabilities, BPS: Black Well.

〈인터넷 검색자료〉

국가인권위원회, 〈https://www.humanrights.go.kr〉.

굴러라구르님 Rolling GURU, 〈https://www.youtube.com〉.

국민일보, 〈http://news.kmib.co.kr〉.

네이버지식백과, 〈http://terms.naver.com〉.

더 퍼스트 미디어, 〈http://www.thefirstmedia.net〉.

매일노동뉴스, 〈http://www.labortoday.co.kr〉.

미디어스, 〈http://www.mediaus.co.kr〉.

미래채널 My F, 〈https://www.youtube.com〉.

법제처, 〈https://www.law.go.kr〉.

비마이너, 〈https://www.beminor.com〉.

스포츠조선, 〈https://sports.chosun.com〉.

오마이뉴스, 〈http://www.ohmynews.com〉.

장애여성공감, 〈https://wde.or.kr〉.

조이뉴스, 〈joynews24.com〉.

파이낸셜 뉴스, 〈https://www.fnnews.com〉.

한겨레21, 〈h21.hani.co.kr〉.

한겨레 신문, 〈hani.co.kr〉.

JTBC 뉴스, 〈https://news.jtbc.co.kr〉.

KBS 뉴스, 〈https://news.kbs.co.kr 〉.

SBS 뉴스, 〈http://news.sbs.co.kr〉.

다른 듯 다르지 않은

초판인쇄 2024년 4월 12일
초판발행 2024년 4월 12일

지은이 임해영
발행인 채종준

출판총괄 박능원
책임편집 유 나
디자인 서혜선
마케팅 전예리 · 조희진 · 안영은
전자책 정담자리
국제업무 채보라

브랜드 드루
주소 경기도 파주시 회동길 230(문발동)
투고문의 ksibook13@kstudy.com

발행처 한국학술정보(주)
출판신고 2003년 9월 25일 제406-2003-000012호
인쇄 북토리

ISBN 979-11-6983-528-2 03330

드루는 한국학술정보(주)의 지식 · 교양도서 출판 브랜드입니다.
세상의 모든 지식을 두루두루 모아 독자에게 내보인다는 뜻을 담았습니다.
지적인 호기심을 해결하고 생각에 깊이를 더할 수 있도록, 보다 가치 있는 책을 만들고자 합니다.